서울대학교 미래교육혁신센터 학술 총서 2

미래교육의 방향과 실제 II

임철일 편저

교육과학사

ChatGPT로 대변되는 생성형 인공지능의 교육적 활용과 관련된 논의와 실제가 2025년 현재에도 미래교육의 담론을 계속 이끌어가는 형국이다. 서울대학교 미래교육혁신센터에서는 지난 2023년 센터의 연간 학술 포럼 결과를 중심으로 미래교육 일반, 인공지능 교육, 그리고 생성형 인공지능과 교육적 활용의 주제를 중심으로 "미래교육의 방향과 실제 I"의 제목 하에 총서 1권을 출간하였다. 활발한 검토가 시작된 생성형 인공지능 및 첨단 기술의 교육적 활용과 관련된 대표적인 논의 결과를 학술 총서 형태로 정리함으로써, 미래교육을 위한 대응의 윤곽을 살펴보고 향후 방향성을 설정하는데 일조하기를 기대하였다.

이번에 출간되는 "미래교육의 방향과 실제 II"는 앞의 총서 I권의 후속 작업으로 이루어졌다. 이 책은 2024년도에 센터에서 독자적으로 개최한 연간 학술 포럼과 AIEDAP 사업단과 공동으로 개최한 특별 포럼 발표의 내용을 기반으로 하면서 몇 편의 추가적인 연구 결과를 담고 있다. 생성형 인공지능의 지속적인 발전과 교육적 적용의 확대를 고려하여 2024년도 센터의 학술 포럼은 인공지능의 일반적인 교육적 활용과 함께 특별히 "인공지능 융합 교육의 실천 가능성"을 다루었다.

이 책은 크게 3부로 구성되어 있다. 제1부는 인공지능 시대의 새로운 교육 방향을 개괄적으로 다룬다. 제1장 "AI 시대, 학습에 대한 새로운 정의와 혁신적 교수방법"은 AI 시대 교육이 체화 인지를 기반으로 한 몰입형 학습 환경을 제공하여야 한다는 점을 강조하고 있다. 의미 있는 학습을 실현하는 과정에서 AI의 핵심적 역할을 재조명하고 있다. 제2장 “인공지능과 교육 개혁: LLM의 활용에 대한 가능성과 한계”는 대규모 언어 모델이 가져올 수 있는 학습 설계와 교육 환경 변화를 다루면서 이의 구현을 위한 주요 고려 사항을 제시한다.

제2부는 AI 융합 교육의 가능성을 집중적으로 다루고 있다. 제3장 “교원의 AI 융합교육 역량 개발을 위한 협력적 거버넌스 정책(AIEDAP)의 실제와 발전 방향”은 AI 융합 교육을 실천할 수 있는 교원의 역량 개발을 위한 체계적 노력을 거버넌스 관점에서 소개하고 있다. 제4장은 “AI 융합 교육의 모형”은 AI 융합 교육의 의미를 STEM의 연장선에서 파악하면서 기본, 응용, 심화, 전문가 모형이 가능함을 밝히고 있다. 제5장 “AI 융합 교육의 분류 체계의 필요성과 가능성”은 다양한 AI 융합 교육을 교육 목표, AI 내용 요소, 융합 방식의 세 가지 기준에 따라서 분류하는 체계를 제시하면서 향후 다양한 AI 융합 교육을 위한 교수학습 모형의 개발 필요성을 강조하고 있다. 제6장 “데이터 리터러시 향상을 위한 AI 융합 수업 설계 모형과 사례”는 데이터 리터러시가 AI 융합 교육의 한가지 유형이 될 수 있다는 점을 부각하면서, 이를 위한 초등학교와 고등학교에서 활용 가능한 AI 융합 수업 모형 두가지를 소개하고 있다. 제7장 “인공지능 윤리를 고려한 인공지능 통합 교육(A!thics)”은 인공지능의 발전과 컴퓨팅 사고력과 함께 인공지능 윤리가 교육 현장과 산업 분야에 적용될 때의 이슈를 다루면서 컴퓨팅 사고력과 인공지능 윤리가 연계된 인공지능 통합교육 모델을 소개하고 있다.

제3부는 인간과 AI의 협업을 위한 미래 교육의 모형을 소개한다.

제8장 "인간-비인간 상호작용: 인간-AI 협업을 향하여"는 AI시대에는 인공지능이 학습자 곁에 항상 있기에 인공 지능의 강점과 특성을 살려 학습을 재구성하는 적합한 학습이 요구된다는 점을 강조한다. 결과적으로 인간과 AI의 협력적 커뮤니케이션을 기반으로 하는 새로운 교육 패러다임이 필요하다는 것을 밝힌다. 제9장 "수업 설계 지원 시스템을 활용한 교사와 AI의 협력"은 교사의 융합 수업 설계를 지원하기 위해 개발된 AI 기반 자동화 시스템(AiT)의 구조와 활용 방안을 설명한다. 이 시스템은 교사의 경험 수준에 따라 다양한 설계 유형을 제공하고, 맞춤형 자료와 도구 추천 기능을 통해 설계 효율성과 질을 높일 수 있음을 보여준다. 제10장 "가상현실에서의 생성형 AI 통합의 가능성과 교육적 활용 방안"은 가상현실(VR)과 생성형 인공지능(GenAI)의 통합이 교육 현장에서 학습 몰입도와 상호작용성을 어떻게 향상시킬 수 있는지를 다룬다. 생성형 AI가 학습자의 반응에 맞춘 실시간 피드백과 맞춤형 콘텐츠 제공을 통해 VR 환경의 한계를 보완할 수 있음을 보여 준다.

첨단 기술의 발전 측면에서 미래교육의 방향을 새롭게 조명하는 과정에 동의하고 기꺼이 원고를 준비하여 준 이 책의 모든 저자들에게 감사함을 표한다. 특히 포럼 발표와 논의 과정을 거치면서 짧은 기간임에도 불구하고 원고를 준비해 준 권경빈, 김갑수, 조정원, 배진아, 송동길, 조헌국 교수의 참여에 감사드린다. 또한 이미 발표된 논문을 이 책의 특성에 맞게 알차게 재구성하여 준 박철규, 황윤정, 임은선, 이다연, 홍수민, 엄태연 선생의 협조에도 고마움을 표한다. 이상의 저자들의 헌신과 참여 덕분에 미래교육의 방향이 어떻게 설정되고 구현될 수 있는가를 안내할 수 있는 또 하나의 총서 작업이 결실을 맺게 되었다. 본서의 기획과 편집 과정에서 서울대학교 대학원 박사과정의 홍수민, 박주현 연구원의 도움이 또한 큰 힘이 되었다. 이 자리를 빌어 수고에 감사함을 전한다. 마지막으로 어려운 출판 사정에도 불구하고 흔쾌히 학술 총서의 출간을 맡아 주신 교육과학사에 고마움을 표한다.

2025년 5월

임철일

목차

PART 3 • 인간-AI 협업을 위한 미래 교육 모델 개발

PART 1

인공지능과 교육 개혁: 혁신적 접근과 실천 사례

Chapter 1 AI 시대 학습에 대한 새로운 정의와 혁신적 교수방법

Chapter 2 인공지능과 교육 개혁: LLM의 활용에 대한 가능성과 한계

CHAPTER 01

AI 시대 학습에 대한 새로운 정의와 혁신적 교수방법

권경빈(Indiana University)

1. 시작하며

1950년대 이후 AI 기술은 "AI 봄(AI Spring)"과 "AI 겨울(AI Winter)"이라는 용어가 등장할 정도로 부흥기와 쇠퇴기를 반복하며 발전해 왔다. 2010년을 기점으로 새로운 AI 봄이 시작되었고, 최근에는 생성형 AI의 등장으로 일반 대중까지도 AI 기술을 활용할 수 있는 AI의 황금기가 도래하고 있다. 아직까지는 일반 지능을 갖춘 AI의 실현이 기술적으로 어려운 상황이지만, 특정 분야에 국한되었던 AI의 능력이 점차 보편적 능력으로 확장될 수 있다는 기대가 현실화되는 시점에 이르렀다.

이러한 상황 속에서, 인간이 AI를 가장 두려운 경쟁자로 인식하는 현상은 어쩌면 자연스러운 일이다. 이와 같은 배경에서 AI 시대를 논할 때, 가장 자주 연관되는 단어 중 하나가 바로 "직업"이다. AI 시대에 사라질 직업군과 새롭게 생겨날 직업군이 무엇인지는 우리에게 중요한 질문으로 다가오고 있다.

이러한 시대적 변화에 비추어 볼 때, AI 시대에 요구되는 교육이란 무엇이며, 그 교육의 목적을 달성하고 교수과정을 마련하기 위해 어떤 교수・학습 방법을 설계해야 하는가에 대한 질문과 답변 과정은 미래 교육을 설계하는 데 중요한 의미를 지닌다.

2. 학습에 대한 새로운 정의

2.1. 전통적 입장에서의 학습과 체화 인지의 입장에서의 학습

학습에 대한 정의는 교육의 목표와 교수 방법을 결정하는 데 중요한 기준을 제공한다. 교육의 주요 학습 내용은 대개 추상적인 개념들로 구성되어 있으며, 학습자가 이러한 개념을 충분히 이해할 때 문제해결 능력을 발휘할 수 있다고 본다. 교육학적 문제의식은 학습자가 이러한 개념을 어떤 과정으로 이해하는지, 그리고 이를 지원하기 위한 교수공학적 방법에는 무엇이 있는지를 탐구하는 데서 출발한다.

1) 추상화된 개념의 이해

추상화된 개념을 이해하기 위해 먼저 추상화의 의미를 살펴보자. 예를 들어, '컵'이라는 단어를 들었을 때 우리는 특정한 형태와 기능을 떠올린다. 일상에서 사용하는 컵의 형태는 다양하지만, 일반적으로 액체를 담을 수 있는 원통형의 그릇으로 인식되며, 손잡이가 있을 수도 있고 없을 수도 있다. 기능적으로는 음료를 담아 마시는 데 주로 사용되지만, 때로는 화분이나 연필꽂이로 활용되기도 한다. 이처럼 형태와 기능이 다양함에도 불구하고, "컵"이라는 단어를 들었을 때

떠오르는 대표적인 이미지가 바로 추상화된 개념이다.

이와는 다른 형태의 추상적 개념도 있다. 예를 들어, '평화'나 '질량 보존의 법칙'과 같은 개념은 우리의 감각기관으로 직접 파악할 수 없는 개념들이다. 이러한 개념은 구체적인 사물이나 상황이 아닌, 개념들 간의 관계를 통해 이해된다. 교육에서 다루는 학습 내용의 상당수는 이러한 추상화된 개념들로 구성된다.

2) 전통적 교육의 접근 방식

전통적인 교육에서는 추상 개념을 그대로 추상화된 상태로 가르쳤다. 예를 들어, 수학 개념을 배울 때 기호와 수식으로 표현된 개념을 학습했으며, 개념 간의 관계도 기호와 언어를 통해 전달되었다. 다시 말해, 추상화된 개념을 구체적인 경험 없이 추상적 상태로 학습한 것이다. 이러한 접근은 인간의 사고력 함양을 교육의 궁극적인 목표로 삼고, 사고력을 신체 활동과는 분리된 순수한 정신적 활동으로 간주하는 전통적 철학에 근거하고 있다(Barsalou, 1999). 이러한 전통적 관점에서는 자전거 타기와 같은 신체 활동은 신체적 활동을 통해 학습된다고 생각할 수 있지만, 곱셈을 하거나 책을 읽는 것은 그렇지 않다고 여긴다. 이와 유사하게, 인지활동은 감각과 행동과는 무관한 정보의 상징적 처리 과정으로 간주되어 왔다(Barsalou, 2008).

그러나 인간의 인지 발달 과정을 살펴보면, 이와 같은 교수 방법이 학습자의 인지 과정과 일치하지 않는 경우가 많다. 예를 들어, 어린아이들이 덧셈이나 뺄셈을 배울 때를 떠올려 보자. 아이들은 사물의 개수를 세거나 손가락을 사용해 더하거나 빼면서 수의 개념을 이해한다. 이 과정은 단순히 숫자 기호와 수식으로 추상화된 상태의 개념을 학습하는 것과는 다르다. 아이들은 감각을 활용하여 직접 경험을 통해 개념을 이해하는 것이다(Glenberg et al., 2004).

3) 체화 인지의 관점에서의 학습

체화 인지(embodied cognition) 이론에 따르면, 인간은 감각과 신체를 통해 세상과 상호작용하면서 학습한다. 체화 인지의 중요한 전제는 인간의 사고가 신체적 경험에 근거하며 물리적 환경과의 상호작용에 의해 영향을 받는다는 것이다(Glenberg, 2008; Wilson, 2002). 이 관점에 따르면, 아무리 고도로 추상화된 개념이라도 인간은 물질세계에서의 체험과 경험을 바탕으로 개념을 이해하려고 한다. 예를 들어, "높은 성적을 받았다"는 표현은 공간적 경험을 바탕으로 상향 이동(높이 올라감)을 긍정적인 결과로 인식하는 것이다. 마찬가지로, "문제를 넘어가다"는 표현 역시 공간적 이동의 이미지를 통해 문제 해결을 비유적으로 설명한 것이다. 이러한 언어적 표현은 인간의 신체적 경험이 개념 형성에 깊이 관여하고 있음을 보여준다(Glenberg et al., 2004).

체화 인지의 관점은 학습을 학습자의 신체적 경험과 인지적 과정을 통합적으로 이해하는 접근 방식이다. 학습자가 새로운 개념을 학습할 때, 신체 활동(예: 손짓, 제스처)과 도식(그림, 시각적 표현) 같은 도구를 활용하여 개념을 구체화하는 과정을 거친다(Weisberg & Newcombe, 2017). 예를 들어, 수학 수업에서 기호로 덧셈을 가르치는 대신, 물리적 사물을 직접 세거나 옮기는 활동을 통해 덧셈의 개념을 체득하게 하는 것이다. 이는 체화 인지의 학습 접근 방식을 잘 보여주는 예다.

체화 인지의 입장에서 학습을 정의하면, 전통적인 교육 방식에 큰 변화를 요구하게 된다. 체화 인지는 지각, 행동, 감정 등 신체 시스템이 추론, 언어 습득, 과학적 사고와 같은 인지 과정에 영향을 미친다고 주장한다(Glenberg, 2008). 이러한 주장을 뒷받침하기 위해, 학자들은 신체, 환경, 인지 과정 간의 관계를 신경과학(Hayes & Kraemer, 2017), 인지 심리학(Glenberg, 2010), 교육학(Vallotton et al., 2015) 등의 관점에서 탐구해 왔다.

체화 인지의 관점에서는 학습자가 신체를 통해 직접 개념을 경험하고, 이를 시각적, 공간적, 신체적 경험으로 연결할 수 있도록 교수·학습 방법을 설계해야 한다. 이러한 접근 방식은 수학, 과학, 언어 교육뿐만 아니라 인공지능(AI) 교육에서도 중요한 시사점을 제공한다. 전통적인 교육에서는 추상적 개념을 추상적 상태로 가르치는 데 중점을 두었다면, 체화 인지의 관점에서는 신체 활동, 감각적 경험, 시각적 도구를 활용하여 개념을 구체화하는 방식을 중시한다. 이러한 변화는 단순한 교수 방법의 변화를 넘어, 학습의 본질에 대한 새로운 이해를 요구하는 것이다.

2.2. AI 시대 새로운 학습에 대한 정의

1) 새로운 학습 정의의 필요성

왜 AI 시대에 새로운 학습의 정의가 필요한 것일까? 그 이유는 발전된 기술이 새로운 학습 방식을 실현할 수 있는 가능성을 제공하기 때문이다. 특히, AR(증강현실), VR(가상현실), MR(혼합현실)과 같은 몰입형 기술은 학습자에게 더욱 생생하고 몰입감 있는 학습 환경을 제공한다(Agbo et al., 2023). 또한, AI를 활용한 혁신적 교육 시스템은 학습자의 학습 활동을 실시간으로 모니터링하고 분석하여, 맞춤형 피드백과 개인화된 학습 경험을 제공할 수 있다.

결국, 새로운 학습의 정의는 첨단 기술과 불가분의 관계에 있다. AI와 관련 기술의 발전은 학습 환경을 더욱 역동적이고 상호작용적으로 변화시키고 있으며, 이는 교육의 효과를 극대화할 수 있는 기회로 이어진다. 새로운 학습 정의는 이러한 기술들과 결합하여 더욱 풍부하고 체계적인 학습 경험을 제공할 수 있을 것으로 기대된다.

2) 사회적 관점에서 본 학습

교육은 단순히 학생, 학부모, 교사, 학교에 국한되지 않고, 사회 전체가 관여하는 광범위한 사회적 이슈이다. 사회는 교육을 통해 인재를 양성하고, 이를 통해 지속 가능한 발전을 도모한다. 따라서 사회의 요구와 변화는 교육에 직접적인 영향을 미치며, 교육 관계자들이 이를 무시하기 어렵다.

사회가 교육에 바라는 것을 구체적으로 명시하지는 않지만, 우리는 시대의 흐름을 통해 사회적 요구를 읽어낼 수 있다. 과거의 산업혁명 시기를 돌아보면, 사회는 새로운 산업 환경에 적응할 수 있는 인재를 요구했으며, 이에 따라 교육 시스템이 변화했다. AI 시대에서도 마찬가지로, 사회는 미래에 필요한 역량을 갖춘 인재를 요구하고 있다.

교육자는 이러한 사회적 요구를 파악하고 교육에 반영해야 한다.

AI 시대는 제4차 산업혁명으로 불리며, 이전의 산업혁명과 같이 교육의 급진적 변화를 요구하고 있다. 1차 산업혁명은 농업사회에서 산업사회로의 전환을 가져왔고, 이 과정에서 새로운 기능과 역량이 요구되었다. 이에 따라 의무교육 제도가 도입되었고, 공교육 체계가 정비되었다. 읽기, 쓰기, 산술 능력이 필수적이었고, 산업사회의 요구에 맞춰 기술교육과 직업교육이 강조되었다.

AI 시대 또한 유사한 변화가 필요하다. 오늘날 AI는 기존 직업 구조를 변화시키고 있으며, 이에 따라 새로운 교육 체계와 제도의 정비가 요구된다(Bureau of Labor Statistics, 2020). AI 시대의 인재는 기존의 단순한 지식 습득을 넘어, 비판적 사고, 창의성, 문제 해결 능력, 협력 능력과 같은 고차원적 역량을 갖춰야 한다.

3) AI 시대에 주목해야 할 변화

AI 기술의 핵심은 방대한 데이터와 이를 처리할 수 있는 컴퓨팅 능력에 있다. 이 과정에서 대형 기술 기업(예: 구글, 아마존, 페이스북 등)이 방대한 데이터를 독점하고, 이를 바탕으로 AI 기술을 발전시키고 있다. 이는 소규모 기업이나 개인이 AI 기술에 접근하는 데 제약을 초래하고, 기술 격차와 불평등을 심화시킬 가능성이 있다(Wang et al., 2024).

AI 시대의 직장 변화도 주목할 만한 부분이다. 사람들은 AI 기술이 자신의 직업을 위협할 수 있다는 불안을 느끼고 있다. 화이트칼라 직종조차 AI에 의해 대체될 수 있고, 노동 집약적 직종은 AI 로봇으로 대체될 가능성이 크다.

AI 기술의 또 다른 문제는 소셜 미디어에서의 정보 편향성이다. 알고리즘은 사용자의 선호도에 맞춰 콘텐츠를 추천하지만, 이는 사용자가 다양한 관점을 접하는 것을 방해할 수 있다. 편협한 정보 노출은 사회적 양극화와 왜곡된 인식을 초래할 수 있으며, 이는 교육에도 영향을 미친다. 이러한 문제는 AI 교육에서 윤리적 접근이 필요함을 시사한다(Akgun & Greenhow, 2022).

이러한 문제의식을 바탕으로 우리는 AI 시대의 교육이 어떻게 변화해야 하는지를 고민해야 한다. 앞으로의 교육 시스템은 단순히 지식을 가르치는 것을 넘어, AI 시대에 필요한 역량을 갖춘 인재를 양성할 수 있도록 변해야 한다. 교육 관계자는 단순한 지식 전달이 아닌, 비판적 사고, 협력, 창의성, 문제 해결 능력 등 대체 불가능한 인간 고유의 역량을 기르는 교육 방법을 고민해야 한다.

2.3. AI 시대의 교육적 요구

AI 시대의 학습 정의는 이제 기술과 불가분의 관계에 있으며, 이는 교육의 새로운 패러다임을 제시하고 있다.

1) 학습의 새로운 정의와 기술의 융합

AI 시대의 학습 정의는 전통적인 지식 습득 방식을 뛰어넘어, 신체적 경험과 인지 과정을 융합한 체화 학습(embodied learning)을 강조한다. 체화 학습의 관점에서, 학습자는 신체적 경험을 통해 개념을 직접 체험하고, 감각과 행동을 통합하여 의미를 구성하게 된다. 몰입형 기술(AR, VR, MR)은 학습자가 가상 공간에서 실제와 유사한 상황을 경험할 수 있도록 하여, 단순한 지식의 암기가 아니라 개념의 심층적 이해와 문제 해결 능력을 촉진한다(Theodoropoulos & Lepouras, 2021). 예를 들어, 수학 개념을 학습할 때, 학습자는 가상 환경에서 기하학적 도형을 직접 조작하거나 물리적 시뮬레이션을 통해 수학적 원리를 체험할 수 있다. 이러한 체화된 경험은 단순한 기호나 언어적 설명보다 더 강력한 학습 효과를 발휘할 수 있다.

또한, AI 기반의 맞춤형 피드백 시스템은 학습자의 행동 데이터를 분석하여 실시간으로 적절한 피드백을 제공함으로써, 학습 과정에서의 인지적 격차를 해소하는 데 중요한 역할을 한다. 예를 들어, 과학 실험 시뮬레이션에서 학습자가 잘못된 절차를 따를 경우, AI는 실시간으로 오류를 탐지하고 올바른 절차를 안내함으로써 학습자의 자기 교정 능력을 향상시킨다. 이처럼 체화 학습은 신체적 경험을 인지 과정과 연결시킴으로써, 학습자의 메타인지 능력과 자기 주도적 학습 능력을 강화할 수 있다.

결과적으로, 체화 학습을 통해 학습자는 기존의 지식 암기 중심의 학습을 넘어 창의적 문제 해결 능력, 비판적 사고 능력, 협력 능력, 공감 능력을 효과적으로 기를 수 있다. AI 시대의 교육은 지식의 단순 전달을 넘어 학습자가 "몸으로 체득한 지식"을 통해 실천적 지혜를 함양할 수 있도록 해야 한다. 이는 단순히 교과 내용을 학습하는 것을 넘어, 현실의 문제 상황에 적극적으로 참여하고 해결할 수 있는 AI가 "대체 불가능한 인간의 능력"을 배양하는 교육의 핵심 전략이 될 수 있다.

2) 교사의 역할 변화

AI 시대의 교사는 단순한 지식 전달자가 아니라 학습 촉진자(facilitator)로의 역할 변화를 요구받고 있다. AI가 방대한 정보를 즉각적으로 제공하고 단순 지식 전달을 대신할 수 있는 상황에서, 교사의 역할은 학습자에게 더 깊은 사고와 창의적 문제 해결 능력을 길러주는 방향으로 전환되어야 한다(Felix, 2020). 이를 위해 교사는 학습자가 AI를 도구로 활용하여 스스로 탐구하고, 비판적으로 사고하며, 창의적인 아이디어를 생성할 수 있도록 학습 환경을 설계하고 조율하는 조력자의 역할을 수행해야 한다.

특히, 교사는 학습자가 AI 기술을 효과적으로 사용하는 방법을 안내하고, 학습자의 질문을 탐색하는 과정에서 올바른 방향으로 이끌어 주는 '질문 설계자(question designer)'의 역할도 필요하다. AI가 제시하는 정보를 단순히 수용하는 것이 아니라, 학습자가 AI의 응답을 분석하고 평가할 수 있도록 비판적 사고력을 함양하는 과정이 요구된다. 예를 들어, 교사는 학생들에게 AI의 답변에 대해 "왜 이 답변이 나왔을까?"라는 질문을 던지고, 다양한 관점을 탐구할 수 있도록 유도해야 한다.

또한, 교사는 학습자 간의 협력을 촉진하는 '협력 촉진자(collaboration facilitator)'의 역할도 수행해야 한다(Kim et al., 2022). AI를 활용한 학습 상황에서는 학습자들이 각자의 의견을 AI의 피드백과 통합하여 집단 지성을 발휘할 수 있는 기회를 제공해야 한다. 예를 들어, 공동 프로젝트나 문제 해결 학습에서는 AI가 제공하는 데이터를 활용하여 학습자들이 협력적으로 문제를 정의하고 해결 방안을 모색하는 과정을 지원할 수 있다. 이 과정에서 교사는 팀 간의 협력을 촉진하고, 학생들이 서로의 아이디어를 경청하고 조율하는 과정을 관리해야 한다.

마지막으로, 교사는 학습자의 사회적·정서적 발달을 지원하는 '정서적 코치(emotional coach)'로서의 역할도 중요해지고 있다. AI는 인지적 피드백은 줄 수 있지만, 학습자의 동기 부여와 정서적 지원은 교사의 몫이다. 교사는 학습자가 실패와 좌절을 극복할 수 있도록 격려하고, 학습 과정에서의 감정적 어려움을 공감하며 정서적 안정감을 제공해야 한다. 이러한 역할을 통해 학습자는 학습에 대한 내적 동기를 유지하며 자기 주도 학습 능력을 길러나갈 수 있다.

3) 윤리 교육의 중요성

AI 시대에는 AI 기술의 윤리적 문제에 대응할 수 있는 교육이 필수적이다. AI 기술이 사회의 다양한 영역에 영향을 미치면서, 이에 따른 책임과 윤리적 문제에 대한 이해가 필수적인 역량으로 부각되고 있다. 따라서, 교육 과정에 AI의 윤리적 관점을 포함시켜, 사회에 책임감 있는 인재를 양성하는 것이 필요하다.

AI의 알고리즘 편향, 개인정보 보호, AI의 사회적 책임 등은 단순한 지식 습득의 차원을 넘어 실천적 인식과 비판적 사고를 요구하는 핵심 주제들이다(Akgun & Greenhow, 2022). 알고리즘 편향의 경우, 학생들은 특정 집단에 불공정한 결과를 초래할 수 있는 편향적 알고리즘의 예시를 탐구하고, 이를 해결하기 위한 기술적·윤리적 접근법을 학습할 필요가 있다. 또한, 개인정보 보호와 관련하여, 학생들은 AI 시스템이 수집하는 데이터의 범위와 사용 목적을 이해하고, 데이터 프라이버시와 관련된 법적·윤리적 문제에 대해 토론할 수 있어야 한다. 이 과정에서, 교사는 학생들이 AI의 불투명한 의사결정 과정에 대해 비판적으로 접근할 수 있도록 돕고, 다양한 사회적·문화적 관점을 고려하는 시각을 길러줄 수 있다.

AI의 윤리적 문제에 대한 교육을 효과적으로 구현하기 위해, 교사는 학생들이 실제 상황을 다루는 시나리오 기반 학습, 토론 수업, 윤리적 딜레마 분석 등의 학습 방식을 활용할 수 있다. 예를 들어, 교사는 "자율주행차의 사고 상황에서 AI의 의사결정 기준은 무엇이어야 하는가?"와 같은 시나리오를 제시하고, 학생들이 다양한 관점에서 논의하도록 유도할 수 있다. 이를 통해 학생들은 AI의 윤리적 문제에 대해 깊이 사고하고, 공정성과 책임성의 관점에서 대안을 제시하는 역량을 키울 수 있다.

또한, 교육자는 AI 윤리에 대한 논의를 통해 학습자들이 자신의 역할과 책임에 대해 성찰하도록 돕는 "도덕적 리더십"을 함양할 필요가 있다(Fell, 2022). AI 시스템이 의사결정을 대신하더라도, 최종적인 책임은 인간에게 있다는 인식을 심어주는 것이 중요하다. 이러한 인식을 바탕으로, 학생들은 AI의 결과에 책임을 지는 "책임 있는 디지털 시민(Responsible Digital Citizen)"으로 성장할 수 있다.

3. AI 시대 새로운 교육의 방향

AI 시대의 교육에서는 학습자의 주체성, 탐구 및 연구 능력, 과정 중심의 수행 능력, 그리고 의미 있는 학습 경험이 중요하게 다뤄져야 한다. AI는 단순한 지식 전달 도구가 아니라, 학습자와 협력하여 학습을 지원하는 조력자로 인식될 필요가 있다.

AI 기술은 학습자들이 자신의 학습을 주도할 수 있도록 지원하고, 교사는 학습자가 AI를 효과적으로 활용할 수 있도록 돕는 조력자로서의 역할을 수행해야 한다. 결과적으로, 학습자가 AI와 협력하여 새로운 지식과 역량을 개발할 수 있는 교육 환경을 조성하는 것이 AI 시대 교육의 핵심이라고 할 수 있다.

3.1. 학습의 주체로서의 학습자

1) AI와 인간의 주체성 비교

최근 테슬라의 자율주행 자동차가 주차된 경찰차와 충돌한 사고는 인간의 주체성과 AI의 주체성을 비교하는 데 중요한 시사점을 제공한다. 만약 인간이 운전 중 부주의로 경찰차를 들이받았다면 큰 주목을 받지 않았을 것이다. 그러나 AI가 주도적으로 운전하는 자동차의 사고는 다르게 인식된다. 그 이유는 책임의 주체가 명확하지 않기 때문이다.

사람이 운전할 때는 운전자가 책임을 지는 것이 당연하지만, AI가 운전할 때는 책임을 누구에게 물어야 할지가 불분명하다. 인간은 행동의 동기와 과정, 결과에 스스로 개입할 수 있을 때 책임을 인정받는다. 그러나 AI는 독립적인 동기나 의도를 가질 수 없기 때문에 우리는 AI에 책임을 물을 수 없다. 이러한 불편함은 영화 터미네이터의 사례와도 연결된다. 인간에게 위협이 되는 자율적 AI의 이미지는 사람들이 AI에 대해 불안을 느끼게 하는 이유 중 하나이다.

2) 교육에서의 학습 주체 문제

교육에서도 이와 유사한 논의가 가능하다. AI 기반의 학습 시스템이 학습자에게 개별화된 학습 경로를 제공한다고 하자. 학기말 성취도 평가 결과가 좋다면, 우리는 AI 학습 시스템의 효과성을 인정할 것이다. 그러나 성취도가 낮을 경우, 우리는 누구에게 책임을 물어야 할까? 학습자의 책임인가, 아니면 AI 시스템의 책임인가? 이러한 논의는 교육에서 학습의 주체가 누구인지에 대한 근본적인 질문으로 이어진다. 결론적으로, 학습의 주체는 AI가 아니라 학습자 자신이어야 한다. AI는 학습을 보조하는 도구일 뿐, 학습의 주체가 될 수는 없다. 학습자는 자신의 학습 목표에 맞게 AI 도구를 활용하고, 스스로 학습을 주도해야 한다.

이 과정에서 교사의 역할도 중요하다. 교사는 AI 학습 시스템을 단순히 활용하는 것을 넘어, 학습자가 스스로 목표를 설정하고 학습 과정을 관리할 수 있도록 지원해야 한다. 이를 통해 학습자는 단순한 수동적 사용자가 아니라 학습의 주체로서 자신의 학습 여정을 스스로 개척하는 능동적 학습자로 성장할 수 있다.

3) 학습자의 역할과 요구되는 역량

학습자가 학습의 주체가 되기 위해서는 다음과 같은 역량이 필요하다.

- 비판적 사고와 문제 해결 능력: AI가 제공하는 정보를 맹목적으로 수용하는 것이 아니라, 이를 분석하고 평가하여 자신의 학습

에 적절히 활용할 수 있어야 한다. 예를 들어, AI의 자동 피드백이 부정확할 경우, 학습자는 이를 비판적으로 검토하고 필요한 추가 정보를 탐색하여 더 나은 결론에 도달할 수 있어야 한다.

- 자기 주도 학습 능력: AI가 제공하는 맞춤형 학습 경로를 따르되, 자신의 학습 속도와 스타일에 맞게 조절하고, 새로운 학습 방법을 탐색하는 능력이 필요하다. AI 시스템이 제시하는 학습 경로를 그대로 따르는 것이 아니라, 자신만의 학습 목표와 학습 계획을 세우고 이를 조율하는 능력이 요구된다. 이와 같은 자기 주도 학습 능력은 학습자가 학습 과정에 능동적으로 참여하는 데 필수적이다.
- 의사소통 및 협력 능력: AI와의 상호작용뿐만 아니라, 다른 학습자 및 교사와의 소통을 통해 학습에 필요한 피드백을 적극적으로 활용해야 한다. 학습자는 AI의 피드백뿐만 아니라 교사와 동료 학습자들과의 협력을 통해 더 깊은 이해를 도모할 수 있다. 예를 들어, 프로젝트 기반 학습(PBL) 상황에서는 팀원들과의 협력 과정에서 AI가 제공하는 정보를 공유하고 이에 기반하여 의사결정하는 능력이 요구된다.
- 책임감과 윤리적 인식: 학습자는 자신의 학습 과정과 결과에 책임을 질 수 있어야 하며, AI의 윤리적 측면에 대한 인식을 갖추어야 한다. 예를 들어, AI가 생성한 콘텐츠를 학습에 활용할 때는 저작권과 같은 법적·윤리적 문제를 고려해야 한다. 또한, 학습자는 자신의 학습 결과에 대해 스스로 책임을 지고, 실패를 학습의 일부로 인식하며 지속적인 개선을 위해 노력해야 한다.

3.2. 탐구 · 연구 · 근거 중심 사고

1) 인간의 창의성과 AI의 협력

AI의 발전으로 인간 고유의 능력으로 여겨졌던 창의성도 더 이상 인간만의 영역으로 남아 있지 않다. 예를 들어, AI가 작곡한 노래가 공모전에서 1위를 차지한 사례는 인간의 창의성과 AI의 경계를 모호하게 만들었다. 이러한 변화는 AI를 단순한 도구로 보는 관점을 넘어, AI를 협력자(co-pilot)로 인식하는 시각으로 전환하게 한다. 마이크로소프트의 Copilot AI가 그 대표적 예이다. Copilot은 사용자가 직접 작업을 수행하는 대신, 필요한 작업을 보조하고 협력하는 역할을 한다.

교육 현장에서 이와 같은 관점을 적용하면, AI는 학습자의 탐구 및 연구 활동을 보조하는 조력자로 기능할 수 있다. 예를 들어, 학습자는 AI의 자연어 처리 기술을 활용하여 방대한 학술 자료를 탐색하고, 특정 주제에 대한 다양한 관점을 신속하게 수집할 수 있다. 또한, AI의 데이터 분석 기능을 활용하여 실험 데이터를 시각화하거나 패턴을 발견함으로써 학습자의 연구 능력을 강화할 수 있다. 이를 통해 학습자는 단순한 정보 소비자를 넘어 탐구 과정의 주체로서의 역할을 수행할 수 있다.

2) 탐구 · 연구 · 근거 중심 사고의 필요성

AI는 학습자들이 탐구와 연구를 통해 지식을 확장하고 문제를 해결할 수 있도록 돕는 유용한 도구이다. 예를 들어, 과거에는 교사와 학생이 구글이나 네이버와 같은 검색 엔진을 통해 정보를 검색했다면,

오늘날의 AI는 방대한 데이터베이스와 실시간 데이터를 분석하여 사용자에게 더 심층적이고 개별 탐구에 최적화된 정보를 제공할 수 있다. 이를 통해 학습자는 단순한 정보의 수용자가 아니라 정보의 분석자, 평가자, 생성자로서의 역량을 기를 수 있다.

이러한 AI 지원 학습 환경에서는 학습자의 다음과 같은 핵심 역량이 강조된다.

- 근거 기반의 사고력(evidence-based thinking): 학습자는 AI가 제시하는 방대한 데이터를 바탕으로 객관적인 근거를 찾고 논리를 전개할 수 있는 능력을 길러야 한다. AI는 다양한 데이터 소스에서 수집한 정보에 대해 근거의 타당성을 분석하는 데 도움을 줄 수 있지만, 학습자는 AI의 출력 결과를 비판적으로 평가할 수 있는 능력을 갖추어야 한다. 예를 들어, 과학 수업에서 학생들이 실험 결과를 분석할 때, AI는 데이터의 패턴을 탐지하고 통계적 결과를 시각화할 수 있으나, 최종적인 해석과 결론 도출은 학습자가 수행해야 한다.
- 정보 분석 및 평가 능력: AI가 제공하는 정보를 단순히 수용하는 것이 아니라, 신뢰성과 정확성을 판단하는 능력이 요구된다. 학습자는 AI의 제안이 모든 상황에 적합하지 않을 수 있음을 인식하고, 추가적인 검증 과정을 수행해야 한다. 예를 들어, AI 기반의 번역 서비스가 제공하는 번역 결과를 단순히 받아들이는 것이 아니라, 문맥에 맞는지 검토하고 필요에 따라 수정하는 과정을 통해 비판적 정보 분석 능력을 기를 수 있다.
- 창의적 문제 해결 능력: AI가 제시하는 대안을 참고하여 새로운

해결책을 모색할 수 있는 능력이다. AI는 다양한 대안이나 시뮬레이션 결과를 제시할 수 있지만, 최적의 해결책을 도출하는 과정에서는 학습자의 창의적 사고와 결단력이 필요하다. 예를 들어, 엔지니어링 수업에서 AI 기반 설계 도구가 여러 가지 설계 대안을 제안할 수 있으나, 최종 설계 결정을 내리는 것은 학습자의 몫이다.

- 탐구 및 연구 능력: AI는 학습자가 가설을 설정하고 검증할 수 있는 탐구 과정에서도 중요한 도구로 작용한다. AI의 예측 모델이나 시뮬레이션 도구를 활용하면 학습자는 가설을 실험하거나 미래의 결과를 예측할 수 있다. 예를 들어, 사회과학 수업에서는 AI를 활용한 데이터 시뮬레이션을 통해 경제 정책의 변화를 예측할 수 있다. 이러한 탐구 과정에서 학습자는 독립적으로 연구 질문을 생성하고, 데이터를 수집 및 분석하며, 결론을 도출하는 능력을 발휘할 수 있다.
- 비판적 사고 능력: AI가 생성한 결과물에 대한 비판적 평가 능력은 탐구·연구 학습의 필수 요소이다. AI의 응답이 항상 정답일 수는 없기 때문에, 또는 편향된 반응을 보일 수 있기에, 학습자는 AI의 응답을 신중히 검토하고 오류 가능성을 인식할 수 있어야 한다. 예를 들어, 학습자는 AI가 제안한 연구 방법론의 타당성을 검토하고, 추가적인 보완 사항을 제안하는 과정을 통해 비판적 사고 능력을 향상시킬 수 있다.

이러한 탐구·연구 중심의 학습 방식은 초중고 교육뿐만 아니라, 대학교육과 기업 교육에서도 중요한 학습 전략으로 자리 잡고 있다.

AI의 지원을 통해 학습자는 정보 수용자로서의 역할을 넘어, 정보 생산자이자 문제 해결자로서의 역할을 수행할 수 있다. 교육기관에서는 AI 기술을 활용한 시뮬레이션 학습, 프로젝트 기반 학습(PBL), 데이터 분석 기반의 학습을 통해 학습자가 능동적으로 탐구하고 연구할 수 있는 환경을 조성해야 한다. 탐구 기반 학습의 본질은 학습자가 스스로 문제를 정의하고, AI의 지원을 받아 다양한 방법으로 문제를 해결하며, 최종적으로 자신의 학습 결과에 대해 책임을 지는 과정에 있다. 이를 통해 학습자는 단순한 지식 습득을 넘어 독립적이고 창의적인 학습자로 성장할 수 있다.

3.3. 과정 중심의 수행 능력 위주 평가

기존의 평가는 시험 점수와 같은 결과 중심의 평가(summative evaluation)에 치중했다. 그러나 수행평가와 프로젝트 기반 학습(PBL)에서는 학습의 과정을 중시하는 평가 방식(formative evaluation)이 강조되고 있다. 이러한 평가 방식은 학습자가 문제 해결 과정에서 보이는 사고력, 창의성, 협력 능력 등 다양한 역량을 포괄적으로 평가할 수 있는 장점을 갖고 있다.

AI 기술의 발전은 이러한 변화에 중요한 역할을 할 수 있다. 예를 들어, AI 기반의 멀티모달 학습 분석(multimodal learning analytics) 시스템은 학습자의 음성, 제스처, 행동 패턴 등을 분석하여 학습 과정을 평가할 수 있다. 학습자가 참여하는 토론 과정에서, AI는 학습자의 참여도, 협력도, 상호작용을 관찰하고 평가할 수 있다. 이 과정에서 AI는 학습자 간의 대화 패턴, 논의의 깊이, 비판적 사고의 수준을 분석하여 보다 정교한 평가를 가능하게 한다. 교사는 AI의 분석 결과를 바탕으로 학습자들에게 구체적이고 개인화된 피드백을 제공할 수 있다. 이러한 과정 기반 평가는 다음과 같은 긍정적인 효과를 가져온다.

- 학습자의 참여 유도: 과정 중심의 평가는 학습자가 학습 과정에 적극적으로 참여하도록 유도함으로써, 학습의 몰입도를 높인다. 특히, PBL이나 협력 학습 환경에서는 학습자가 자신의 역할과 책임을 인식하게 되어 자발적인 참여를 유도할 수 있다. 학습 과정의 참여도가 평가 요소에 포함되면서 학습자는 단순한 결과물이 아닌 과정 자체에 더 큰 의미를 부여하게 된다.
- 개별 피드백 제공: AI는 학습 과정 중에 수집된 데이터를 바탕으로 학습자의 강점과 약점을 파악하여 실시간으로 맞춤형 피드백을 제공할 수 있다. 예를 들어, AI는 학습자가 특정 개념을 이해하는 데 어려움을 겪는 경우 이를 실시간으로 교사와 학습자에게 알림으로써, 교사가 적절한 학습 지원을 제공할 수 있도록 돕는다. 이는 학습자가 학습의 과정에서 스스로의 학습 상태를 점검하고, 필요한 경우 학습 전략을 수정할 수 있도록 돕는 자기 조절 학습을 촉진하는 데 기여한다.
- 학습 경험의 질 향상: 과정 중심의 평가는 학습자가 학습 과정을 스스로 조절하고 학습에 의미를 부여할 수 있도록 한다. 단순히 결과만을 중시하던 기존의 평가 방식과 달리, 과정 중심의 평가는 학습자의 성찰(reflection)과 자기 인식(self-awareness)을 촉진하여 학습의 질을 향상시킨다. 예를 들어, AI 기반 학습 플랫폼은 학습자가 학습 과정 중에 선택한 경로와 의사결정을 기록하고, 이를 바탕으로 학습의 전반적인 진행 과정을 시각화할 수

있다. 이를 통해 학습자는 자신의 학습 전략의 효과를 평가하고 개선할 수 있다.

- 협력 및 소통 능력의 향상: 과정 중심의 수행능력 평가는 학습자의 협력 및 소통 능력을 평가할 수 있는 기회를 제공한다. 예를 들어, AI 기반 협력 학습 플랫폼에서는 학습자 간의 대화 내용, 의견 교환 빈도, 협력의 질을 분석할 수 있다. AI는 대화의 주제를 추적하고, 서로 다른 관점을 조정하는 과정을 관찰하여 학습자가 협력 과정에서 보인 태도와 역량을 평가할 수 있다. 이러한 데이터는 협력 학습의 질을 향상시키는 데 중요한 자료로 활용될 수 있다.
- 메타인지 및 자기 주도 학습 능력 향상: 과정 중심의 평가는 학습자가 자신의 학습 과정을 지속적으로 모니터링하고 조절할 수 있도록 한다. AI의 실시간 피드백과 학습 과정의 시각화 도구는 학습자가 자신의 학습 전략과 접근 방식을 개선할 수 있도록 돕는다. 예를 들어, 학습자가 특정 개념에 대해 어려움을 겪을 때, AI는 학습 기록과 패턴을 바탕으로 유사한 문제 상황을 제시하거나 적절한 학습 자료를 추천할 수 있다. 이러한 과정은 학습자의 자기 주도 학습 능력을 강화하는 데 기여할 수 있다.

3.4. 학습자에게 의미 있는 학습

학생들이 흔히 "왜 이런 것을 배워야 하는가?"라고 질문하는 이유는 학습의 의미성을 느끼지 못하기 때문이다. 이러한 질문은 학습자들이 배움의 목적과 가치에 대해 인식하지 못하고 있음을 반영한다. 예를 들어, 수학을 배우는 이유에 대해 학생들은 충분한 설명을 듣지 못하는 경우가 많다. 그러나 수학이 논리적 사고와 문제 해결 능력을 기르는 데 필수적이라는 사실을 깨닫게 한다면, 학습의 의미는 학습자에게 더 명확해질 것이다. 학습의 의미성을 높이기 위해서는 학습자에게 실질적 가치를 느낄 수 있는 학습 환경을 조성하는 것이 중요하다.

의미 있는 학습을 구현하기 위해서는 학습자가 학습 과정과 그 결과의 가치를 인식할 수 있도록 지원하는 것이 중요하다. AI는 개별화된 학습 콘텐츠 제공, 실생활과의 연계, 학습 여정의 시각화, 피드백 제공, 목표 기반 학습 강화와 같은 다양한 방식으로 학습의 의미성을 높일 수 있다. 학습자가 학습의 의미를 인식하게 되면 학습 과정에 더 적극적으로 참여하고, 학습 목표 달성을 위해 자기 주도 학습 능력을 발휘할 가능성이 높아진다. AI 기술을 활용한 의미 있는 학습 구현은 학습자의 동기 유발, 학습 경험의 질 향상, 자기 주도 학습 능력 강화와 같은 긍정적인 효과를 가져오며, 이는 학습자 중심의 학습 환경을 조성하는 데 중요한 역할을 한다.

예를 들어, AI는 다음과 같은 방식으로 학습의 의미성을 높일 수 있다.

- 개별화된 학습 자료 제공: 학습자의 관심사에 맞춘 콘텐츠를 제공하여 학습자가 학습 내용에 대한 개인적 의미를 느낄 수 있도록 돕는다. 예를 들어, AI는 학습자의 관심 분야(예: 스포츠, 예술, 게임)와 관련된 문제나 사례를 제시하여 학습의 맥락을 풍부하게 만든다. 이러한 방식은 학습자의 몰입과 흥미를 유도하여 학습 지속성을 높인다.
- 실생활과 연계된 학습: 학습 내용을 실생활 문제와 연계하여 의

미 있는 학습 경험을 제공한다. 예를 들어, 수학 수업에서는 AI가 가상의 은행 업무나 쇼핑 할인 계산과 같은 실제 상황을 시뮬레이션하여 문제를 제시할 수 있다. 이러한 실생활 기반의 문제 해결 과정을 통해 학습자는 학습 내용이 자신의 일상생활과 어떻게 연결되는지를 직접 경험할 수 있다. 이로 인해 학습자는 학습의 필요성을 더 명확하게 인식하고 학습 과정에 적극적으로 참여하게 된다.

- 학습 여정의 시각화: AI는 학습자가 자신의 학습 진척 상황을 시각적으로 확인할 수 있도록 지원하여 학습 과정의 의미를 부여한다. 학습자는 자신의 학습 경로와 목표 달성 현황을 시각적으로 확인함으로써, 자신의 노력이 어떤 결과로 이어지는지를 명확히 인식할 수 있다. 예를 들어, AI 기반 학습 플랫폼은 학습자의 학습 목표 달성률, 남은 학습 과제, 현재 위치를 대시보드 형태로 시각화함으로써 학습 동기를 자극할 수 있다.
- 피드백과 성찰의 기회 제공: AI는 학습 과정 중에 실시간 피드백을 제공하여 학습자가 자신의 학습 과정을 성찰할 수 있는 기회를 마련해 준다. 예를 들어, AI는 특정 문제에 대해 학습자가 선택한 답변의 이유를 묻고, 대안을 제시하거나 추가 학습 자료를 제공함으로써 학습자가 자신의 사고 과정에 대해 더 깊이 성찰할 수 있도록 돕는다. 이러한 과정은 학습자 스스로 학습의 의미를 탐색하는 기회를 제공한다.
- 목표 기반 학습의 강화: AI는 학습자에게 명확한 학습 목표를 제시하고 목표 달성의 진척 상황을 추적할 수 있도록 한다. 학습자는 목표 달성을 통해 성취감을 느낄 수 있으며, 목표 달성 과정

이 명확히 시각화되면 학습자는 학습에 더 큰 의미를 부여할 수 있다. 예를 들어, AI는 특정 학습 목표(예: 단원별 개념 이해, 특정 문제 유형 해결)와 관련된 과제를 자동으로 추천하고, 목표 달성 수준을 학습자에게 실시간으로 보여줄 수 있다.

4. AI 활용 교육 사례

4.1. 의학교육과 AI의 융합

1) AI 활용의 3가지 전문성

의학교육에서 AI의 중요성은 앞으로 더욱 커질 것으로 예상된다. 의대생들은 단순한 의료 지식뿐 아니라, AI의 원리와 활용 방법도 배워야 한다. AI 교육의 목표를 개념화하기 위해, AI 기술을 활용하는 의료 인력은 AI에 대한 참여 수준에 따라 세 가지 범주로 구분할 수 있다(Ng et al., 2023).

- 소비자(Consumers): 의료 인력의 대다수를 차지하며, AI 연구 및 개발에는 참여하지 않으나, 환자에게 적절한 서비스를 제공하기 위해 새로운 AI 도구를 선택하고 사용하는 역할을 담당한다.
- 번역자(Translators): 최첨단 AI 기술을 임상 환경에 도입하고, 의료 인력이 AI 도구를 효과적으로 활용할 수 있도록 돕는 역할을 한다.
- 개발자(Developers): AI의 기초가 되는 컴퓨터 과학에 종사하는 기술적으로 유능한 AI 연구자들로, 의학과 컴퓨터 과학의 전문성

을 모두 갖춘 의사-컴퓨터 과학자가 여기에 포함된다.

이러한 역할에 따라, 의과대학의 교육 과정도 AI의 리터러시(literacy)를 강화할 필요가 있다. 의대생들이 자신에게 필요한 수준의 AI 지식과 기술을 습득하도록 지원해야 한다. 시간이 지나면서 기술이 발전하고 AI에 대한 친숙도가 높아짐에 따라, 더 많은 의료 전문가들이 번역자(Translators) 및 개발자(Developers) 범주로 진입할 것으로 예상되며, 소비자(Consumers), 번역자, 개발자 등 모든 범주에서 AI에 대한 지식과 기술 수준이 향상될 것으로 기대된다(Ng et al., 2023). 이러한 배경에서 의학교육에서의 AI 교육과정은 기존의 의학교육 요소와의 통합에 중점을 두며, AI는 기존의 임상 실습, 교육 및 연구를 보완하는 역할을 해야 한다.

2) 의과대학의 핵심 AI 교육과정

의과대학의 AI 교육과정은 주로 임상 인력의 대부분을 차지하는 소비자(Consumers) 영역에 기본적인 AI 소양(AI literacy)을 제공하는 것을 목표로 한다. 이는 의료진이 AI 시스템을 효과적으로 활용하고, AI가 의사 결정에 미치는 영향을 환자에게 명확히 설명할 수 있도록 돕기 위함이다. AI 교육과정의 운영 방식은 다양한 교육기관의 교육 철학과 교수진의 특성에 맞게 유연하게 설계될 수 있는데, 강의, 그룹 기반 프로젝트, 자기 주도 학습 등의 형태로 교육이 이루어질 수 있다(Ng et al., 2023).

Ng와 그 동료들(2023)은 의대 교육에 AI를 접목하기 위해 네 가지 교육과정을 다음과 같이 제시하였다.

- AI 개념 이해: AI의 기본 개념, 알고리즘의 원리, 머신러닝과 딥러닝의 작동 방식에 대한 이해.
- AI 도구 활용 능력: 실제 의료 현장에서 AI 도구(예: 진단 도구, 예측 모델)를 활용하는 능력.
- AI 윤리 및 법적 고려사항: AI의 의료 적용에서 발생할 수 있는 윤리적, 법적 문제에 대한 인식과 대응 능력.
- 전문직 간 교육(Interprofessional Education, IPE): 의사뿐 아니라 보건 전문가, 약사, 관리자, 데이터 과학자들이 AI를 활용하여 협력할 수 있도록 다학제적 접근을 강조한다.

3) NYU 의과대학의 DX Mentor 시스템

의과대학에서 AI를 교육에 활용하는 예를 소개하고자 한다. NYU 그로스만 의과대학(NYU Grossman School of Medicine)은 DX Mentor 시스템을 도입하여 의료 교육에 AI 기술을 활용하고 있다. 이 시스템은 학생들이 환자 진료 과정에서 필요한 학습 자료와 관련 의료 문헌을 자동으로 식별하고 추천하는 AI 기반 지원 도구이다. 이를 통해 학생들은 개인화된 학습 자료에 적시에 접근할 수 있으며, 의료 지식 습득 및 임상 교육 과정에서의 효율성을 높일 수 있다.

DX Mentor 시스템의 주요기능으로 전자 건강 기록(EHR)과의 통합은 환자의 진단 정보를 수집하고 분석하여서, 이 데이터를 의료 교육을 위한 디지털 학습 자료 카탈로그와 연계하여 학생에게 필요한 자료를 자동으로 추천한다. 학생이 임상학습을 할 경우 환자 진료 상황에 맞춰 AI가 맞춤형 학습 자료(영상, 인포그래픽, 논문 등)를 추천한다. 이때 추천 자료는 최신 의료 문헌(PubMed) 및 교육 자료와 연결되는데, 이는 학생들이 최신 지식을 빠르게 습득할 수 있도록 돕는다. 이 시스템은 의과학생의 자기 주도적 학습을 지원하는데, 학습 자료의 자동 큐레이션을 통해 학생의 학습 경로에 필요한 자료를 선별하여 제공하며 교수진의 개입 없이도 적시에 적절한 학습 자료를 추천한다.

DX Mentor 시스템은 의과대학의 AI 교육 방식에 혁신을 가져올 것으로 예상된다. 학생들은 단순히 AI 기술을 배우는 것을 넘어, AI를 활용하여 학습하는 방법을 습득하게 된다. 향후 DX Mentor와 같은 AI 기반 교육 시스템은 의료 교육뿐만 아니라 임상 실습과 실제 의료 현장에서의 활용 가능성도 높아질 것이다. AI 기술이 점차 의료 교육 및 임상 업무에 통합됨에 따라, 학생들은 임상 진료 및 환자 관리 과정에서 AI의 한계를 인식하고, AI의 추천 사항을 비판적으로 평가하는 능력을 갖추게 될 것이다.

4.2. AI와 체화 인지 기반의 컴퓨팅 사고 교육

1) 증강현실 기반의 체화 인지 학습 시스템

권경빈과 그 동료들(2024)은 체화 학습(Embodied Learning)과 증강현실(AR) 학습 환경이 초등학교 1~2학년 학생들의 컴퓨팅 사고력(CT: Computational Thinking) 향상에 미치는 영향을 분석하였다. 학생들은 신체 움직임을 통해 프로그램(code)과 알고리즘(instructions with codes) 같은 CT 개념을 학습하고, 이를 로봇 프로그래밍 과제에 적용하였다. 연구 결과, 학생들은 CT 개념의 이해, 문제 해결 능력,

방향 인식 능력 등에서 유의미한 향상을 보였다. 특히, 기호의 의미를 인식하고, 주어진 코드의 결과를 예측하며, 누락된 코드를 완성하는 과제에서 긍정적인 학습 효과가 나타났다. 다만, 작업에 맞춘 새로운 코드를 직접 개발하는 과제에서는 유의미한 향상을 보이지 않아, 보다 구체적인 학습 지원이 필요하다는 점이 시사되었다(Kwon, Brush, et al., 2024).

학생들은 CT 학습에 대한 자기 효능감(self-efficacy), 태도(attitude), 자신감(confidence) 측면에서도 긍정적인 변화를 경험했다. 체화 학습을 통해 CT 개념을 몸으로 체험하면서 프로그래밍 과제에 대한 흥미와 동기가 높아졌다. 로봇 프로그래밍 과제 수행 중의 오류 분석을 통해, 학생들이 자주 경험하는 오류는 방향 오류(incorrect turns)와 누락된 회전(missed turns)으로 나타났다. 이러한 오류는 작업의 복잡성과 관련이 있었으며, 작업이 더 어려워질수록 오류 발생 빈도가 증가하였다. 흥미로운 점은 일부 학생들이 손가락으로 칸을 세거나 손을 회전시키는 신체적 전략을 자발적으로 활용하여 방향을 인식한다는 것이었다. 이는 체화 학습이 인지적 과제 수행에서 유의미한 도움을 줄 수 있다는 점을 보여준다(Kwon, Brush, et al., 2024).

위 연구 결과를 바탕으로 학습자들의 체화 활동이 CT 개념 학습에 어떠한 도움을 주는지 자세히 살펴볼 필요가 있었다. 즉 학생들이 어떠한 신체 움직임을 통해 프로그래밍 코드의 개념을 이해하고, 이를 로봇의 움직임으로 구현할 수 있는지 그 학습 과정을 탐색해 보았다(Kwon, Kim, et al., 2024). 연구 결과, 체화된 신체 움직임과 CT 개념 사이의 일치된 움직임(congruent embodiment)이 학습 효과를 높이는 데 중요한 역할을 한다는 것이 밝혀졌다. 학생들이 몸의 움직임과 프로그래밍 명령이 일치하도록 체화 학습을 했을 때, CT 개념 이해 및 문제 해결 능력이 향상되었다. 구체적인 예를 들어보자면, 학생들이 순차적 동작(앞으로 이동, 오른쪽으로 회전 등)을 올바르게 수행할 때 프로그래밍의 기초 명령어(앞으로 이동, 회전 등)의 개념을 더 잘 이해하는 것으로 나타났다. 학생들은 시간이 지남에 따라 움직임의 일치성이 향상되었으며, 초기에는 불안정했던 동작이 점차 더 직관적이고 유창하게 변화하는 모습을 보였다.

반면, 일치되지 않은 움직임(incongruent embodiment)도 관찰되었다. 예를 들어, 학생들이 직관적으로 측면 이동(side-step)을 하거나, 대각선으로 이동하는 동작을 취할 때, 이는 로봇의 움직임 규칙(회전 후 직진)을 따르지 않는 행동으로 간주되었다. 이러한 일치되지 않은 움직임은 학생들이 자연스러운 신체 움직임과 프로그래밍 개념 사이의 연결을 충분히 인식하지 못했기 때문에 발생한 것으로 해석되었다. 이로 인해, 연구자들은 체화 학습에서의 직관적 움직임과 CT 개념의 연결을 명확히 제시할 필요성을 제안하였다.

이 연구의 교육적 시사점으로는 체화 학습과 증강현실을 활용한 CS 교육 전략의 개발 필요성이 강조된다. 체화 학습을 통해 학생들은 추상적인 CT 개념을 물리적 경험과 연결하여 더 쉽게 이해할 수 있었으며, 몰입형 학습 환경(immersive learning environment)에서 자연스러운 움직임과 학습 목표 사이의 일치성을 높이는 교수 설계가 필요하다는 점이 제기되었다. 이러한 접근 방식은 AR 및 VR 기반 몰입형 학습 시스템의 설계 원칙에 중요한 통찰을 제공하며, 컴퓨터 과학(CS) 교육에서 추상적 개념을 구체화하는 교수법의 유효성을 입증한다. 이 연구는 로봇 프로그래밍, 순차적 코딩 개념의 교수 설계 및 학생의 인지적 부담을 줄이는 교수학적 접근에 관한 실질적 시사점을 제공한다(Kwon, Kim, et al., 2024).

2) 증강현실과 AI 융합을 통한 체화 학습

앞선 두 연구를 통해, 증강현실(AR) 기술을 활용한 체화 학습 환경이 학습자가 물리적 공간과 가상 객체 간의 상호작용을 통해 몰입감과 학습 동기를 높이는 데 효과적이라는 점과, 체화 학습이 컴퓨팅 사고력(CT: Computational Thinking) 향상에 긍정적인 영향을 미친다는 사실을 확인할 수 있었다.

이를 바탕으로, AI 기술을 증강현실에 융합할 경우 학습자의 체화 활동을 실시간으로 모니터링하고 즉각적인 피드백을 제공함으로써 학습 효과를 극대화할 수 있는 가능성이 제기되었다(Johnson-Glenberg & Megowan-Romanowicz, 2017). 구체적으로, AI는 움직임 추적 센서(예: 카메라, LiDAR, IMU 센서)와 기계 학습 알고리즘(예: 행동 인식, 포즈 추정)을 활용하여 학습자의 움직임을 분석하고, 이를 CT 개념과 연계해 적절한 피드백을 제공할 수 있다. 예를 들어, 학습자가 방향 전환을 잘못 수행하면 AI 시스템이 이를 감지하여 "오른쪽으로 한 번 더 회전해야 합니다"와 같은 음성 피드백을 제공할 수 있다.

보다 발전된 접근으로는, 연구자들의 학습 분석 자료를 기반으로 AI가 바람직한 체화 활동의 모델을 구축하고 이를 학습 시스템에 통합하는 방안이 있다. 이러한 시스템은 학습자의 신체 움직임 데이터를 수집하고, AI가 학습한 이상적인 체화 활동 모델과 비교하여 학습자의 수행 수준을 진단할 수 있다(Ashwin et al., 2023). 예를 들어,

학습자가 수행한 움직임이 모범 모델과 얼마나 일치하는지를 분석하고, 즉각적인 피드백과 개선 방안을 제공할 수 있다.

이 과정에서 AI는 학습자의 오류 패턴을 파악하여 반복적인 오류에 대해 맞춤형 피드백과 대안을 제안할 수 있다. 더 나아가, 이 시스템은 교사에게 학습자의 학습 상황을 시각화한 대시보드를 제공함으로써, 교사가 학습자의 개별적 특성에 맞춘 교수 전략을 설계할 수 있도록 지원한다. 궁극적으로, 이러한 접근은 학생의 학습 효율성을 높이고 교사의 교수 부담을 줄이는 동시에 더 나은 학습 경험을 제공할 수 있을 것으로 기대된다.

5. 미래교육을 위한 제언

AI 시대의 도래는 교육의 방식과 본질에 근본적인 변화를 요구하고 있다. 전통적인 지식 전달 중심의 교육에서 벗어나, 학습자가 스스로 탐구하고 의미 있는 학습 경험을 만들어가는 과정 중심의 교육으로의 전환이 필수적이다. AI 기술을 활용한 교육은 교사의 역할, 학습자의 역할, 평가 방식, 교수·학습 방법에 이르기까지 교육의 모든 측면에 영향을 미친다. 이러한 변화에 대응하기 위해 다음과 같은 세 가지 방향에서의 제언을 하고자 한다.

5.1. 교육의 인간성 회복

AI 기술의 도입은 교육을 자동화하거나 대체하는 방식으로 이해되기 쉽지만, 역설적으로 교육을 더욱 인간적인 방향으로 변화시킬 수 있는 가능성을 열어준다. AI는 학습자의 개별 학습 상황을 실시간으로 분석하고 맞춤형 피드백을 제공함으로써 교사의 역할을 보조할 수 있다. 교사는 단순한 지식 전달자에서 벗어나, 학습자의 정서적, 사회적 발달을 지원하는 정서적 코치(emotional coach) 및 학습 촉진자(facilitator)로서의 역할을 수행할 수 있다. 이로 인해 교사와 학습자 간의 관계는 더 깊어지고, 교사는 학습자의 개별 특성에 맞춘 세심한 지원을 제공할 수 있다.

전통적 교육이 지식의 습득과 결과 중심의 학습에 중점을 두었다면, 미래 교육에서는 과정 중심의 학습과 의미 있는 학습 경험을 중시해야 한다. 학생의 신체적 참여와 감각적 경험을 강조하는 체화 학습(Embodied Learning)은 학습의 몰입도와 동기를 높일 뿐만 아니라, 학습자가 개념을 더 깊이 이해할 수 있도록 돕는다. AI와 증강현실(AR) 기술을 결합한 체화 학습 환경은 학습자의 신체적 경험과 학습 목표를 연계하여 학습의 본질을 더 인간적으로 재구성할 수 있는 가능성을 보여준다.

5.2. 과정 중심 평가로의 전환

AI 기술의 발전은 기존의 결과 중심 평가(summative evaluation)에서 벗어나 과정 중심 평가(formative evaluation)로의 전환을 가능하게 한다. AI는 학습자의 음성, 제스처, 행동, 시선 추적 등의 멀티모달(multimodal) 데이터를 수집하고 분석하여 학습의 과정을 평가할 수 있다. 예를 들어, AI는 학생의 행동 패턴을 분석하여 특정 개념에 대한 이해 수준을 진단하거나, 협력 학습 상황에서 학습자 간의 대화와 상호작용 패턴을 분석해 협력 능력을 평가할 수 있다. 이는 기존의 지필고사로는 측정하기 어려운 창의성, 문제 해결 능력, 협력 능력 등 고차원적 역량을 평가하는 데 효과적이다.

또한, AI는 학습자의 학습 과정과 진척 상황에 대한 리포트를 자동 생성하여 교사와 학습자에게 제공할 수 있다. 예를 들어, 학습자가 문제 해결 과정에서 자주 범하는 오류 패턴을 AI가 분석하여 교사에게 제시하면, 교사는 학습자의 개별적 학습 요구에 맞는 피드백을 제공할 수 있다. AI 기반 학습 리포트는 학습자가 자신의 학습 과정을 자각하고 자기조절 학습 능력을 향상시키는 데 도움을 줄 수 있다.

5.3. 의미 있는 학습의 실현

AI 시대의 교육은 지식 습득을 넘어서, 학습자가 학습의 의미를 스스로 인식하고 주도적으로 학습할 수 있도록 하는 '의미 있는 학습'을 추구해야 한다. AI는 학습자의 학습 스타일, 흥미, 목표에 맞춰 맞춤형 학습 경로를 설계할 수 있다. 예를 들어, AI는 학습자의 관심사(예: 스포츠, 예술)와 관련된 콘텐츠를 추천하여 학습자가 학습에 더 깊이 몰입할 수 있도록 돕는다. 이는 학습의 의미성을 높이는 동시에, 학습자의 몰입도를 향상시켜 지속적인 학습을 유도할 수 있다.

AI의 교육적 활용으로 학습자의 실생활과 연계된 학습이 더욱 풍성한 학습 경험을 부여할 수 있다. 학습 내용이 실생활의 문제와 연결될 때 학습자는 학습의 목적과 가치를 더 명확히 인식할 수 있다. 예를 들어, AI는 학생들에게 현실 세계의 문제를 시뮬레이션한 문제 상황을 제공하여, 학습자가 수학, 과학, 사회 문제 등을 해결하는 과정에서 자신의 학습이 실질적 가치를 지닌다는 점을 인식할 수 있도록 돕는다. 이는 문제 기반 학습(PBL)이나 프로젝트 기반 학습(PjBL)과 같은 학습 방법과도 잘 연계될 수 있다.

AI 교육 시대 학습자는 보다 능동적이고 자기 주도적인 학습자가 될 수 있다. AI는 학습자의 학습 여정을 시각화하여 학습 과정의 의미를 명확히 보여줄 수 있다. 예를 들어, AI는 학생의 학습 목표, 진행 상황, 달성된 목표 등을 대시보드로 시각화하여, 학습자가 자신의 학습 과정이 어떻게 진척되고 있는지를 명확히 인식할 수 있도록 돕는다. 이를 통해 학습자는 자신의 학습 경험에 더 큰 의미를 부여하고, 학습 과정에 능동적으로 참여하게 된다.

참고문헌

Agbo, F. J., Oyelere, S. S., Suhonen, J., & Tukiainen, M. (2023). Design, development, and evaluation of a virtual reality game-based application to support computational thinking. *Educational Technology Research and Development, 71*(2), 505-537.

Akgun, S., & Greenhow, C. (2022). Artificial intelligence in education: Addressing ethical challenges in K-12 settings. *AI and Ethics, 2*(3), 431-440.

Ashwin, T. S., Prakash, V., & Rajendran, R. (2023). A systematic review of intelligent tutoring systems based on Gross body movement detected using computer vision. *Computers and Education: Artificial Intelligence, 4*, 100125.

Barsalou, L. W. (1999). Perceptions of perceptual symbols. *Behavioral and Brain Sciences, 22*(4), 637-660.

Barsalou, L. W. (2008). Grounded Cognition. *Annual Review of Psychology, 59*(1), 617-645.

Bureau of Labor Statistics. (2020). *Assessing the Impact of New Technologies on the Labor Market: Key Constructs, Gaps, and Data Collection Strategies for the Bureau of Labor Statistics*.

Felix, C. V. (2020). The Role of the Teacher and AI in Education. In E. Sengupta, P. Blessinger, & M. S. Makhanya (Eds.), *International Perspectives on the Role of Technology in Humanizing Higher Education* (Vol. 33, pp. 33-48). Emerald Publishing Limited.

Fell, E. (2022). Digital citizenship and artificial intelligence: Information and disinformation. *European Journal of Communication, 37*(5), 563-568.

Glenberg, A. M. (2008). Embodiment for Education. In P. Calvo, & A. Gomila (Eds.), *Handbook of Cognitive Science* (pp. 355-372). Elsevier.

Glenberg, A. M. (2010). Embodiment as a unifying perspective for psychology. *WIREs Cognitive Science, 1*(4), 586-596.

Glenberg, A. M., Gutierrez, T., Levin, J. R., Japuntich, S., & Kaschak, M.

P. (2004). Activity and Imagined Activity Can Enhance Young Children's Reading Comprehension. *Journal of Educational Psychology, 96*, 424-436.

Hayes, J. C., & Kraemer, D. J. M. (2017). Grounded understanding of abstract concepts: The case of STEM learning. *Cognitive Research: Principles and Implications, 2*(1), 7.

Johnson-Glenberg, M. C., & Megowan-Romanowicz, C. (2017). Embodied science and mixed reality: How gesture and motion capture affect physics education. *Cognitive Research: Principles and Implications, 2*(1), 24.

Kim, J., Lee, H., & Cho, Y. H. (2022). Learning design to support student-AI collaboration: perspectives of leading teachers for AI in education. *Education and Information Technologies, 27*(5), 6069-6104.

Kwon, K., Brush, T. A., Kim, K., & Seo, M. (2024). Embodied Learning for Computational Thinking in a Mixed-Reality Context. *Journal of Educational Computing Research, 0*(0), 07356331241291173.

Kwon, K., Kim, K., Seo, M., Kim, H., & Brush, T. (2024). Embodied Learning in a Mixed-Reality Environment: Examination of Student Embodiment. In R. J. Blankenship, & T. Cherner (Eds.), *Research Highlights in Technology and Teacher Education Special Edition* (pp. 155-174). Association for the Advancement of Computing in Education (AACE).

Ng, F. Y. C., Thirunavukarasu, A. J., Cheng, H., Tan, T. F., Gutierrez, L., Lan, Y., Ong, J. C. L., Chong, Y. S., Ngiam, K. Y., Ho, D., Wong, T. Y., Kwek, K., Doshi-Velez, F., Lucey, C., Coffman, T., & Ting, D. S. W. (2023). *Artificial intelligence education: An evidence-based medicine approach for consumers, translators, and developers*. Cell Reports.

Theodoropoulos, A., & Lepouras, G. (2021). Augmented Reality and programming education: A systematic review. *International Journal of Child-Computer Interaction, 30*, 100335.

Vallotton, C., Fusaro, M., Hayden, J., Decker, K., & Gutowski, E. (2015). Give me a hand: differential effects of gesture type in guiding young children's problem-solving. *Instructional Science, 43*(6), 709-735.

Wang, C., Boerman, S. C., Kroon, A. C., Möller, J., & H de Vreese, C. (2024). The artificial intelligence divide: Who is the most vulnerable? *New Media & Society, 0*(0), 14614448241232345.

Weisberg, S. M., & Newcombe, N. S. (2017). Embodied cognition and STEM learning: overview of a topical collection in CR:PI. *Cognitive Research: Principles and Implications, 2*, 1-6.

Wilson, M. (2002). Six views of embodied cognition. *Psychonomic Bulletin & Review, 9*(4), 625-636.

CHAPTER 02

인공지능과 교육 개혁: LLM의 활용에 대한 가능성과 한계

조헌국(단국대학교)

1. 서론

인공지능은 21세기 들어 인간의 삶과 사회에 혁신적인 변화를 가져온 대표적인 기술이다. 특히, 자연어 처리(NLP, Natural Language Processing) 기술은 인공지능 발전의 중심에 자리 잡고 있으며, 인간 언어를 이해하고 처리하는 시스템의 발전은 단순히 기술적 진보에 그치지 않고, 교육, 의료, 법률 등 다양한 분야에 광범위하게 적용되고 있다. 이러한 기술의 중심에는 대규모 언어 모델(LLM, Large Language Model)이 있으며, 이는 인간의 언어와 사고를 모방하여 새로운 가능성을 제시하고 있다(Brown et al., 2020). 하지만, 이러한 기술의 발전이 단순히 지금의 교육 방식을 대체하는 도구로서만 이해될 수는 없다. LLM의 도입은 교육의 본질과 패러다임을 재고하게 만드는 계기를 제공하며, 교육 기술의 발전 과정 속에서 그 의미를 새롭게 조명할 필요가 있다.

대규모 언어 모델(LLM)은 인간 수준의 언어 이해와 생성 능력을 갖춘 모델로, 초기 언어 모델에서부터 현대의 고도화된 모델까지 꾸준히 발전해 왔다. 초기의 언어 모델은 확률 기반의 N-gram 방식으로 단어 간의 단순한 연관성을 분석하는 데 초점이 맞춰져 있었다. 이후 Word2Vec과 같은 기법이 등장하면서 단어 간 의미적 관계를 벡터 공간에서 표현할 수 있게 되었고, 이는 언어 처리의 질적 도약을 가능하게 했다. 특히 Vaswani 등(2017)이 제안한 Transformer 구조는 병렬 연산과 주의(Attention) 메커니즘을 통해 언어 모델의 학습 효율성과 성능을 획기적으로 개선했다. Transformer를 기반으로 한 BERT (Devlin et al., 2019)와 GPT 시리즈는 자연어 처리의 새로운 표준을 제시하며, LLM 기술의 중흥기를 이끌었다. 최근에는 GPT-4와 같은 모델이 등장하며 인간과의 대화뿐 아니라 복잡한 논리적 추론, 창의적 문제 해결에도 활용되고 있다.

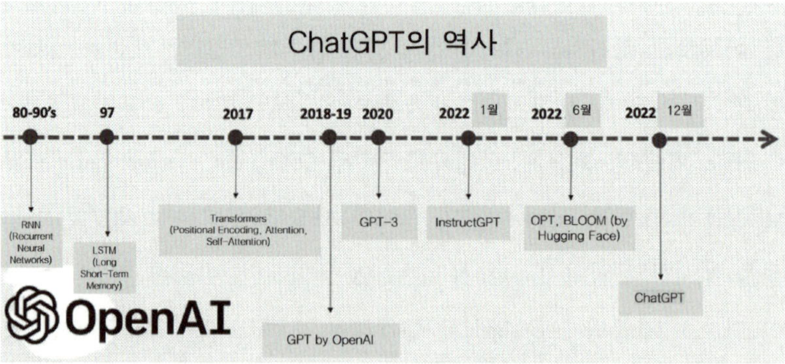

[그림 2-1] ChatGPT와 관련된 대규모 언어 모델의 역사[1)]

1) https://medium.com/the-ai-analytics-corner/demystifying-chatgpt-part-01-the-history-of-llm-nlp-53d6084758e8

교육 기술의 발전 과정은 컴퓨터 보조 학습(Computer-Assisted Instruction), 지능형 교수 시스템(Intelligent Tutoring Systems), 그리고 맞춤형 학습 시스템(Adaptive Personalized Systems)의 세 단계를 중심으로 살펴볼 수 있다. 컴퓨터 보조 학습(Computer-Assisted Instruction)은 1960~70년대 처음 도입된 컴퓨터 기반 학습 시스템으로, 프로그램 학습(Programmed Learning)이라는 형태로 구현되었다. Skinner(1954)의 행동주의 학습 이론에 기반하여 설계된 컴퓨터 보조 학습은 학습자에게 정해진 학습 경로를 제공하고, 학습자가 정답을 맞히면 즉각적인 피드백을 주는 구조를 가졌다. 예를 들어, 특정 문제를 제시하고, 학습자가 답을 입력하면 "맞았습니다" 또는 "틀렸습니다"라는 단순한 피드백을 제공하는 방식이다. 컴퓨터 보조 학습은 반복 학습을 통해 학습 효과를 높이는 데는 효과적이었지만, 학습자의 개별적인 차이나 복잡한 문제 해결 과정을 고려하지 못한다는 한계를 지녔다. 이는 학습자가 정형화된 학습 내용에만 의존하게 하며, 창의적 사고와 비판적 사고를 지원하기 어렵다는 점에서 제한적이었다.

이러한 한계를 보완하기 위해 1980~90년대에는 지능형 교수 시스템(Intelligent Tutoring Systems)이 등장했다(Self, 1999). 지능형 교수 시스템은 지식 기반 시스템을 활용하여 학습자의 이해도를 실시간으로 분석하고, 학습자 맞춤형 피드백을 제공하는 데 초점을 맞췄다. 이의 근간이 된 것은 Anderson(1983)의 ACT(Adaptive Control of Thought) 이론이다. ACT 이론은 인간의 학습 과정을 선언적 지식에서 절차적 지식으로의 전환으로 설명한다. 선언적 지식은 '무엇'에 대한 지식으로, 예를 들어 "피타고라스의 정리는 직각삼각형에서 $a^2 +$

$b^2 = c^2$이다."와 같은 사실적 지식을 말한다. 반면 절차적 지식은 '어떻게'에 대한 지식으로, 실제로 이 공식을 문제 해결에 자연스럽게 적용할 수 있는 능력을 의미한다. ACT 이론에 따르면, 학습자는 처음에는 규칙이나 개념을 명시적으로 기억하고 적용하지만(선언적), 반복적인 연습을 통해 점차 자동화된 수행(절차적)이 가능해진다고 설명한다.

ACT 이론은 지능형 교수 시스템 설계에 중요한 기여를 하며, 학습자가 새로운 정보를 기존 지식과 통합하는 과정을 설명했다. 예를 들어, 지능형 교수 시스템은 학습자가 문제를 풀다가 오류를 범할 경우, 오류의 원인을 분석하고, 학습자가 부족한 부분에 대해 추가 학습 자료를 제공하는 방식으로 작동했다(VanLehn, 2011). 이러한 기능은 학습자의 개별 학습 경로를 설계하고, 효율적으로 학습 목표에 도달할 수 있도록 도와주었다. 그러나 지능형 교수 시스템 역시 한계가 존재했다. 시스템이 제공할 수 있는 학습 경로와 피드백은 설계 당시 정의된 규칙과 데이터에 의존하였으며, 복잡하고 동적인 학습 요구에 대응하기에는 한계가 있었다.

2000년대 이후, 대규모 언어 모델과 같은 고도화된 인공지능 기술의 발전은 맞춤형 학습 시스템(Adaptive Personalized Systems)으로의 전환을 이끌었다. 맞춤형 학습 시스템은 학습 데이터를 실시간으로 분석하여 학습자의 수준, 관심사, 학습 스타일에 따라 학습 내용을 조정하는 시스템이다(Natriello, 2013; Roll & Wylie, 2016; Wang & Petrina, 2013). 이는 기존 지능형 교수 시스템의 한계를 극복하기 위해 설계된 것으로, 정해진 규칙 기반의 피드백을 넘어 학습자 데이터를 동적으로 활용하여 맞춤형 학습 경험을 제공한다. 예를 들어, 맞춤형 학습 시스템은 학습자가 특정 개념을 이해하지 못했을 경우, 그와 관련된 기초 개념을 다시 학습하거나, 학습자가 이해할 수 있도록 설명 방식을 다르게 제시한다. 검색 증강 생성(RAG, Retrieval-Augmented Generation)과 같은 기술을 활용하여 학습자에게 신뢰성 높은 정보를 제공하고, 이를 통해 학습 효율성과 만족도를 높일 수 있다(Gao et al., 2023; Lewis et al., 2020). 맞춤형 학습 시스템은 또한 학습 과정에서 학습자의 행동 데이터를 실시간으로 수집하고 분석하여, 학습 궤도를 유연하게 변경할 수 있는 유연성을 제공한다. 이러한 발전은 학습자 개개인의 특성을 반영하여 학습 효과를 극대화하며, 교사가 학생들에게 더 세밀한 학습 지원을 할 수 있도록 돕는 중요한 도구가 되고 있다.

이러한 발전 과정은 단순한 기술적 진보 이상의 의미를 가진다. 대규모 언어 모델과 같은 첨단 기술은 교육을 개별화하고 학습 경험을 더욱 풍부하게 만들며, 이를 통해 교육의 효과성과 효율성을 동시에 제고하고 있다. 특히, 학습 데이터를 실시간으로 분석하고, 학습자의 필요와 요구에 따라 적응적으로 변화하는 대규모 언어 모델 기반의 맞춤형 학습 시스템은 미래 교육의 방향성을 보여주는 중요한 사례로 자리 잡고 있다. 이와 같은 기술의 도입은 단순히 교육의 도구적 변화를 넘어서, 학습의 본질과 교육의 역할을 재정의하게 만든다.

대규모 언어 모델은 단순히 텍스트 처리 도구로 머무르지 않고, 멀티모달 AI의 중심 기술로서 그 역할을 확장하고 있다. 멀티모달 AI는 텍스트, 이미지, 음성, 영상 등 다양한 데이터를 통합적으로 처리하며, 인간과의 상호작용을 가능하게 하는 시스템이다. 이러한 시스템에서 대규모 언어 모델은 언어적 인터페이스를 통해 멀티모달 데이터를 통합하고 이를 설명하는 데 필수적인 역할을 수행한다. 예를 들어, 의료 분야에서 대규모 언어 모델은 환자의 의료 기록(텍스트)과 영상 데이터(CT, MRI 등)를 결합하여 의사에게 직관적이고 해석 가능한 정보를 제공할 수 있다. 교육에서도 멀티모달 AI는 강의 영상, 텍스트 자료, 학습자의 음성 입력을 통합적으로 분석해 학습자에게 최적화된 피드백을 제공하는 데 사용된다. 특히 검색 증강 생성은 학습자의 질문에 대해 신뢰할 수 있는 자료를 바탕으로 답변을 생성하며, 이 과정에서 발생할 수 있는 환각(Hallucination) 문제를 감소시킨다. 이는 학습자가 보다 신뢰성 높은 정보에 접근하도록 돕고, 교육 콘텐츠의 질적 향상을 가능하게 한다.

오늘날 대규모 언어 모델 기반 시스템은 교육 현장에서 다양한 방식으로 혁신을 가져오고 있다. 기존의 컴퓨터 보조 학습과 지능형 교수 시스템이 반복 학습과 정답 피드백 제공에 중점을 두었다면, 대규모 언어 모델은 이를 뛰어넘어 학습 과정 전반에 걸쳐 개인화된 지원을 제공한다. 예를 들어, 대규모 언어 모델은 논증적 글쓰기와 같은 고차원적 학습 활동에서도 학습자가 논리를 구성하고 증거를 뒷받침할 수 있도록 실시간 피드백을 제공할 수 있다. 이는 단순한 정답 제시에 그치지 않고, 학습자의 사고 과정과 논리적 전개를 개선하는 데 도움을 준다. Jho & Ha(2024)의 연구에 따르면, 대규모 언어 모델 기반 시스템은 학습자의 논증 구조를 분석하고, 구체적이고 실행 가능한 피드백을 제공하여 학습자의 논증적 사고 능력을 향상시키는 데 기여할 수 있다. 이러한 기술은 단순한 학습 도구를 넘어 학습자와 교사가 함께 참여하는 학습 환경을 조성하며, 교육의 효과성과 효율성을 동시에 제고한다.

대규모 언어 모델 기반 맞춤형 학습 시스템의 장점은 학습자의 개별적인 필요를 충족시키는 데 있다. 대규모 언어 모델은 학습자의 학습 수준, 선호도, 이해도를 분석하여 개인화된 학습 경험을 제공하며, 이를 통해 학습자의 동기를 유발하고 성과를 향상시킨다. 예를 들어, 한 학생이 특정 개념에 대해 이해가 부족한 경우, 대규모 언어 모델은 해당 개념의 기초를 다시 학습할 수 있도록 맞춤형 자료를 제시하거나, 학습자가 이해하기 쉬운 방식으로 개념을 설명할 수 있다. 또한, 대규모 언어 모델은 교사의 업무를 줄이고, 교사가 학습자의 개별적인 요구를 충족시키는 데 더 많은 시간을 할애할 수 있도록 돕는다. 이는 학습자 중심의 교육 환경을 조성하며, 교사와 학습자 간의 상호작용을 더욱 강화하는 데 기여한다.

그러나 대규모 언어 모델과 같은 인공지능 기술의 도입은 기대만큼 간단한 과제가 아니다. 이 기술은 동시에 몇 가지 중요한 도전 과제를 동반하며, 이를 해결하지 않고서는 교육에서의 효과적인 활용이 어렵다. 우선, 학습자의 개인 정보 보호 문제는 대규모 언어 모델 도입 시 가장 먼저 고려해야 할 중요한 요소이다. 대규모 언어 모델은 학습 데이터를 기반으로 작동하며, 이 과정에서 민감한 개인 정보가 포함될 가능성이 높기 때문에 데이터 보안과 윤리적 처리에 대한 체계적인 준비가 필요하다. 또한, 대규모 언어 모델의 환각 문제는 여전히 해결해야 할 기술적 과제 중 하나로, 잘못된 정보 생성이나 맥락에 맞지 않는 답변은 학습자에게 혼란을 초래할 수 있다. 더 나아가, 교육에서의 대규모 언어 모델 도입은 교사의 역할과 인간적인 상호작용의 중요성에 대해 새로운 질문을 던진다. 교사는 학습자의 동기를 유발하고 정서적 지원을 제공하며, 학습 경험을 풍부하게 만드는 중요한 역할을 한다. 하지만 대규모 언어 모델은 이러한 인간적 요소를 완전히 대체할 수는 없기 때문에, 기술과 교사 간의 상호보완적인 역할 설정이 필요하다.

이처럼, 대규모 언어 모델은 교육에 새로운 가능성을 제시하는 동시에 그 도입 과정에서 기술적, 윤리적, 그리고 실천적 한계를 드러내고 있다. 따라서, 본 연구는 대규모 언어 모델이 가진 잠재력과 함께 그 한계를 조망하며, 교육의 본질과 역할에 어떤 영향을 미칠 수 있는지 탐구한다. 이를 통해 대규모 언어 모델이 단순한 도구로서 머무르는 것이 아니라, 교육의 혁신을 이끌어낼 수 있는 핵심적인 요소로 자리 잡기 위해 해결해야 할 과제를 제시하고자 한다.

2. 대규모 언어 모델과 학습

2.1. 대규모 언어 모델과 인간 사고의 비교: 학습 원리와 교육적 가능성

인간의 사고는 복잡한 문제를 논리적으로 분석하고 단계적으로 해결하며, 다양한 선택지를 평가하는 과정으로 이루어진다. 이러한 사고 과정은 단순히 정보를 처리하는 데 그치지 않고, 창의성과 직관을 통해 새로운 통찰을 도출하기도 한다. 대규모 언어 모델은 인간 사고의 이러한 특징을 모방하려는 시도에서 출발했다. LLM은 대규모 텍스트 데이터를 학습하여 인간 사고의 패턴을 재현하며, 학습과 문제 해결을 지원하는 강력한 도구로 자리 잡고 있다.

대규모 언어 모델의 학습 방식은 인간 사고의 여러 특징을 반영하고 있다. 예를 들어, Chain-of-thought(CoT)은 문제를 작은 단위로 나누어 단계적으로 해결하는 방식으로, 인간 사고에서의 논리적 전개와 유사하다. 인간은 복잡한 문제를 해결할 때 여러 하위 문제로 나누고, 각 단계를 순차적으로 분석하며 결론에 도달한다. CoT는 이러한 사고 방식을 모델링하여, 대규모 언어 모델이 복잡한 문제에서도 단순한 답변을 넘어 다단계 과정을 통해 명확한 논리를 생성하도록 한다. 이는 수학 문제 풀이나 논리적 추론처럼 체계적 사고가 필요한 상황에서 특히 유용하다. 이를 통해 학습자는 단순히 결과를 받아들이는 것이 아니라, 사고 과정 자체를 직관적으로 이해할 수 있다.

Tree-of-thought(ToT)은 CoT보다 더 복잡한 사고 과정을 반영한다. 인간은 문제를 해결할 때 다양한 가능성을 동시에 고려하고, 이를 통해 최적의 해결책을 선택한다. ToT는 대규모 언어 모델이 여러 선택지를 동시에 평가하고, 가장 효과적인 경로를 탐색할 수 있도록 설계되었다. 예를 들어, 창의적 글쓰기나 전략적 의사결정에서는 다양한 가능성을 탐색하는 과정이 중요하다. ToT는 이러한 인간 사고의 비선형적이고 탐구적인 특성을 반영하여, 대규모 언어 모델이 보다 창의적이고 다각적인 사고를 지원할 수 있도록 한다. 이 두 메커니즘은 인간 사고의 논리성과 창의성을 모방하며, 대규모 언어 모델의 문제 해결 능력을 크게 향상시킨다.

대규모 언어 모델의 설계에는 인간 두뇌의 학습 원리에서 많은 영감을 받은 요소들이 포함되어 있다. Hebbian Learning은 "함께 발화하는 뉴런이 연결된다"는 원칙을 기반으로, 인간 두뇌에서 뉴런 간 연결이 강화되는 과정을 설명한다. 이는 대규모 언어 모델이 텍스트 데이터에서 단어와 문맥 간의 관계를 학습하는 방식과 유사하다. 텍스트의 구조와 의미를 이해하고 이를 기반으로 데이터를 처리하는 과정에서, Hebbian Learning의 원리가 적용된다. 더불어, 신경 가소성(Neuroplasticity)은 인간 두뇌가 학습 경험에 따라 구조적으로 변화하는 과정을 설명하며, 대규모 언어 모델의 지속적 업데이트와 학습 방식에서도 이러한 원리가 발견된다. 대규모 언어 모델은 새로운 데이터를 학습하거나 기존 가중치를 조정하며 변화하는 환경에 적응할 수 있다.

기억 구조를 살펴보면 인간과 대규모 언어 모델 간에는 흥미로운 비교가 가능하다. 인간 두뇌는 장기 기억과 단기 기억을 조화롭게 활용하며, 이를 통해 효율적인 정보 처리를 가능하게 한다. 대규모 언어 모델의 LSTM(Long Short-Term Memory)은 이러한 기억 구조를 모방하여, 긴 문맥을 유지하면서도 단기 데이터를 효과적으로 처리할 수 있다(Hochreiter & Schmidhuber, 1997). 예를 들어, 긴 문서를 읽고 요약할 때, 대규모 언어 모델은 문맥을 유지하며 각 문장의 의미를 파악하는 데 도움을 준다.

또한, 인간의 망각은 학습에서 중요한 역할을 한다. 에빙하우스(Ebbinghaus)의 망각 곡선은 시간이 지남에 따라 학습 내용의 기억이 점진적으로 감소하는 현상을 보여준다(Ebbinghaus, 1885). 이 곡선은 반복 학습과 복습이 망각을 줄이는 데 효과적임을 시사한다. 반면, 대규모 언어 모델은 드롭아웃(Dropout) 기술을 활용하여 과적합(Overfitting)을 방지하고 학습의 일반화 성능을 향상시킨다. 인간 두뇌의 망각은 중요하지 않은 정보를 제거하고 필요한 정보에 집중할 수 있게 하며, 대규모 언어 모델의 드롭아웃 역시 모델이 중요하지 않은 패턴을 배제하고 효율적으로 학습하도록 돕는다.

이러한 기능은 인간 두뇌의 신경 가소성(Neuroplasticity) 및 시냅스 가소성(Synaptic Plasticity)과도 연관이 있다. 신경 가소성은 학습과 경험을 통해 뉴런 간의 연결이 강화되거나 약화되는 과정을 설명하며, 이는 인간 두뇌가 변화하는 환경에 적응할 수 있게 하는 핵심 원리다(Hebb, 1949). 시냅스 가소성은 특정 신경 경로의 사용 빈도에 따라 시냅스 연결 강도가 조절되는 과정을 의미하며, 이는 학습과 기억 형성에 직접적으로 기여한다. 대규모 언어 모델의 드롭아웃은 이러한 생물학적 메커니즘을 모방하여, 필요하지 않은 연결을 제거하거나 조정함으로써 모델의 학습 효율성을 높이고, 새로운 데이터에 적응할 수 있도록 돕는다. 이는 인간 두뇌가 비효율적인 정보를 제거하고 중요한 정보를 선별하는 방식과 유사한 점을 보여준다.

대규모 언어 모델과 인간 사고의 이러한 유사성은 교육적 맥락에서도 중요한 의미를 가진다. 인간은 감정, 경험, 사회적 맥락과 같은 정성적 요소를 통해 학습하며 창의성과 직관적 사고에서 강점을 가진다. 반면, 대규모 언어 모델은 대규모 데이터를 바탕으로 패턴과 관계를 학습하며, 정보 처리 속도와 정확성에서 우위를 점한다. 이러한 차이는 교육에서 인간과 대규모 언어 모델의 역할을 상호보완적으로 설계할 가능성을 제시한다. 인간 교사는 창의적 학습 설계와 정서적 공감을 담당하고, 대규모 언어 모델은 복잡한 정보 분석과 반복적 학습 지원을 통해 학습 경험을 강화할 수 있다. 이를 통해 인간과 인공지능의 강점을 조화롭게 통합함으로써, 효과적이고 창의적인 학습 환경을 조성할 수 있다.

2.2. 대규모 언어 모델을 통한 학습 이론의 확장과 교육 혁신

대규모 언어 모델은 학습 콘텐츠를 생성하고 평가하며, 학습자의 개별적 요구를 반영하는 방식으로 기존의 교육 방식을 혁신할 가능성을 제시한다. 특히, 대규모 언어 모델은 반복적이고 분석적인 작업에서 뛰어난 능력을 발휘하며, 교사와 학생의 학습 경험을 보조하는 데 강점을 가진다. 교육 자료를 간결하게 재구성하거나 학습자의 성취 수준에 따라 개인화된 피드백을 제공하는 등의 방식은 학습 효율성을 높이고 교사의 업무 부담을 줄이는 데 기여할 수 있다.

교육 콘텐츠 생성과 관리는 대규모 언어 모델의 대표적인 활용 사례 중 하나다. 대규모 언어 모델은 방대한 텍스트 데이터에서 핵심 정보를 추출하고 요약하여 학습 자료로 제공할 수 있다. 예를 들어, 과학 논문이나 교과서에서 중요한 개념과 결론을 간결하게 재구성해 학생들이 쉽게 접근할 수 있도록 지원한다. 이는 학생들이 정보 과부하를 줄이고, 핵심 개념에 집중하도록 돕는다. 이러한 요약 기술은 특히 학습자들의 배경지식이 다양하거나 학습 시간에 제약이 있는 상황에서 효과적이다. 또한, 대규모 언어 모델은 특정 학습 목표에 맞춘 문제 생성도 가능하다. 예를 들어, 물리학 개념을 중심으로 한 시나리오 기반 문제나 창의적 글쓰기 활동을 설계해 교사의 자료 준비 시간을 줄이고, 학생들의 참여를 유도할 수 있다.

개인화된 피드백과 학습 경로 설계 역시 대규모 언어 모델의 교육적 활용에서 중요한 부분이다. 대규모 언어 모델은 학습자의 이해 수준과 학습 스타일을 실시간으로 분석하여 맞춤형 피드백을 제공할 수 있다. 예를 들어, 논증적 글쓰기 활동에서 대규모 언어 모델은 학습자의 논리 구조를 분석해 부족한 부분을 지적하고 구체적인 개선 방안을 제시할 수 있다(Jho & Ha, 2024). 이러한 실시간 피드백은 학습자가 자신의 사고 과정을 점검하고, 더 나은 결과물을 도출하도록 돕는다. 또한, 대규모 언어 모델은 학습 경로를 개인화하는 데 활용될 수 있다. 학습자가 어려움을 겪는 주제를 파악해 추가 자료를 제공하거나, 반복 학습이 필요한 내용을 추천함으로써 학습 성취도를 높인다. 이는 대규모 학급에서도 개별 학습자의 요구를 충족시키는 데 기여한다.

교사의 업무를 효율적으로 지원하는 역할도 대규모 언어 모델의 중요한 기능이다. 대규모 언어 모델은 학생들의 과제나 시험 결과를 자동으로 평가하고, 학습 성과 데이터를 시각화하여 제공할 수 있다. 예를 들어, 학생들의 오류 패턴을 분석해 학습 자료에 반영하거나, 학생 개개인에 적합한 학습 방안을 제안할 수 있다. 또한, 대규모 언어 모델은 교육 자료를 탐색하고 정리하는 데 도움을 줄 수 있다. 교사는 특정 학습 목표에 맞는 자료를 빠르게 생성하거나 추천받아, 학습자 중심의 창의적 활동을 설계하는 데 집중할 수 있다.

멀티모달 학습 환경에서도 대규모 언어 모델은 중요한 역할을 한다. 대규모 언어 모델은 텍스트뿐 아니라 강의 영상, 이미지 등 비텍스트 데이터와 결합해 학습 자료를 통합적으로 제공할 수 있다. 예를 들어, 강의 영상에서 주요 내용을 텍스트로 요약하고, 학생들의 질문에 맥락적인 답변을 제공함으로써 학습 경험을 풍부하게 한다. 특히, 증강 검색 생성과 같은 기술은 신뢰할 수 있는 데이터를 기반으로 학습 자료를 생성하여, 잘못된 정보 생성 문제를 최소화하는 데 기여한다(Chen et al., 2021).

대규모 언어 모델의 이러한 활용은 학습 콘텐츠의 접근성을 높이고, 교사와 학생 모두의 학습 경험을 강화하는 데 중요한 역할을 한다. 대규모 언어 모델은 학습자의 개인적 요구에 맞춘 콘텐츠 제공과 실시간 피드백을 통해 학습 동기를 유발하고 성과를 향상시킨다. 또한, 반복적 작업을 대체함으로써 교사가 창의적이고 정성적인 교육 활동에 더 많은 시간을 할애할 수 있도록 돕는다. 그러나 이러한 장점에도 불구하고, 잘못된 정보 생성, 데이터 편향, 교사의 역할 약화와 같은 한계는 여전히 해결해야 할 과제로 남아 있다. 이를 극복하기 위해 대규모 언어 모델의 기술적 개선과 윤리적 고려가 함께 이루어져야 할 것이다.

인공지능의 발전은 학습 이론의 전통적인 관점에 새로운 논의를 불러일으키고 있다. 행동주의, 구성주의, 연결주의는 각각 학습 과정을 설명하고 효과적인 교육 전략을 설계하기 위한 중요한 이론적 기반을 제공해 왔다. 그러나 인공지능의 등장은 기존 이론들이 설명하지 못한 학습 과정의 새로운 차원을 드러내며, 학습 이론의 확장과 재구성을 요구하고 있다. 특히, 인공지능이 학습 과정에 미치는 영향을 행동주의, 구성주의, 연결주의 관점에서 살펴보는 것은 이러한 변화를 이해하는 데 중요한 단서를 제공한다.

행동주의는 학습을 자극과 반응의 연계로 이해하며, 보상과 처벌을 통해 학습을 강화하는 접근법을 제시한다(Skinner, 1954). 이 이론에서는 학습자가 외부의 자극에 어떻게 반응하느냐에 따라 학습의 성과가 결정된다고 본다. 예를 들어, 정답을 맞혔을 때 보상이 주어지고, 오류를 범했을 때 교정이 이루어지는 방식은 행동주의의 전형적인 학습 모델이다. 이러한 방식은 규칙적이고 반복적인 과제에 효과적이며, 단기적인 학습 성과를 높이는 데 강점을 가진다. 그러나 행동주의는 학습자의 내면적 과정, 즉 사고, 감정, 동기와 같은 요소를 설명하지 못한다는 한계를 가진다. 또한 학습자가 단순히 자극에 반응하는 수동적 존재로 간주된다는 점에서, 학습의 본질을 충분히 반영하지 못한다는 비판을 받는다.

구성주의는 학습자가 능동적으로 지식을 구성하며, 기존 지식과 새로운 정보를 통합하는 과정을 강조한다(Piaget, 1952; Vygotsky, 1978). 학습은 학습자 스스로의 경험과 사고를 통해 이루어지며, 기존에 알고 있는 내용을 바탕으로 새로운 지식을 체계화하는 과정으로 이해된다. 구성주의는 특히 학습자의 능동적 참여와 맥락적 학습 환경을 중시한다. Piaget는 학습자가 주도적으로 지식 구조를 형성한다고 보았고, Vygotsky는 사회적 상호작용이 학습에 미치는 영향을 강조하며, 언어와 협력을 학습의 핵심 요소로 간주했다. 이러한 관점에서 구성주의는 학습자가 단순히 정보를 수용하는 것이 아니라, 자신의 방식으로 이를 재구성하도록 격려한다. 그러나 구성주의 역시 학습자가 사회적 맥락이나 다른 학습자와의 협력 없이 혼자 학습할 때는 효과가 제한적일 수 있다는 점에서 한계를 가진다.

연결주의(Connectionism)는 학습을 뉴런 간의 연결 강화와 네트워크 구조의 변화로 설명한다(Hebb, 1949). 연결주의는 컴퓨터 과학에서 등장한 이론으로, 인간 두뇌의 신경 네트워크와 유사한 구조를 기반으로 학습이 뉴런 간의 시냅스 연결이 반복적으로 활성화될 때 강화된다는 아이디어와 긴밀하게 연결되어 있다. "함께 발화하는 뉴런이 연결된다"는 Hebbian Learning의 원칙은, 학습이 인간 두뇌의 물리적 변화와 밀접하게 연관되어 있음을 시사한다. 연결주의의 이러한 생물학적 기초를 바탕으로 인공 신경망 모델의 이론적 기초를 제공하며, 학습을 뉴런의 활동 패턴과 가중치 변화로 이해하려는 접근법이다. 이는 딥러닝과 같은 현대 인공지능 기술의 발전에도 중요한 영향을 미쳤다.

이후 디지털 시대의 학습 환경이 급격히 변화하면서, 학습에서도 연결주의(Connectivism)의 관점이 주목을 받기 시작했다(Siemens, 2004). 학습에서의 연결주의는 학습을 개인 내부에서 이루어지는 과정으로만 한정하지 않고, 네트워크 환경에서 지식이 생성되고 확장되는 방식으로 본다. 학습자는 다양한 디지털 도구와 네트워크를 통해 정보를 연결하고 새로운 지식을 만들어내며, 이는 외부 시스템(예: 인공지능, 클라우드, 인터넷, 전자기기 등)과의 상호작용을 통해 분산적으로 이루어진다. 연결주의는 학습자가 네트워크의 일부로서 데이터를 처리하고 지식을 생성하는 과정에서 인공지능과 같은 도구를 적극 활용할 수 있음을 강조한다.

두 종류의 연결주의인 Connectionism과 Connectivism은 모두 연결주의의 틀 안에 있지만, 학습을 바라보는 관점에서 차이를 보인다. Connectionism은 인간 두뇌의 생물학적 구조와 뉴런의 연결을 강조하며, 학습을 뉴런의 가중치 변화와 패턴 인식을 통해 설명하려 한다. 반면, Connectivism은 기술적 네트워크와 학습 환경에서의 연결과 흐름을 중시하며, 학습이 학습자 외부의 디지털 도구와 협력적으로 이루어진다고 본다. 예를 들어, Connectionism은 딥러닝 모델처럼 뉴런 간의 연결을 학습 과정의 핵심으로 삼는다면, Connectivism은 LLM이나 클라우드 기술을 활용하여 학습자의 인지적 한계를 넘어서는 학습 환경을 조성하는 데 초점을 맞춘다. 특히 Connectivism은 네트워크의 복잡성과 다양성을 다룰 수 있는 접근법으로, 미래의 학습 환경에서 더욱 중요한 역할을 할 것으로 기대된다. 이는 AI와 같은 새로운 에이전트가 학습 과정에서 단순한 도구를 넘어, 학습자가 학습 네트워크의 일부로서 지식을 창출하고 확장할 수 있는 새로운 기회를 제공한다는 점에서 중요한 시사점을 가진다.

이와 관련해 확장된 인지(Extended Cognition)와 분산된 인지(Distributed Cognition) 관점은 인공지능이 학습 환경에 미치는 영향을 새롭게 조명한다(Clark & Chalmers, 1998). 확장된 인지 관점에서 인공지능은 인간 사고를 강화하는 외부 도구로 작용하며, 학습자는 인공지능과의 상호작용을 통해 자신의 인지 능력을 확장한다. Hutchins (1995)의 분산된 인지 이론에 따르면, 학습은 개인 내부에서만 이루어지지 않고, 외부 시스템과의 협력을 통해 이루어진다. 이는 학습자, 도구, 네트워크 간의 상호작용이 학습 성과에 중요한 역할을 한다는 점을 강조한다. 인공지능의 활용은 이러한 학습 환경을 지원하며, 학습이 개인의 인지적 한계를 넘어 네트워크 환경에서 공동적으로 이루어진다는 가능성을 제시한다. 이러한 접근은 특히 연결주의적 관점에서 중요한 의미를 가지며, 네트워크 내 요소 간의 상호작용과 새로운 연결 패턴을 다루는 학습 환경에서 효과적으로 작용한다.

〈표 2-1〉 행동주의와 구성주의, 연결주의에 대한 비교

	행동주의	구성주의	연결주의
학습은 어떻게 일어나는가?	• 블랙박스	• 개별 학습자 수준의 구성 • 사회적 합의	• 네트워크 내에서의 분배 • 새로운 연결 패턴에 대한 이해, 인지

	행동주의	구성주의	연결주의
학습에 영향을 주는 요인	• 보상, 상벌	• 참여와 관여	• 네트워크의 다양성과 특성
기억의 역할	• 반복된 학습을 통한 강한 연결	• 이전 지식과 현재 맥락의 연결	• 존재하는 네트워크에 대한 변용
지식의 전이 또는 확장	• 자극과 반응	• 사회화	• 다른 객체, 노드와의 연결
효과적인 학습 과제	• 과업 중심의 학습	• 사회적, 반구조적 문제들	• 다양한 지식 자원을 활용한 과제 • 복잡한 학습 • 빠른 변화가 나타나는 문제들

인공지능 에이전트는 연결주의적 접근을 기반으로 학습을 네트워크로 확장하고, 복잡한 문제를 해결하며 데이터 통합을 지원한다. 예를 들어, 대규모 언어 모델은 창의적 문제 해결이나 협력적 학습 환경에서 학생과 교사의 상호작용을 조정하고, 실시간 피드백과 적응형 학습 자료를 제공할 수 있다. 이는 학습자가 인간 교사와 인공지능 에이전트와의 상호작용을 통해 학습하는 새로운 형태의 협력적 학습 환경을 가능하게 한다. 이러한 맥락에서 AI는 행동주의적 반복 학습, 구성주의적 개인화 학습을 지원하며, 연결주의적 확장성을 통해 학습 환경을 재구성할 가능성을 제시한다.

2.3. 대규모 언어 모델: 학습 설계의 혁신과 한계

대규모 언어 모델은 대규모 데이터를 기반으로 작동하며, 입력된 프롬프트에 따라 결과를 생성하는 방식은 학습과 교육 설계에 새로운 통찰을 제공한다. 특히, 프롬프트 작성 방식이 결과에 미치는 영향을 고려할 때, 대규모 언어 모델은 학습자가 명확한 목표를 설정하고 이를 기반으로 효과적으로 정보를 탐구하도록 유도하는 역할을 할 수 있다. 예를 들어, 학습자가 질문의 구조를 정교하게 다듬거나, 결과를 분석하고 개선하기 위한 추가적인 프롬프트를 작성하는 과정은 사고력과 문제 해결 능력을 강화할 수 있는 기회를 제공한다. 이러한 프롬프트 기반 학습의 특징은 학습 설계에서 목표 지향적 활동의 중요성을 시사하며, 학습자가 자신의 학습 과정에 능동적으로 참여하도록 지원한다.

대규모 언어 모델의 동작 방식 자체도 학습 환경에서 활용할 수 있는 중요한 아이디어를 제공한다. 대규모 언어 모델은 대규모 데이터를 학습하고 패턴을 분석하며, 이를 재조합하여 새로운 결과물을 생성한다(Brown et al., 2020). 이러한 방식은 인간 학습에서의 창의적 사고와 통합적 사고를 지원할 수 있는 모델로 작용한다. 예를 들어, 대규모 언어 모델은 복잡한 데이터를 요약하거나, 서로 다른 정보를 결합하여 새로운 통찰을 도출하는 데 활용될 수 있다(Bommasani et al., 2021). 또한, 대규모 언어 모델은 학습자와의 상호작용을 통해 실시간으로 피드백을 제공하고, 학습자의 요구에 따라 자료를 조정하는 적응형 학습 환경을 구현할 수 있다(Chen et al., 2021). 이는 개인화된 학습 환경을 설계하고, 학습자의 수준에 맞춘 맞춤형 자료를 제공함으로써 학습 효율성을 높이는 데 기여할 수 있다.

그러나 대규모 언어 모델은 한계와 도전 과제도 분명히 가지고 있다. 가장 큰 문제 중 하나는 가치 판단의 결여이다. 대규모 언어 모델은 본질적으로 가치 중립적인 시스템으로 설계되었으나, 학습 데이터의 편향성과 사용자 입력의 영향을 받을 수 있다. 이는 대규모 언어 모델이 잘못된 정보를 생성하거나 맥락에 부적합한 답변을 제시할 가능성을 높인다. 예를 들어, 편향된 데이터를 학습한 대규모 언어 모델은 특정 문화적 또는 사회적 맥락에서 적절하지 않은 결과를 생성할 수 있으며, 이는 학습자에게 신뢰를 손상시킬 위험이 있다.

또한, 대규모 언어 모델의 도입은 인간 학습자와 교사의 주도권 상실 문제를 초래할 가능성이 있다. 학습자나 교사가 대규모 언어 모델에 지나치게 의존하게 되면, 학습 과정에서 능동적이고 비판적인 역할이 약화될 수 있다. 학습자 스스로 사고하고 문제를 해결하려는 의지가 약화되거나, 교사가 학습 목표를 설정하고 학습자와 상호작용하는 역할이 축소될 위험이 있다. 이는 학습 과정에서 인간 교사의 창의적이고 정성적인 지원이 필요함을 다시금 상기시킨다.

마지막으로, 대규모 언어 모델은 정서적 공감을 제공하지 못한다는 점에서 인간 교사의 역할을 완전히 대체할 수 없다. 학습자는 종종 학습 과정에서 격려나 정서적 지지가 필요하며, 이는 인간 교사가 제공할 수 있는 독특한 장점이다. 예를 들어, 어려운 개념을 이해하는 과정에서 학습자는 단순히 정보만을 필요로 하는 것이 아니라, 학습의 도전과 좌절 속에서도 동기를 유지할 수 있도록 하는 정서적 지원이 필요하다. 대규모 언어 모델은 이러한 요소를 반영하지 못하며, 사회적 상호작용의 중요성을 대체할 수 없다. 대규모 언어 모델은 학습의 여러 측면에서 유용한 도구가 될 수 있지만, 그 한계는 이를 인간 학습 환경에서 어떻게 통합적으로 활용할 것인지에 대한 신중한 접근을 요구한다.

3. 미래교육을 위한 고려사항

대규모 언어 모델은 학습 설계와 교육 환경에서 새로운 가능성을 열어주며, 인간 학습의 효율성과 개인화를 지원할 수 있는 강력한 도구로 자리 잡았다. 프롬프트 기반 학습 설계와 대규모 데이터를 활용한 패턴 분석, 실시간 피드백 제공 등은 기존의 교육 접근 방식을 혁신하고 학습자와 교사 모두에게 새로운 기회를 제공한다. 그러나 이러한 가능성을 교육 현장에서 성공적으로 구현하기 위해서는 몇 가지 중요한 고려사항이 필요하다.

첫째, 인공지능의 도입에 따른 교사의 역할 재정의가 필요하다. 대규모 언어 모델은 반복적인 작업이나 데이터 분석에서 교사의 업무를 보조하며 학습 설계를 간소화할 수 있다. 그러나 인간 교사가 제공하는 정서적 공감, 사회적 맥락의 전달, 창의적 학습 설계 등은 대규모 언어 모델이 대체할 수 없는 중요한 영역이다. 따라서 교사는 학습 과정에서 인공지능의 보완적 역할을 명확히 정의하고, 학습자가 기술에 의존하지 않도록 능동적 사고와 비판적 학습을 유도하는 데 초점을 맞춰야 한다.

둘째, 가치 판단과 데이터 편향 문제를 해결하기 위한 윤리적 고려가 필수적이다. 대규모 언어 모델은 학습 데이터의 편향성과 사용자 입력에 영향을 받을 수 있으며, 이는 학습 과정에서 부정확하거나 부적절한 정보를 생성할 위험을 증가시킨다. 이를 해결하기 위해 대규모 언어 모델의 설계와 운영 과정에서 투명성을 확보하고, 신뢰할 수 있는 데이터를 활용하며, 윤리적 기준을 수립해야 한다. 특히, 학습 자료의 품질을 유지하면서도 다양한 학습자에게 공정하게 접근할 수 있는 방안을 모색해야 한다.

셋째, 정서적 지원과 사회적 상호작용의 중요성을 간과하지 않아야 한다. 학습자는 단순히 정보를 소비하는 존재가 아니라, 도전과 좌절 속에서 동기를 유지하고, 협력과 상호작용을 통해 성장하는 존재이다. 대규모 언어 모델은 이러한 정서적·사회적 요소를 충분히 반영하지 못하기 때문에, 인간 교사와 동료 학습자 간의 상호작용이 지속적으로 강조되어야 한다. 기술이 학습의 중심이 되기보다는, 인간 중심의 학습 환경을 강화하는 도구로 사용되어야 한다.

마지막으로, 인공지능과 인간의 상호보완적 역할을 기반으로 한 지속 가능한 학습 환경의 설계가 필요하다. 대규모 언어 모델은 정보 처리와 반복 학습의 효율성을 높이는 데 기여할 수 있지만, 이러한 기술적 장점은 인간 교사의 창의적 설계와 정성적 지원과 조화를 이룰 때 비로소 최적의 효과를 발휘한다. 미래의 학습 환경은 인간과 인공지능의 강점을 통합하여, 학습자의 개별적 요구를 충족시키고, 학습 동기를 강화하며, 학습 성취를 극대화할 수 있어야 한다.

결론적으로, 대규모 언어 모델은 미래 교육의 중요한 도구로 자리 잡을 가능성을 가지고 있다. 그러나 이를 성공적으로 활용하기 위해서는 인간 중심의 학습 환경을 유지하면서, 기술적 가능성과 윤리적 책임을 균형 있게 고려해야 한다. 이러한 통합적 접근은 학습자에게 효과적이고 창의적인 학습 경험을 제공하며, 교육의 본질과 방향성을 재정의하는 데 기여할 것이다.

4. 질의응답

Question	과거에 SSI(과학기술 관련 사회윤리적 쟁점)와 과학과 예술의 융합을 연구하신 것으로 알고 있습니다. 그런데 최근 인공지능과 신경과학에 관심을 두고 연구하시려는 이유가 궁금합니다. SSI나 예술과의 융합과는 달리, 인공지능과 신경과학에서 발견하신 교육적 가능성은 무엇인지 궁금합니다.
Answer	자연 현상과 인간 사회를 이해하기 위해서는 다양한 가치와 학문이 결합되지 않으면 어느 것 하나만으로는 의미 있는 해답을 얻기 어렵습니다. 과학 역시 마찬가지입니다. 과거에는 무엇을 가르칠 것인가라는 관점에서 과학과 사회가 복잡하게 얽혀있거나 여러 학문의 가치가 결합된 것을 가르쳐야 한다는 점에서 SSI나 과학과 예술의 융합에 관심을 두고 연구해 왔습니다. 그런데 무엇을 가르칠 것인가 하는 질문만큼 중요한 것은 '인간은 어떻게 학습하며, 학습이란 도대체 어떤 의미인가'라는 본질적인 물음이라고 생각합니다. 지난 20~30년간 신경과학과 인지과학, 인공지능 분야의 급격한 발전을 통해 기존에 몰랐던 많은 것들을 이해할 수 있게 되었고, 그동안 우리가 알고 있던 '학습'의 개념도 매우 달라져야 함을 알 수 있었습니다. 예를 들면 인간은 단지 외부 세계에 반응하는 수동적 존재가 아니라, 끊임없이 예측하고 그러한 예측을 수정하는 방식으로 성장하며, 이를 강화학습으로 부릅니다. 그리고 특정 부위나 조직에서만 학습이 일어나는 것이 아니라, 뇌의 곳곳에 정보가 퍼져 있고, 이를 목적과 맥락에 따라 자유롭게 조직하고 생성하는 것이 인간의 기억입니다. 그리고 인간을 대상으로는 할 수 없는 여러 가지를 인공지능의 모사를 통해서 더 나은 학습 전략과 방법을 추구하고, 사고방식을 이해할 수 있습니다. 이것이 제가 인공지능과 신경과학 역시 교사 및 교육 전문가로서 이해하고 있어야 한다고 깨닫게 된 동기입니다.
Question	교수님께서 학습 평가의 대상을 네트워크로 확장해야 한다는 의견이 매우 인상 깊었습니다. 특히, 프로젝트 기반 수업에서는 이 접근이 필수적이라고 생각합니다. 만약 네트워크의 노드 중 하나를 AI로 인정한다면, 지식에 대한 평가가 학생이 얼마나 적절한 AI(검색, 증강 생성 기반 등)를 선택했는가에 따라 달라질 수 있지 않을까

	생각해 보았습니다. 그렇다면 지식에 대한 학생의 이해도나 창의력 등 전통적으로 중요하게 여겨졌던 역량들은 이러한 관점에서 어떻게 평가될 수 있을지 궁금합니다.
Answer	평가를 인간의 능력을 진단하거나 측정하는 것으로서 본다면, 그 측정해야 하는 대상이나 방법이 달라져야 한다는 점을 지적하고 싶습니다. 예를 들어 제1차 세계대전이 언제 일어났는가 하는 단편적인 사실이나 기억을 묻는 질문은 모든 것과 단절된 시공간에서 오직 뇌에 입력되어 있는 것만을 다루던 과거의 시험에서 묻던 질문들입니다. 정말 불확실한 조건과 상황 속에서 문제를 인식하고, 창의적으로 문제를 해결하는 것을 기대하고 교육한다면 우리의 평가 역시 이에 맞춰 변화되어야 합니다. 21세기 들어 교육에서 역량을 강조하고 있지만, 역량 중심의 교육과정이 여전히 해결하지 못하는 문제는 역량을 어떻게 측정할 것인가 하는 점입니다. 대부분의 평가는 평가 대상자 스스로 어떻게 생각하는가 하는 자아효능감(self-efficacy)에 의존하고 있지만 이것은 정확한 방법이 될 수 없습니다. 자신의 능력에 대하여 제대로 인지하고 평가할 수 있는 능력(metacognition)이 없는 사람에게 이러한 질문을 하는 것은 불분명한 인상에 불과합니다. 실제 살아갈 세상 속에서 닥치게 될 문제 시나리오를 기반으로 어떻게 해결해 가는지 과정을 면밀하게 살펴보는 것이 중요하다고 생각합니다. 그리고 이러한 평가는 언제나 한 명의 개인을 중심으로만 이뤄져 왔습니다. 그러나 실제 살아갈 세계에서 오직 한 명이 모든 것을 처음부터 끝까지 해결하는 경우는 거의 찾아볼 수 없습니다. 따라서 수많은 사람들과 외부 세계와의 소통 속에서 평가가 이뤄져야 하며, 또한 AI를 포함한 다양한 도구와의 상호작용 역시 주의 깊게 들여다보아야 합니다. 이것은 단지 성능 좋은 AI만 있다면 문제를 잘 해결할 수 있게 된다는 의미가 아닙니다. 불완전한 인간에 의해 형성된 데이터를 통해 만들어진 것이 AI이며, 따라서 이것 역시 완전무결한 존재가 아닙니다. 현재든, 미래든 그 판단을 올바로 내릴 수 있는 능력은 사람에게 필요하며, 그러한 능력이 있는지 없는지 비판적으로 평가할 수 있는 체계와 방향을 갖추어야 한다고 생각합니다.

참고문헌

Bakker, A., van der Velde, M., & de Vries, E. (2023). Tree-of-thought models for problem-solving AI. *Journal of Artificial Intelligence Research, 72*(3), 45-61.

Bommasani, R., Hudson, D. A., Adeli, E., Altman, R., Arora, S., von Arx, S., ... & Liang, P. (2021). On the opportunities and risks of foundation models. *arXiv preprint arXiv: 2108.07258.*

Brown, T., Mann, B., Ryder, N., Subbiah, M., Kaplan, J., Dhariwal, P., ... & Amodei, D. (2020). *Language models are few-shot learners. Advances in Neural Information Processing Systems, 33,* 1877-1901.

Chen, W., Wu, C., & Jiang, S. (2021). Retrieval-augmented generation for knowledge-intensive NLP tasks. *Advances in Neural Information Processing Systems, 34,* 947-959.

Clark, A., & Chalmers, D. (1998). The extended mind. *Analysis, 58*(1), 7-19.

Gao, Y., Xiong, Y., Gao, X., Jia, K., Pan, J., Bi, Y., Dai, Y., Sun, J., Wang, M., & Wang, H. (2023). Retrieval-augmented generation for large language models: A survey. *arXiv preprint arXiv:2312.10997.*

Hebb, D. O. (1949). *The organization of behavior: A neuropsychological theory.* John Wiley & Sons.

Hochreiter, S., & Schmidhuber, J. (1997). Long short-term memory. *Neural Computation, 9*(8), 1735-1780. https://doi.org/10.1162/neco.1997.9.8.1735

Hutchins, E. (1995). *Cognition in the wild.* MIT Press.

Jho, H., & Ha, M. (2024). Towards effective argumentation: Design and implementation of a generative AI-based evaluation and feedback system. *Journal of Baltic Science Education, 23*(1), 34-48.

Lewis, P., Perez, E., Piktus, A., Petroni, F., Karpukhin, V., Goyal, N., ... & Kiela, D. (2020). Retrieval-augmented generation for knowledge-intensive NLP tasks. *Advances in Neural Information Processing Systems, 33,* 9459-9474.

Natriello, G. (2011). *Adaptive educational technologies: Tools for learning, and for learning about learning*. Teachers College Press.

Roll, I., & Wylie, R. (2016). Evolution and Revolution in Artificial Intelligence in Education. *International Journal of Artificial Intelligence in Education, 26*(2), 582-599.

Skinner, B. F. (1954). The science of learning and the art of teaching. *Harvard Educational Review, 24*(2), 86-97.

Vygotsky, L. S. (1978). *Mind in society: The development of higher psychological processes*. Harvard University Press.

Wang, Y. F., & Petrina, S. (2013). Using learning analytics to understand the design of an intelligent language tutor–Chatbot Lucy. *International Journal of Advanced Computer Science and Applications, 4*(11), 124-131.

Wei, J., Wang, X., & Schuurmans, D., et al. (2022). Chain of thought prompting elicits reasoning in large language models. *Advances in Neural Information Processing Systems, 35*, 24824-24834.

PART 2

AI 융합 교육의 의미와 특성

CHAPTER 03

교원의 AI 융합교육 역량 개발을 위한 협력적 거버넌스 정책(AIEDAP)의 실제와 발전 방향[1)]

임철일(서울대학교), **박철규**(국립순천대학교), **황윤정**(서울대학교)

1. 시작하며

테크놀로지의 급속한 발전으로 인해 교육현장에서도 발 빠른 변화가 요구되고 있다. 특히 인공지능 시대 교육 정책과 교육의 방향성에 대한 논의가 가속화되면서 교사들이 단순히 AI 도구를 수업에 사용하는 것을 넘어, 다양한 교과목의 지식과 AI 지식 및 기술을 융합하여 학생들이 보다 창의적으로 문제를 해결하고, 다양한 사고를 촉진하는 'AI 융합교육'이 주요한 과제로 떠오르고 있다(임철일, 2024). 그러나 학교 현장에서는 AI 소양 및 개발 위주의 교육 정책, 교사 대상 연수 부족 등 다양한 문제에 직면해 있으며, 이에 인공지능 시대 교육 정책의 목표를 달성하기 위해서 교사의 AI 역량을 강화할 수 있는 구체적인 연수 과제의 필요성이 제기되고 있다(이동국, 이봉규, 이은상, 2022).

1) 이 글은 저자가 2024년도에 게재한 '국가 교육 사업의 협력적 거버넌스 실천 사례 분석: 교원의 AI·디지털 역량 강화를 위한 AIEDAP(아이에답) 사업을 중심으로'의 내용을 중심으로 작성하였다.

이러한 배경하에, 교육부는 2022년 8월 '디지털 인재양성 종합방안'을 발표하면서 100만 디지털 인재양성을 지원하기 위한 방안으로 '디지털 역량을 갖춘 (예비)교원 양성을 위한 통합추진체계로서 AIEDAP (AI Education Alliance & Policy Lab, 아이에답)'을 구축하였다(교육부, 2022a). AIEDAP은 디지털 대전환 시대를 대비하여, 총 4년간(2022년~2025년) 예비 · 현직 교원의 AI 융합교육 역량 강화를 목표로 한다. 이를 위해 전국의 교육대학 및 사범대학, 디지털 분야 특화대학(원), 정부출연기관, 민간기업, 시 · 도교육청 등 다양한 주체들이 협력적 거버넌스를 이루고, 교원의 AI 융합교육 역량을 강화할 수 있도록 하는 해결안을 논의하고 협업해 오고 있다.

AIEDAP이 협력적 거버넌스의 구조로 시작된 것은 본 사업에서 추구하는 목표가 어느 하나의 기관이 주도적으로 해결하기 어려운 문제이기 때문이다(이두휴, 2021). 학생, 학부모, 교사, 관리자, 교육 전문가, 정부기관 등 다양한 이념의 사람과 기관들이 관여하고 있는 사회문제를 위계적이고 하향식으로 해결하려는 시도는 자칫 예상하지 못한 문제의 발생 그리고 그에 따른 정부 불신 등의 여러 부작용을 낳을 수 있다. 따라서 AI 융합교육의 도입과 같이 복잡하고 다층적인 문제를 다루기 위해서는 관 주도의 정책 추진 관행을 벗어나, 전 과정에서 관련 집단의 다양한 주체들의 실질적 참여를 이끌어낼 수 있는 협력적 거버넌스의 적용이 필요하다(신현석, 정양순, 윤기현, 2018; 최정은, 김혜원, 2019).

협력적 거버넌스(collaborative governance)란, 사회의 공공 문제 해결을 위한 연계 · 협력 공동체를 말한다(김홍주 외, 2015). 연구자들에 따라 협력적 거버넌스와 같은 연계 · 협력 공동체를 '정부 간 협력', '참여적 관리', '협력적 관리', '협력적 계획', '상호작용적 거버넌스', '참여적 거버넌스', '공동관리', '자발적 동의', '협력적 파트너십', '얼라이언스(alliance)' 등 다양하게 부르기도 하지만(이명석, 2010; Ansell & Gash, 2008; Ran & Qi, 2019), 조직 및 집단 간의 협력을 강조한다는 점에서 이러한 용어들은 유사한 성격을 갖는다. 특히, Ansell과 Gash(2008: 이명석, 2010에서 재인용)는 협력적 거버넌스를 "하나 혹은 그 이상의 공공기관이 공식적이고, 의견일치를 추구하고, 의도적으로 이루어지는 집합적인 의사결정과 집행과정에서 민간부문의 이해관계자와의 직접적인 상호작용을 통하여 공공의 문제를 해결하는 것"으로 정의한다.

본 챕터에서는 AIEDAP 사업의 협력적 거버넌스 구성 요소들을 분석함으로써, 교원의 AI 융합교육 역량을 강화하기 위하여 이해관계자들 간에 연계·협력이 어떻게 일어났는지 살펴본다. 그리고 이를 통해 향후 AI 융합교육 또는 AI·디지털교육과 관련하여 국가 수준의 협력적 거버넌스 체계를 구성할 때 고려해야 점을 제언한다.

2. AIEDAP(아이에답): 예비·현직교원의 AI·디지털 역량 강화를 위한 통합추진체계

AIEDAP(아이에답)은 AI Education Alliance & Policy Lab의 줄임말로 예비 및 현직 교원의 AI·디지털 역량 강화를 위한 사업으로 'Alliance(얼라이언스)'와 'Lab(실험)'이라는 개념을 포함한다(교육부, 2022a). 여기서 '얼라이언스'는 학술적 용어이기보다는 정책현장에서

쓰이는 개념으로서, 공동의 목표를 달성하기 위하여 참여 기관에게 각자의 역할을 기대할 때 사용되는 용어이다. 또한 AIEDAP에서 '정책 랩(lab)'의 개념은, 교원의 AI · 디지털 역량강화를 실천하기 위해 장애요인으로 작동하는 현장의 한계들을 극복하기 위해 제안되었다. 각 지역의 특성에 맞게 교원의 AI · 디지털 역량강화 연수를 다양한 방안으로 시도해 보고 우수사례를 기반으로 최선의 연수 체계를 확산해 나가기 위한 목표를 나타낸다.

이러한 얼라이언스 체계를 실현하기 위하여 AIEDAP에서는 민 · 관 · 산 · 학을 아울러 교육계와 타 영역 간의 교류 및 협력을 촉진하고, 교육 디지털 전환과 관련한 분산된 자원과 역량을 결집하여 정책기획과 현장에서의 실행을 연계할 수 있게 하였다. 구체적으로는 AIEDAP의 추진체계를 총 3단계로 나누고 교원의 AI 융합교육 역량 강화에 필요한 사업의 방향설정, 전국단위의 시범사업 운영, 사업의 확산 및 안착 순으로 추진체계를 구성하였다(〈표 3-1〉 참조). 먼저 1차년도에는 사업의 방향설정 및 기획을 위한 단계로 AI · 디지털 분야에서의 교원 역량 체계 정립 등과 관련된 연구를 실시하고 사업의 전략을 수립한다. 2~3차년도는 시범사업 운영 단계로서 전국 17개 시 · 도교육청을 5개 권역으로 나누어 권역별 사업지원단을 구성하고, 각 권역의 여건에 맞는 교원의 AI · 디지털 역량강화 시범연수사업을 운영한다. 이후 시범사업 내용 평가를 통해 사업의 내용 및 제도 개선안을 도출하여, 2025년 이후부터는 교원의 AI · 디지털 역량강화를 위한 연수 체계를 확산시킨다. 특히 2024년에는 아이에답이 교육부 '교실혁명 선도교사'[2] 양성 과정의 AI 융합분야 심화과정으로 통합되면서, 디지털 기반 교실 혁명의 주체가 되는 마스터교원을 양성함과 동시에, 지역 협력 체계 구축을 통한 디지털 혁명 기반 조성을 주요 과제로 다루고 있다. 이를 통해 본 사업이 종료된 이후에도 다양한 이해관계자들이 지속적으로 협업하여 교원의 AI 융합 역량을 강화시킬 수 있도록 지속 가능한 협력적 거버넌스 체계를 견고히 구축해 나가고자 한다.

〈표 3-1〉 AIEDAP 추진체계('22~'25)

방향	'22년 (1단계: 방향설정)	'23~24년 (2단계: 모델링)	'25년~ (3단계: 확산·안착)
추진 과제	• 교원의 디지털 역량 체계 연구 • 교원 AI·디지털 역량 강화 관련 기존 사업 평가 및 발전 방안 도출 • 중장기 전략 수립 및 시범사업 설계·검증	• 全 교원의 AI·디지털 역량 강화 시범사업 추진 • 권역별 지역 여건에 맞는 시범사업 운영 • 권역별 시범사업 평가를 통한 사업 및 제도 개선안 도출	• 시범사업의 정규화 • 기존사업의 통합으로 지역 여건에 맞는 맞춤형 교원 양성·연수(재교육) 실시
체계	• 총괄위원회·사업기획단 구성	• 권역별 사업지원단 체계 구축	• AIEDAP 권역별 사업지원단의 전국단위 확산·안착

위와 같은 AIEDAP의 연차별 사업 운영체계를 협력적 거버넌스의 체계로 운영하기 위하여, 교육부는 사업초기에 [그림 3-1]과 같이 사업에 참여하는 다양한 이해관계자들의 역할을 설정하였다. 예를 들어, 사업의 총괄위원회는 사업 운영을 총괄하고, 사업 내 추진되는

2) 교실혁명 선도교사란, 미래 사회를 살아갈 학생들의 주도성을 강화하고, 아이들의 핵심 역량을 키워주는 깊이 있는 학습이 구현되도록 수업·평가 혁신을 선도하는 교사로서, 2024년 5월 전국의 약 12,000명의 교사를 선발하였다.

연구개발 과제 및 권역별 사업지원단의 시범운영 과제에 대한 최종 의사결정을 내린다. 사업기획단은 교육청, 교원양성기관, 특화대학원, 출연연구소, 민간 등 AI·디지털 관련 전문가로 구성되며, 연구 및 시범사업 운영 시 내용적인 자문의 역할을 수행한다. 연구개발기관은 교원의 AI·디지털 역량 강화를 위한 실질적인 연구개발 과제를 수행하며, 권역별 사업지원단은 각 권역 내 시·도교육청과 교원양성기관 등과 협업하여 지역 단위의 교원의 AI·디지털 역량강화 시범사업을 진행한다. 마지막으로, 사업수행기관이라는 독립적인 사업관리기관이 사업기획단 및 총괄위원회와 협력하여 사업 운영 상황을 모니터링하고, 전체적인 사업 성과관리를 담당한다.

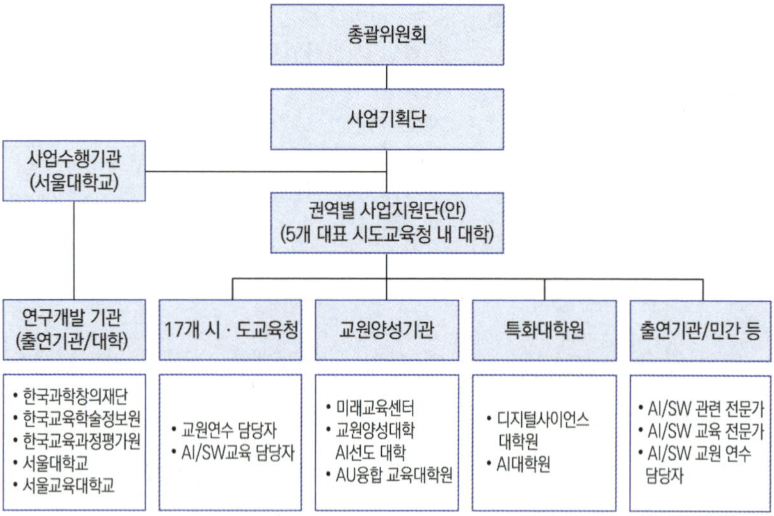

[그림 3-1] AIEDAP 사업의 협력적 거버넌스 구조

3. 협력적 거버넌스 실천 사례로서의 AIEDAP

AIEDAP 사업의 연계·협력은 Ansell과 Gash(2008)의 협력적 거버넌스 모델(model of collaborative governance)에 근거하여 분석되었다. 이것은 137개의 사례를 메타분석하여 도출된, 협력적 거버넌스에 대한 일반적인 모델로서, 성공적인 협력을 촉진하거나 저해하는 조건을 다각적으로 파악하는 데 사용될 수 있다(Ansell & Gash, 2008). 이 모델은 크게 (1) 초기조건, (2) 제도적 디자인, (3) 촉진적 리더십, (4) 협력 과정의 네 가지 변인으로 구성된다.

AIEDAP 사업의 협력적 거버넌스 특징을 분석하기 위하여 사용된 자료들은 다음과 같다. 먼저, 사업의 전체적인 구조 및 내용을 파악하기 위하여 사업 관련 보고서, 실행계획서, 주요 회의록 등이 수집되었다. 또한, AIEDAP의 사업 구조와 추진과정을 분석하기 위하여 사업 초기의 기획 및 실행에 참여한 민·관·학 부문의 주요 이해관계자와의 면담 자료가 수집되었다. 특히, 면담은 크게 두 차례에 걸쳐 이루어졌는데, 우선 AIEDAP 사업 기획 당시 참여하였던 교육부 고위관료와의 면담을 진행하여 AIEDAP 사업의 추진 배경에 대해 질문하였다. 이후, AIEDAP 사업에 참여한 시·도교육청, 대학, 민간기업 관계자 등 4명을 대상으로 협력적 거버넌스의 주요 요소인 (1) 초기조건, (2) 제도적 디자인, (3) 촉진적 리더십, (4) 협력 과정이 AIEDAP 사업 내에서 어떻게 작동하였는가에 대해 좌담회의 형식으로 논의하였다.

협력적 거버넌스 실천 사례로서 AIEDAP 사업을 분석한 결과는 다음과 같다([그림 3-2] 참고).

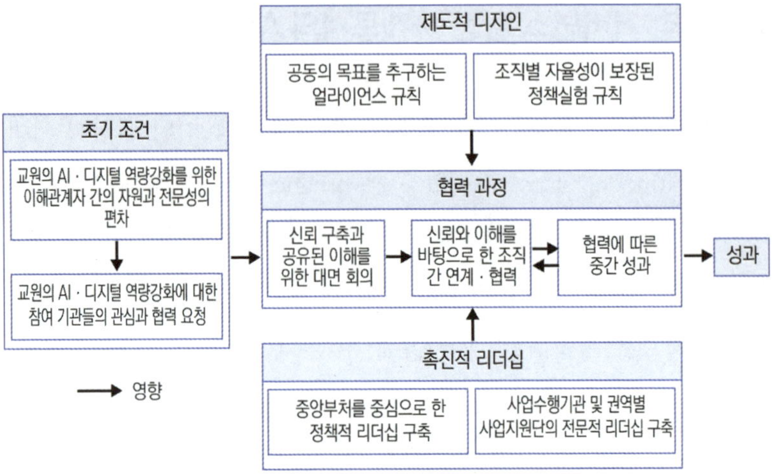

[그림 3-2] AIEDAP 협력적 거버넌스 체계

3.1. 초기조건

1) 교원의 AI · 디지털 역량강화를 위한 이해관계자 간의 자원과 전문성의 편차

기존 교원 대상 AI · 디지털 역량 강화 연수는 대부분 중앙정부를 중심으로 계획되고 시 · 도교육청이 자체적으로 또는 학계 및 민간기업에 위탁하여 실시하는 형태로 나타난다. 그러나 기존의 방식에서는 예산을 교육부에서 주도적으로 계획하고 배분하더라도, 교육 내용을 설계하고 데이터를 수집, 분석, 해석, 활용하는 단계에서는 학계 및 민간의 전문가들이 참여할 수 있는 기회가 적었다.

교육부는 "현행 예비교원 및 현직교원의 AI 역량 강화 사업은 사업기관별 격차가 존재하는 점을 고려하여 균형 있는 발전을 위한 사업관리가 필요하며, 예비교원과 현직교원의 디지털 역량 강화를 위해 선도적인 역할을 하고자 하는 교육청과의 협업 및 지원이 필요하다”고 강조한다(교육부, 2022a). 또한, 현장 교사들은 정부의 디지털 전환 정책에 대한 막연한 두려움이 여전히 존재하고 학교 현장에서는 수많은 AI 교육 콘텐츠 중 어떤 자료를 활용해야 하는지 어려움을 호소하고 있다(교육부, 2022a). 특히 민간기업의 플랫폼은 좋은 기능이 많이 있으나 비용의 문제가 있어, 교원의 AI・디지털 역량 강화를 위한 플랫폼을 제공하기 위해서는 민・관・학 협력 체제가 필요함을 강조하였다.

특히, 22~23년도 AIEDAP 사업에서는 교원연수와 병렬적으로 연수사업의 체계화에 필요한 연구들을 정부출연연구소 및 학계를 중심으로 진행하였다. 그중에서도 ‘교원의 AI・디지털 역량체계 정립’, 교실 현장에서 활용 가능한 ‘AI・디지털 융합 수업 모형의 개발’, 그리고 기존에 흩어져 있던 다양한 ‘AI・디지털 역량 강화 사업의 성과 및 한계를 분석’하는 연구들은 연수사업에 바로 반영할 수 있는 주요한 연구결과들을 포함하고 있다. 이러한 자원들은 협력적 거버넌스 체제를 통해 교원의 AI 융합 역량강화를 위한 이해관계자 간의 자원과 전문성의 편차를 해소하고, 교원 대상 연수 진행 시 학계, 민간, 정부 부처 사이의 상호의존도를 높일 수 있다.

2) 교원의 AI · 디지털 역량 강화에 대한 참여 기관들의 관심과 협력 요청

Logsdon(1991)은 이해관계자들이 서로 다른 분야 간 협력(cross-sectoral collaboration)에 적극 참여하기 위해서는 ‘협력을 통한 문제해결 방식이 각 기관의 근본적인 관심사와의 관련성’과 ‘해결책을 마련함에 있어 다른 이해관계자의 협력의 상호의존도의 정도'가 중요하다고 설명하였다. 이러한 배경하에, AIEDAP 사업은 참여 기관들의 근본적인 관심사가 협력적 거버넌스 구조를 통해 해결할 수 있도록 하며, 각 기관이 추구하는 목표를 달성하기 위해서 다른 이해관계자와 필수적으로 협력할 수 있도록 기획되었다.

예를 들어 시・도교육청 관계자들은 교원의 AI・디지털 역량 강화와 관련된 연수사업을 자체적으로 실행하는 과정에서, 공통된 표준차시가 부재하며, 강사인력 확보가 어려운 점에 대해 타 기관과의 협력이 필요하다고 생각하였다. 따라서 시・도교육청은 AIEDAP을 학계 및 민간기업과 함께 연수사업의 체계적 실행을 위한 주요한 자원을 확보할 수 있는 구조적 기반으로 인식하고 있었으며, 이에 대한 협력이 더욱 강화되어야 함을 강조하였다.

또한, 학계에서는 AI를 교육하고, 디지털 인재를 양성한다고 하지만 이를 가르칠 인력은 턱없이 부족하여 정부 및 민간 전문가들과의 협업이 필수적이라고 주장한다. 학계와 민간기업은 AI와 관련한 전문성은 가지고 있지만 이를 정부 부처 사업과 연계하는 데에는 분명한 한계가 존재하기 때문에 부처 사업과 학계의 전문성을 연결하고 이를 민간에서 지원할 수 있는 얼라이언스 형태는 반드시 필요하다.

민간기업의 입장에서도 기존 정부 주도의 교육 사업에 제도적 여건으로 인하여 민간기업이 참여할 수 있는 기회가 적어, AIEDAP 사업을 통해 민간기업의 전문성을 활용하여 교육 현장에 도움이 될 수 있는 방향으로 기업의 사회공헌 활동을 실천할 수 있을 것이다.

3.2. 제도적 디자인

1) 공동의 목표를 추구하는 얼라이언스 규칙

먼저, 가장 기본적인 규칙으로서 얼라이언스는 공동의 목표와 공동의 의견을 추구하기 위해 민・관・산・학이 역동적으로 상호작용한다는 것이었다. AIEDAP 사업이 민・관・산・학의 얼라이언스 체제로서 제안된 것은 크게 두 가지 이유 때문이었다. 하나는 교원의 AI・디지털 역량 강화와 같은 새로운 영역에서의 사업을 실행하는 데 있어서 교육부 내에 충분한 전문가가 부족하다는 것이고, 또 하나는 궁극적 변화는 학생들에게서 일어나야 하기 때문에 다양한 시각에서 교육을 바라볼 필요가 있다는 것이었다.

이에 AIEDAP의 각 하위 조직들은 얼라이언스라는 규칙에 기반하여 전국 각계 각층의 이해관계자들이 두루 포함되도록 구성되었다. 예를 들어, 최고 의사결정기구인 총괄위원회에는 교육부, 교육청, 대학, 학교, 정부출연기관, 민간기업 출신의 전문가들이 배치되었다. 다양한 배경의 전문가들은 각자의 입장에서 실제적이고 풍부한 의견들을 제공하여, AIEDAP 사업이 이론과 실제가 하나 된 방향으로 나아갈 수 있도록 하였다.

이뿐만 아니라 AIEDAP은 교원의 AI・디지털 역량 강화라는 목적을 위해서라면 어느 누구나 최대한 참여할 수 있도록 열린 태도를 취하였다. 예를 들어, AIEDAP 공문과 홈페이지를 보고 사업수행기관에 연락하여 AIEDAP 사업에 관심을 표한 고등학교 교사에 대하여 AI・디지털 교육 경력과 역량 수준을 검토한 뒤, 사업기획단으로서 편성하여 활동을 요청하였다. 또, AI 교육을 다루는 국제 비영리기관

(예컨대, Code.org)에서 AIEDAP과의 협업을 요청하여, 연수 프로그램 일부를 함께 운영하는 방안에 대하여 논의하기도 하였다. 이처럼, 개인 또는 기관에서 AIEDAP과 참여와 협력을 요청할 때 AIEDAP 사업단은 열린 태도로서 의지가 있는 사람들의 참여를 유도하였다.

또한, AIEDAP에서는 교원의 AI·디지털 역량 강화에 대한 일관되고 정합적인 정책 방향을 제안하기 위해 각 조직들은 서로 수시로 협력하고 소통할 것이 제안되었다. 특히, 사업수행기관에서는 협력과정의 투명성을 높이기 위한 다양한 장치들을 마련하였다. 예를 들어, 사업수행기관에서는 사업 추진 중 발생한 산출물을 온라인 클라우드(예: 구글 드라이브)에 업로드할 것을 요청하고, 모바일 메신저(예: 카카오톡)의 단체 채팅방과 같은 비공식 채널을 통해 각 조직의 요구사항 및 질의 사항을 수시로 공유하도록 하였다. 또한 총괄위원회 월례회의, 각종 기관별 회의, 성과보고회 등 공식적인 회의를 다수 개최하여 사업 추진에 대한 서로의 이해가 시간에 따라 연속적으로 이어질 수 있도록 하였다.

2) 조직별 자율성이 보장된 정책실험 규칙

AIEDAP의 두 번째 특징은 이 사업이 정책실험의 성격을 가진다는 것이었다. 즉 이 사업은 각 조직이 소통과 협력에 기반하여 자율적으로 다양한 시도들을 실험하면서 교원의 AI·디지털 역량 강화를 위한 최선의 정책을 제안한다는 목적이 있었다. 예를 들어, 본 사업에서는 과업을 추진하는 담당 조직으로서 연구개발기관과 권역별 사업지원단이 구분되어 조직되었는데, 이는 각각 연구개발물을 산출(기초 연구)하고 그것을 시범적용(실험)하는 역할을 구분하기 위함이었다.

사업 착수 시점에서는, AIEDAP 추진과 관련하여 사업 조직과 기본 규칙 이외에 정부로부터 미리 결정되어 있던 구체적인 사항은 거의 없었다. 각 조직들은 여러 정책 실험들을 수행하고 평가하는 과정에서 자율성이 보장되었고, 사업의 많은 부분들은 논의를 통해 결정되었다. 특히, 2차년도 연구개발기관 및 권역별 사업지원단은 1차년도 연구개발기관의 산출물들을 고도화하고 시범적용하는 데 있어, 그것을 연구 맥락 또는 권역별 사업 맥락에 맞게 수정·보완하는 것이 허락되었다. 예를 들어, 2차년도 권역별 사업지원단은 권역 맥락에 맞게 1차년도 연구개발기관에 제안한 캐스케이딩(cascading) 방식의 '마스터교원 → 리더교원 → 일반교원' 연수 체계는 유지하되 세부 연수 체계는 자체적으로 변화시킬 수 있었다. 그 결과, 권역별로 다양한 형태의 연수 방법들(예: 집합 형태의 연수, 학교방문 형태의 연수, 온라인 형태 연수, 오프라인 형태 연수 등)이 시도되고, 서로 비교·평가될 수 있었다. 이처럼 각 조직에 부여된 자율성은 사업의 전체적인 방향성과 정합성은 유지하되 조금씩 변화된 다양한 정책들을 제안하는 데 도움이 되었다.

3.3. 촉진적 리더십

1) 중앙부처를 중심으로 한 정책적 리더십 구축

중앙부처 수준에서의 리더십은 AIEDAP 사업을 관리하고 기획하는 것을 의미한다. 협력적 거버넌스는 정부의 공식적인 권위에 의존하지는 않지만, 정부는 다양한 방법을 동원하여 네트워크를 효율적으로 조정하고 관리하는 역할을 적극적으로 수행해야 한다(이명석, 2010). AIEDAP 사업은 '디지털 교육 역량을 결집하고 확보된 자원을 공유 및 확산하는 민·관·산·학 협력추진체계를 운영'하고 디지털 교육 관련 기관들의 총체적 협력을 통해 교원의 디지털 역량 제고에 총력 대응할 것이라는 정부 주도의 이니셔티브에서 시작되었다(교육부, 2022a). 이를 위하여 AIEDAP의 초기 사업 추진 계획 단계에서 정부는 다양한 이해관계자들을 사업 참여에 유인시킬 수 있는 전략을 수립하였다.

예를 들어 1차년도에는 학회라는 공동체를 활용하였다. 전국의 43만 명의 교원을 대상으로 AI·디지털 역량강화를 목표로 교육하는 것은 단일 기관에서는 시도하기 어려운 정책과제이기 때문에 다양한 이해관계자들의 적극적인 참여가 무엇보다 중요하였다. 따라서 1차년도에는 여러 학회를 통해 사업 참여에 대해 널리 알리고, 기존 정부 주도로 이루어지던 교원의 AI·디지털 연수에 학계와 민간을 참여할 수 있도록 유인하였다.

또한 2022년도 AIEDAP 사업이 처음 기획될 당시 중앙부처에서는 AIEDAP 조직 체계에 사업의 의사결정 권한을 갖는 총괄위원회와 권역별 사업 추진 시 공동으로 기획하고 모니터링을 담당하는 사업기획단을 추가하였다. 총괄위원회와 사업기획단은 교육청, 교원양성기관, AI·디지털교육 관련 특화대학원, 정부출연연구소, 민간기업 등 다양한 AI·디지털 관련 전문가로 구성하여 협력적 거버넌스 구조를 지향하는 AIEDAP 조직 내에서 사업의 진행상황을 함께 모니터링하고, 사업의 주요 의사결정을 중앙부처가 아닌 다양한 이해관계자들이 논의한 후 결정할 수 있도록 하기 위함이었다. 예를 들어, AIEDAP 사업의 총괄위원회에 소속되어 있는 현직교사는 총괄위원회에서 사업의 추진 방향에 대해 실질적인 조언을 하였으며, 이러한 의견은 3차년도의 사업 기획에 적극 반영되었다.

마지막으로 교육부의 정책적 리더십은 AIEDAP 사업의 이해관계자들을 대상으로 사업의 목표 달성을 통한 공동의 이익을 강조하며 참여와 헌신을 독려하였다. 이를 위해 교육부는 무엇보다도 2022 개정 교육과정에 기반한 교사연수 참여의 필요성과 AI 시대의 공교육 내실화 정책 요구를 활용하여 사업의 이해관계자들에게 AIEDAP 사업 참여의 필요성에 공감하도록 하였다. 'AIEDAP(아이에답)'이라는 이름에서 짐작할 수 있듯이, 이 사업은 "미래교육과 디지털교육 혁신으로 아이들의 미래 삶과 궁금증에 답한다"라는 비전을 가지고 있다(교육부, 2022a). 'AIEDAP'이라는 이름 속에 내포된 이러한 숭고한 가치는 사업단 내에서 수시로 강조되어 사람들의 참여를 동기화하고 협력을 이끌어내었다.

2) 사업수행기관 및 권역별 사업지원단의 전문적 리더십 구축

국가교육정책을 협력적 거버넌스로 실천하는 데 있어 또 하나 중요한 리더십은 사업 수행기관의 리더십이다. 교육부는 AIEDAP을 처음 구상할 때 본 사업을 전문적으로 운영하고 관리하기 위한 사업수행기관을 별도로 구축하였다. 정부 부처에서는 AIEDAP 사업구조의 논리를 만들고 주요 정부 이해관계자들의 참여를 독려하였다면, 수행기관 차원에서는 중간보고, 최종보고, 월별 뉴스레터 등을 통해 민·관·

산·학의 사업 이행과정을 지속적으로 모니터링하고 개선방향을 제시하였다.

또한 수행기관은 권역별 사업지원단과 긴밀하게 소통하며 교육부와 권역별 사업지원단 사이의 중간 지원자 역할을 하였다. 각 집단의 의견 조율을 위하여 사업 적용에 필요한 안건들은 월별 총괄위원회의 안건으로 올리고 총괄위원회의 최종 의사결정을 거친 후 사업에 추가적으로 반영이 필요한 내용들을 조율해 나갔다. 특히 수행기관의 역할을 사범대학에서 담당하게 됨으로써, 예비교원들을 대상으로 한 AI·디지털 융합역량 강화에 있어 다양한 프로그램을 개발하고 적용하여 현직교원뿐만 아니라 예비교원에게도 AI·디지털 융합역량의 필요성을 강조하고 사업의 대상이 전국의 현직 및 예비교원으로 확대될 수 있도록 하였다.

마지막으로 현장과 가장 가까이 소통하고 권역별 교원연수를 실시하는 권역별 사업지원단 차원의 리더십도 중요하다. AIEDAP은 전국의 교원을 대상으로 AI·디지털 융합교육 역량 강화 연수를 실시하기 위하여 5개의 권역(수도, 경북, 충청, 호남, 경남)으로 구분하여 권역별 사업지원단을 구축하였다. 권역별 사업지원단 수준에서의 촉진적 리더십은 권역 내 교원들을 대상으로 연수를 홍보하고 실시하는 데 주요한 역할을 하였다. 특히 AIEDAP의 연수는 선도교원(마스터교원·리더교원)과 일반교원으로 구분되어 있으며 선도교원을 중심으로 하여 일반교원에게 AI 융합교육 역량 연수를 실시할 수 있도록 체계를 구축하였다. 권역별 사업지원단에서 선도 교원의 역할과 연수 후 자신의 권역 내에서 일반 교원 대상 연수를 확산해 나갈 수 있도록 규칙을 설정하고 안내하였다. 이러한 권역별 사업지원단 수준의 리더십은 본 사업이 협력적 거버넌스 체계로 작동하기 위한 필수적인 요소로 기능하였다.

3.4. 협력과정

1) 신뢰 구축과 공유된 이해를 위한 대면 회의

일반적으로 협력적 거버넌스 초기에는 구성원들 간에 신뢰가 부족한 상태이며, 갈등의 선례가 있을 경우 협력 과정은 더 어려워질 수 있다(Ansell & Gash, 2008). 따라서 리더는 위험이 발생하기 전 구성원 간에 신뢰가 잘 구축되도록 선제적으로 조절해야 한다.

AIEDAP 사업 구성원 간 신뢰와 협력 문화를 구축하는 데 있어 가장 핵심적인 요소로 작용한 것은 바로 대면 회의였다. 전체 AIEDAP 사업의 운영방향을 조율하는 사업수행기관 단장은 사업 초기부터 조직 간 대면 회의를 권장함으로써 신뢰와 협력을 증진시키고자 하였다. 면대면 대화는 모든 협력적 거버넌스의 바탕이며, 구성원들은 면대면 대화를 통해 서로 신뢰를 쌓게 되므로, 대면 회의를 강조한 것은 적절한 전략이었다(Ansell & Gash, 2008). AIEDAP에서 주요 의사결정이 필요한 회의는 주로 대면으로 진행되었으며, 서로 일정을 맞추기 어렵거나 의사결정이 시급히 필요하거나, 또는 의사결정 및 다루는 사안의 중요도가 낮은 경우에만 비대면 회의가 진행되었다. 예를 들어, 2022년부터 2023년까지 사업수행기관이 주관한 공식적인 회의 및 보고회에 대해서 대면으로 진행된 건은 총 39회(연인원 약 1260명), 비대면으로 진행된 건은 17회(연인원 약 220명)였다. 코로나 19

사태 이후 비대면 회의가 수월해졌고, 사업의 특성상 전국 각지의 구성원들이 회의장으로 직접 이동해야 하는 불편이 있었음에도 불구하고, 대면 회의의 비중이 비대면 회의보다 2배 이상 높은 것을 알 수 있다. 특히, 전국 구성원들의 대면 회의 참석률을 높이고자 교통이 편리한 기차역 근처나 공항 근처에서 회의를 개최하고자 한 것은 구성원 간 대면 소통을 활성화하는 데 도움이 되었다. 이처럼 사업단 내에서의 높은 대면 회의의 비중은 사업 구성원들로 하여금 친분을 쌓게 하고, 사업의 가치, 내용 및 절차에 대하여 투명하고 공유된 이해를 갖게 하였다. 그리고 이렇게 구축된 신뢰와 공유된 이해는 이후 AIEDAP 내 복잡한 연계·협력을 이끌어내는 데 도움이 되었다.

2) 신뢰와 이해를 바탕으로 한 조직 간 연계·협력

AIEDAP 사업의 주요 과업은 크게 사업관리, 연구개발, 권역별 시범사업 운영으로 구분된다(〈표 3-2〉 참고). AIEDAP 전체 사업관리는 사업수행기관에 의해서 수행되었으며, 교원의 AI·디지털 역량 강화를 위한 연구개발은 연구개발기관에 의해서 수행되었다. 1, 2차년도 연구개발기관에 의해 산출된 결과는 2차년도 권역별 사업지원단에 의해 권역별로 시범운영되었다.

〈표 3-2〉 AIEDAP 사업의 주요 과업과 담당 조직

구분	담당	1차년도 과업	2차년도 과업
사업관리	사업 수행 기관	• 사업관리 및 홍보	• 사업관리 및 홍보 • AIEDAP 인공지능 융합 수업 기초 과정 제작 및 중앙교육연수원 탑재(온라인 연수 콘텐츠)

<table>
<tr><th>구분</th><th>담당</th><th>1차년도 과업</th><th>2차년도 과업</th></tr>
<tr><td></td><td></td><td></td><td>• AIEDAP 인공지능 융합수업 지원 시스템 개발</td></tr>
<tr><td rowspan="7">연구개발</td><td>1분과</td><td>• 교원의 AI · 디지털 역량체계 정립</td><td>• 교원의 AI · 디지털 역량체계 행동지표 및 평가도구 개발</td></tr>
<tr><td>2분과</td><td>• AI · 디지털 교수학습 모형 및 자료 개발</td><td>• AI · 디지털 활용 교수학습모형 개발 및 확산</td></tr>
<tr><td>3-1분과</td><td>• 초등 예비교원 양성체제 개선</td><td>• 초등 예비교원 양성체제 개선</td></tr>
<tr><td>3-2분과</td><td>• 중등 예비교원 양성체제 개선</td><td>• 중등 예비교원 양성체제 개선</td></tr>
<tr><td>4-1분과</td><td>• 초등 현직교원 재교육체제 개선</td><td rowspan="2">• 현직교원 재교육체제 개선</td></tr>
<tr><td>4-2분과</td><td>• 중등 현직교원 재교육체제 개선</td></tr>
<tr><td>5분과</td><td>• AI · 디지털 역량 관련 사업성과 분석 및 신규 사업 시범운영</td><td>• AI · 디지털 역량 관련 사업성과 분석 및 사업 재구조화</td></tr>
<tr><td rowspan="5">권역별 시범사업 운영</td><td>수도권</td><td rowspan="5">–</td><td rowspan="5">• 현직교원 연수 운영(마스터, 리더, 일반교원)
• 현직교원 대상 교원의 AI · 디지털 역량 측정 및 분석
• AI · 디지털 활용 교수학습모형 적용
• 교원양성기관 예비교원 및 교수자 대상 교육 프로그램 운영
• 권역별 특화 과제</td></tr>
<tr><td>경북권</td></tr>
<tr><td>경남권</td></tr>
<tr><td>충청권</td></tr>
<tr><td>호남권</td></tr>
</table>

* 1차년도 담당: 사업수행기관(서울대학교), 1분과(한국교원교육학회), 2분과(한국교육공학회), 3-1분과(서울교육대학교), 3-2분과(서울대학교), 4-1분과(한국정보교육학회), 4-2분과(한국컴퓨터교육학회), 5분과(한국교육행정학회)

** 2차년도 담당: 사업수행기관(서울대학교), 1분과(한국교육학술정보원), 2분과(한국교육과정평가원), 3-1분과(서울교육대학교), 3-2분과(서울대학교), 4분과(공주대학교), 5분과(한국과학창의재단), 수도권(서울교육대학교), 경북권(경북대학교), 경남권(부산대학교), 충청권(공주대학교), 호남권(전남대학교)

AIEDAP 사업의 각 조직들은 정책실험 규칙에 따라 자율성을 가지고 과업을 추진할 수 있었다. 하지만 각각의 과업이 무분별하게 추진된 것은 아니었다. 전체적인 사업의 내용과 방향성은 총괄위원회 논의를 통해 결정되었고, 과업 추진에 필요한 세부사항들은 조직 간 논의를 통해 결정 및 공유되었다. 즉 조직별 과업은 조직 간 복잡한 소통을 거치며 전체적인 정합성을 유지하는 선에서 추진되었다. 조직 간 협력의 양상이 매우 복잡할 수 있었던 것은 대면 회의를 통해 구축된 구성원 간 신뢰와 공유된 이해가 기저에 있었기 때문으로 보인다. 협력의 예로서 몇 가지를 제시하면 다음과 같다. 2차년도 연구개발기관인 1분과, 2분과, 4분과는 자발적인 연합 회의를 통해 교원의 AI · 디지털 역량 체계, AI · 디지털 활용 교수학습모형, 현직교원 연수 지원 플랫폼 개발이라는 서로 다른 세부과업을 연계하여 수행하였다. 5개 권역별 사업지원단은 책임자 간 혹은 실무자 간 소통을 통해 과업 추진에 관한 방법(예: 현직교원 연수를 위한 특수분야 연수기관 신청, 현직교원 연수 운영 방식 등)을 서로 공유하고 벤치마킹하였다. 연구개발기관의 산출결과(예: 교원의 AI · 디지털 역량 체계 및 평가도구, AI · 디지털 활용 교수학습모형, 예비교원 대상 교육 프로그램, 현직교원 재교육체제 등)는 직접적으로 또는 사업수행기관을 통해 권역별 사업지원단에 전달되었고, 산출결과의 적용 및 운영에 관하여 실무자들 간 소통이 이루어졌다. 이상의 사례와 같이, 신뢰와 공유된 이해를 바탕으로 복잡하게 이루어진 협력은 특정 집단의 고립현상(group isolation)을 방지하고 다양한 의견이 정합적인 형태로서 실현되는 데 도움이 되었다.

3) 협력에 따른 중간성과

교원의 AI · 디지털 역량 강화라는 목표를 달성하기 위한 AIEDAP 사업은 2022년에 시작하여 3차년도 사업이 진행 중인 2024년 현재, 중간성과로서 다양한 형태의 결과들을 도출하였다. 예컨대, 사업을 통해 교원의 AI · 디지털 역량체계가 정립되었고, 이를 기반으로 한 측정도구가 개발되었으며, AI 융합수업을 위한 다양한 교과별 교수학습모형이 개발되었고, 현직교원 연수체계가 마련되었다. 또한 원격연수 콘텐츠가 개발되어 중앙교원연수원에 탑재되었고, 예비교원 교육프로그램이 개발되어 각 권역에서 운영되기도 하였다. 전국 3,400여 명의 현직교원들을 대상으로는 대규모 연수가 실시되었고, 이 과정에서 AI 활용 · 융합 수업지도안과 사례집 등 다양한 교육자료가 도출되었다.

이처럼 다양한 중간성과들이 가능했던 까닭은 여러 이해관계자들이 유기적으로 협력할 수 있었기 때문이었다. 전문가들은 협력과정과 그에 따른 중간성과를 긍정적으로 평가하였고, 그에 따라 앞으로 AIEDAP 사업이 더욱 확대될 필요가 있다고 느꼈다. 작은 승리들(small wins)은 협력 과정에 있어서 신뢰구축과 헌신의 선순환을 촉진할 수 있다는 점에서(Ansell & Gash, 2008), AIEDAP의 중간성과는 사업 추진을 위한 추동력으로 작용할 수 있었다.

특히, 눈여겨볼 점은 AIEDAP 사업에 대한 전문가들의 긍정적인 평가가 기존에 진행되었던 국가적 수준의 교육 사업과 대비되어 한층 더 강조되었다는 것이다. 예를 들어, 면담에 참여한 어떤 교수는 기존에 진행되었던 국가 주도의 교원 연수 사업에 대비하여, AIEDAP은 사업수행기관을 중심으로 다양한 기관들이 협력적 거버넌스를 이루기에 교원 연수 측면에서 가치가 있다고 말했다. AIEDAP에 대한 전문가들의 평가는 국가 수준의 교육 정책이 결과적으로 긍정적인 성과를 낳기 위해서는 다양한 이해관계자들 간의 유기적인 협력이 중요하다는 것을 시사한다.

4. 미래교육을 위한 고려사항

교원의 AI·디지털 역량 개발은 단순히 기술적인 내용뿐만 아니라 통합적이고 다양한 시각으로 접근해야 할 필요가 있다(이두휴, 2021). 이러한 배경하에 AIEDAP 사업은 상이한 관점, 배경, 전문성을 가진 사람들이 집단지성을 이루어, 협력적이면서도 자율적으로 소통할 수 있는 협력적 거버넌스의 구조로 사업이 기획되었다는 점에서 기존 국가 교육 정책에서는 찾아보기 어려운 시도였다.

AIEDAP 사업이 협력적 거버넌스의 체계로 작동할 수 있었던 주요 요인은 교원의 AI·디지털 역량강화라는 분야에서 기존의 정부, 학계, 민간으로 흩어져 있던 자원과 지식들로 인해 이해관계자 간의 격차가 확대되어 협력적 거버넌스 구조 정립의 필요성에 대한 다양한 이해관계자들의 공감대가 형성되고 있었다는 점이다. 이를 위해 AIEDAP에서는 사업 과정에서 열린 태도와 유연한 소통체계를 중심으로 하는 협력적 거버넌스 규칙을 만들고 참여하는 조직들이 자율적으로 다양한 시도들을 실험할 수 있도록 기획되었다. 또한 사업 진행 시에는 중앙부처의 정책적 리더십과 수행기관 및 권역별 사업지원단의 전문적 리더십을 중심으로 다양한 시각을 가진 전문가 집단의 참여와 헌신을 독려하였다. 마지막으로 사업수행기관에 의해 강조된 대면 회의는 구성원 간 신뢰 구축과 이해 공유의 토대가 되었으며, 이를 통해 조직 간 연계·협력이 활발히 일어날 수 있었다.

그러나 여전히 국가교육사업에서 협력적 거버넌스를 더욱 효과적으로 추진하기 위해 고려해야 할 과제들이 남아있다. 첫째, 현장교사의 참여를 더욱 유인해야 한다. AIEDAP 사업에서는 2022년도 방향설정, 2023년도 시범사업 운영이라는 사업 체계 안에서 연구기관과 권역별 사업지원단 대표대학이 사업의 주요 내용을 차지하면서 지금까지 현장교사의 참여 여지가 크지 않았다. 앞으로는 본격적으로 교원의 AI·디지털 역량강화 연수 내용들을 표준화하여 현장에 적용하고 전국으로 확산해 나가야 하므로, 현장교사의 역할이 더욱 중요해질 것이다. 특히, AI·디지털 역량강화와 관련된 교육정책이 실제 현장에 효과를 나타내기 위해서는 현장교사들이 새로운 정책에 대한 심리적 거부감을 최소화하면서 교사가 AI·디지털 교육에 대한 필요성과 유용성을 스스로 인지할 수 있도록 유도해야 한다(강민수, 김한솔, 김희규, 주영효, 2022).

둘째, 사업 추진 전, 사업 참여 구성원들과 행정적 협의를 충분히 하는 것이 중요하다. 참여기관의 행정규칙은 사업단의 기본규칙과 별도로 각 기관별로 이미 존재하는 것이기 때문에 사업단이 직접 조율하기가 어려울 수 있다. 실제로 다른 협력 사례에서도 조직 간 행정규칙의 차이에 의한 갈등이 나타난 바 있으며(예: 박진형, 2022; 최정연, 박선주, 2022), 이와 관련하여, 신현석(2010)은 협력적 교육거버넌스의 정착을 위하여 관계 법규의 정비 및 명확화 그리고 교육행정체제의 개선이 선행되어야 한다고 주장하였다. 따라서 사업 추진 과정에서의 갈등을 미리 예방하고 협력이 더 풍부하게 이뤄지기 위해서는 추진 방향 수립 시 예상되는 문제에 대해서 참여 예정 구성원들과 충분히 협의하는 것이 필요할 것이다.

셋째, 이해관계자 간의 원활한 협력을 위해 전체적인 시각에서 사업을 조율하는 리더조직의 역할이 중요하다. 협력적 거버넌스에서 참여 구성원들은 교육문제 해결이라는 공동의 목표를 추구하지만, 사업의 목표, 내용, 운영방식에 대한 각자의 관점이 서로 다를 수 있다. 교육문제에 대한 해결책 도출에 있어서 구성원 간 공유된 이해가 없다면 그것은 협소한 관점의 해결책이 될 수밖에 없으며, 결국 그러한 공동체는 협력적 거버넌스라고 볼 수 없다. 따라서 총체적이고 정합적인 교육정책을 추진하기 위해서는 리더조직이 구성원들을 공론의 장으로 인도하고 지속적으로 협력을 촉진하는 것이 필요하다.

현재 우리나라는 디지털 대전환 시대에 대비하여 학생들의 AI · 디지털 역량을 증진시키기 위해 많은 정책과 사업이 진행되고 있다. 2022 개정 교육과정에서는 기초소양으로서 디지털 소양을 도입하고(교육부, 2022b), AI 디지털교과서의 개발과 도입을 준비하고 있다(교육부, 2023). 이러한 AI · 디지털 역량 관련 사업은 기존에 정부 주도로 추진되었던 정책들과는 달리, 다양한 전문성을 가진 이해관계자들이 집단지성을 이루어 공동으로 문제를 해결하고 대응해 나가야 할 필요성이 매우 높아지고 있다. AIEDAP은 기존 정부 주도의 사업 기획에서 벗어나 교육청 및 대학, 민간 기업이 교원의 AI · 디지털 역량 강화를 위해 발전적인 방안을 함께 논의하는 통합체계를 구축하였다는 점에서 의의가 있다. 향후 더욱 다양한 이해관계자들이 참여할 수 있는 소통 체계를 만들고, 이를 지속적으로 관리해 나가면서 사회의 공공 문제 해결을 위한 더욱 세밀한 협력적 거버넌스 체제로 확장되어야 할 것이다.

참고문헌

강민수, 김한솔, 김희규, 주영효(2022). 교사의 AI · 디지털 활용 교육정책 내실화 방안 탐색. 한국교원교육연구, 40(2), 111-140.

교육부(2022a). 예비 · 현직교원 AI · 디지털 역량 강화를 위한 'AIEDAP(아이에답)' 추진 계획(안).

교육부(2022b). 초 · 중등학교 교육과정 총론.

교육부(2023). 인공지능(AI) 디지털교과서 추진방안.

김흥주, 김순남, 나민주, 하봉운, 강민수(2015). 일반행정과의 협력적 교육거버넌스 구축 및 활성화 방안연구. (연구보고 RR 2015-02). 서울: 한국교육개발원.

박진형(2022). 부산지역 혁신교육지구의 협력적 거버넌스 분석. 지방교육경영, 25(3), 277-303.

신현석(2010). 교육거버넌스 갈등의 쟁점과 과제. 교육행정학연구, 28(4), 351-380.

신현석, 정양순, 윤기현(2018). 국가 교육과정 정책에서의 협력적 거버넌스 적용: 쟁점과 과제. 교육행정학연구, 36(2), 31-62.

이동국, 이봉규, 이은상(2022). 인공지능(AI) 활용 교육을 위한 교사 역량 및 연수 과제 도출. 교육정보미디어연구, 28(2), 415-444.

이두휴(2021). 교육의 디지털 전환에 따른 포용적 거버넌스 구축 전략. 민주주의와 인권, 21(4), 145-187.

이명석(2010). 협력적 거버넌스와 공공성. 현대사회와 행정, 20(2), 23-53.

임철일(2024). AI 융합 교육을 위한 설계 개발 연구 방법론의 활용 가능성. 김동일 외 (편). 혁신과 공존의 교육학: 개념과 실천 (pp. 403-440). 파주: 교육과학사.

최정연, 박선주(2022). 사립유치원 K-에듀파인 도입의 협력과정 사례 연구: 경상북도교육청 사례를 중심으로. 국가정책연구, 36(3), 135-163.

최정은, 김혜원(2019). 서울형혁신교육지구 사업의 협력적 거버넌스 분석-도봉구, 마포구, 은평구 사례를 중심으로. 한국자치행정학보, 33(4), 261-292.

Ansell, C., & Gash, A. (2008). Collaborative governance in theory and practice. *Journal of Public Administration Research and Theory, 18*(4), 543-571.

Logsdon, J. (1991). Interests and interdependence in the formation of social problem-solving collaborations. *Journal of Applied Behavioral Science, 27*(1), 23-37.

Ran, B., & Qi, H. (2019). The entangled twins: Power and trust in collaborative governance. *Administration & Society, 51*(4), 607-636.

CHAPTER 04

AI 융합 교육의 모형

김갑수(서울교육대학교)

1. 시작하며

융합의 개념은 integration, fusion, connection, convergence, consilience 등 다양한 용어로 표현되며, 각 맥락에 따라 그 의미가 다르게 적용된다. 통합과 융합은 모두 여러 요소를 결합하는 과정이지만, 각각의 목적과 방식에서 본질적인 차이를 가지고 있다. 학문적 측면에서 통합은 다른 학문들을 물리적으로 결합하는 방식인 반면, 융합 교육은 학문 간의 경계를 허물고 완전히 통합된 새로운 학문적 형태를 지향한다(김진수, 2011; 김진수, 2013).

융합은 다양한 학문과 분야를 결합하여 새로운 가치를 창출하는 과정을 의미하며, 통합과 구별되는 개념으로 이해된다. 통합은 두 개 이상의 요소를 물리적으로 결합하는 과정을 말하며, 각 요소의 고유한 기능과 속성이 그대로 유지되는 것이 특징이다. 반면, 융합은 기존 요소들의 경계를 허물고 완전히 새로운 형태를 만들어내는 과정을 지칭한다.

예를 들어, 통합은 여러 학문을 하나의 틀에 병렬적으로 배치하여 협력적으로 활용하는 방식으로, 학문 자체의 독립성과 고유성을 유지한다. 이러한 통합적 접근은 특정 주제를 중심으로 다양한 학문의 관점을 결합하여 종합적인 학습을 도모한다. 예를 들어, "기후 변화"를 주제로 과학에서는 온실가스를, 사회에서는 환경 정책을 가르치는 방식이 이에 해당한다. 이는 퍼즐 조각처럼 각 학문의 독립성을 유지하면서도 전체적으로 조화를 이루는 형태로 작동한다.

반면, 융합은 학문 간의 경계를 허물고 기존 학문적 틀에서 벗어나 새로운 학문적 체계나 가치를 창출하는 데 중점을 둔다. 이는 화학적 결합처럼 기존 요소들이 융합되어 전혀 다른 특성과 기능을 가지는 새로운 형태를 만들어낸다. 예를 들어, 생명과학과 정보기술의 융합으로 탄생한 바이오인포매틱스나, 과학과 예술을 결합한 STEAM 교육은 융합의 대표적인 사례라 할 수 있다. 이러한 융합적 접근은 기존 학문적 관점을 넘어서 창의적이고 혁신적인 사고를 촉진한다.

교육에서의 통합적 접근은 주제 중심 학습이나 프로젝트 기반 학습을 통해 다양한 교과 지식과 기술을 연결하여 실생활 문제를 해결하는 데 중점을 둔다. 통합 교육과정에서는 교과 간 경계를 허물되, 각 교과의 독립적인 특성을 유지하면서 학습자가 종합적인 관점에서 문제를 바라보고 해결할 수 있도록 지원한다. 예를 들어, "도시 교통 문제 해결" 프로젝트를 통해 과학, 경제, 사회적 관점을 결합하여 실질적인 문제 해결 방법을 모색하는 학습이 통합적 접근의 사례이다.

반면, 융합적 교육은 학문 간 경계를 완전히 허물고 창의적이고 새로운 학문적 체계를 형성하는 것을 목표로 한다. 이는 기존의 학문적 틀을 넘어서 새로운 사고방식과 혁신적 결과를 만들어내는 데 중점을 둔다. STEAM 교육은 과학, 기술, 공학, 예술, 수학을 융합하여 창의적이고 실용적인 학습 경험을 제공하며, 학생들에게 복합적이고 융합적인 사고 능력을 키워준다. 또한, 디자인 씽킹과 같은 문제 해결 중심의 접근법은 학문적 융합을 통해 실질적인 해결책을 창출하는 데 활용된다.

따라서 융합과 통합은 모두 여러 요소를 결합하여 학습과 문제 해결에 활용한다는 점에서 공통점을 가지지만, 그 본질과 목적은 다르다. 통합은 학문 간의 관계를 유지하며 상호 연결을 통해 종합적이고 실질적인 학습을 지향한다. 반면, 융합은 기존 학문의 틀을 초월하여 새로운 학문적 체계와 가치를 창출하는 데 중점을 둔다. 이러한 두 가지 접근법은 학습 목표와 상황에 따라 선택적으로 활용할 수 있으며, 미래 교육에서는 융합적 사고와 통합적 접근의 조화가 더욱 강조될 것이다. 이를 통해 학생들은 기존 지식과 기술을 연결하는 능력을 키우는 동시에, 창의적이고 혁신적인 사고를 통해 새로운 가치를 창출할 수 있는 역량을 갖추게 될 것이다.

2. STEM과 우리나라 융합교육

2.1. 미국의 STEM

융합 교육의 대표적인 사례로 STEM 교육이다. STEM은 과학(Science), 기술(Technology), 공학(Engineering), 수학(Mathematics)의 약자로 (Dugger, 2010), 이들 네 가지 분야를 통합적 또는 융합적으로 가르치려는 교육 접근 방식을 반영한 개념이다. STEM 교육은 학문 간의 경계를 허물고, 학생들이 여러 분야의 지식을 연결하여 문제 해결 능력과 창의적 사고력을 기를 수 있도록 설계되었다.

STEM 교육은 특히 미국에서 활발히 발전해 왔다. 미국 의회 보고서(Gonzalez & Kuenzi, 2012)에 의하면 학생들이 과학, 기술, 공학, 수학 분야에 흥미를 가지도록 유도하고, 해당 분야에서의 역량을 강화하기 위해 STEM 교육을 국가적 차원에서 중요하게 다루고 있다. 이러한 교육 접근은 단순히 학문적 성취를 넘어, 학생들이 21세기형 문제 해결 능력을 갖추고 미래 사회에서 요구되는 기술적, 창의적 역량을 발휘할 수 있도록 돕는 데 초점이 맞춰져 있다.

2015년부터 MGA Entertainment 회사에서 학생들에게 새로운 영감을 주기 위해 매년 11월 8일을 STEM Day(Nov8-'innovate'를 의미함)로 지정하여 STEM 교육의 중요성을 기념하고, 다양한 행사를 진행하고 있다. 이 행사는 학생들이 STEM 관련 활동에 참여하고 흥미를 느낄 수 있는 기회를 제공하며, 학교와 지역 사회, 기업이 협력하여 학생들에게 실습 중심의 학습 경험을 제공한다. 예를 들어, 로봇 공학 경진대회, 코딩 워크숍, 과학 실험 활동 등이 STEM Day 행사에서 자주 이루어지는 활동들이다.

STEM 교육은 단순히 수학, 과학, 공학, 기술의 네 가지 학문을 결합하는 것에서 그치지 않고, 실생활 문제를 중심으로 학생들이 학문 간 경계를 넘나들며 창의적이고 종합적으로 사고할 수 있도록 돕는다. 예를 들어, 환경 문제 해결을 주제로 한 프로젝트에서는 과학을 통해 환경오염의 원인을 이해하고, 공학을 통해 친환경 기술을 설계하며, 수학을 통해 데이터 분석을 수행하고, 기술을 활용해 이를 구현할 수 있도록 가르친다. 이러한 접근은 학생들이 학문을 단순히 배우는 데 그치지 않고, 실질적으로 활용할 수 있는 능력을 배양하도록 돕는다.

STEM 교육은 학문 간 융합을 통해 학생들이 문제 해결력, 창의성, 비판적 사고력을 기를 수 있도록 돕는 대표적인 융합 교육의 사례이다. 미국을 중심으로 발전해 온 STEM 교육은 세계적으로 확산되며, 미래 사회의 핵심 역량을 갖춘 인재를 양성하는 데 중요한 역할을 하고 있다. STEM Day와 같은 활동은 이러한 교육 철학을 널리 알리고 학생들에게 실질적인 학습 경험을 제공하는 기회로 작용하고 있다.

2.2. 우리나라 융합교육

우리나라 교육부(교육부, 2024a; 교육부, 2024b)는 2025년부터 2029년까지 수학, 과학, 정보 및 융합교육(STEAM)을 중심으로 한 종합적인 교육 계획을 수립하여, 미래 사회가 요구하는 창의적이고 융합적인 인재를 양성하기 위한 체계적인 전략을 제시하고 있다. 이 계획은 학생 중심의 학습 경험 확대와 교원 역량 강화, 지속 가능한 융합교육 인프라 구축 등을 통해 융합교육의 질적 향상을 목표로 하고 있다.

첫째, 학교에서의 융합교육(STEAM) 실행력 강화가 강조되고 있다. 교육부는 STEAM 교육을 학교 교육과정과 연계하여 활성화함으로써 학생들이 교과 간 지식을 융합적으로 학습할 수 있는 환경을 조성하려 한다. 이를 위해 STEAM 클럽의 구축과 운영을 지원하며, 학생들이 자발적으로 참여할 수 있는 창의적이고 협력적인 활동 기회를 제공하고자 한다.

둘째, 학생 주도의 융합적 문제 해결 경험 확대를 목표로 하고 있다. 역량 기반 수업을 활성화하여 학생들이 수업을 통해 융합적 사고를 발산할 수 있는 기회를 제공하며, 주도적이고 협력적인 문제 해결 능력을 기를 수 있도록 다양한 학습 활동을 설계하고 지원한다. 이를 통해 학생들은 학문 간 경계를 넘나들며 실질적인 문제를 해결하는 경험을 쌓게 될 것이다.

셋째, 교원의 융합교육 역량 강화를 위한 정책도 포함되어 있다. 교원 연수와 지원 프로그램을 통해 현장 교사들의 STEAM 교육 역량을 체계적으로 강화하며, 특히 AI 기술 활용 수업의 전문성을 높이는 데 중점을 두다 이는 AI 기술이 일상화되는 사회에 맞춘 융합교육을 제공하고, 교사가 학생들에게 창의적이고 실질적인 학습 경험을 제공할 수 있도록 돕는 것을 목표로 한다.

넷째, 지속 가능하고 포용적인 융합교육 인프라 구축에 초점을 맞추고 있다. 융합교육 활성화를 위한 협력 체계를 강화하고, 다양한 교과의 성취기준과 AI 관련 내용을 연계한 프로그램을 개발하여 융합교육의 지속적 발전 기반을 마련하고자 한다. 특히, AI 기술과의 융합을 통해 수학, 과학뿐 아니라 다른 교과와도 연계된 새로운 교육 모델을 구축하려는 계획이 포함되어 있다.

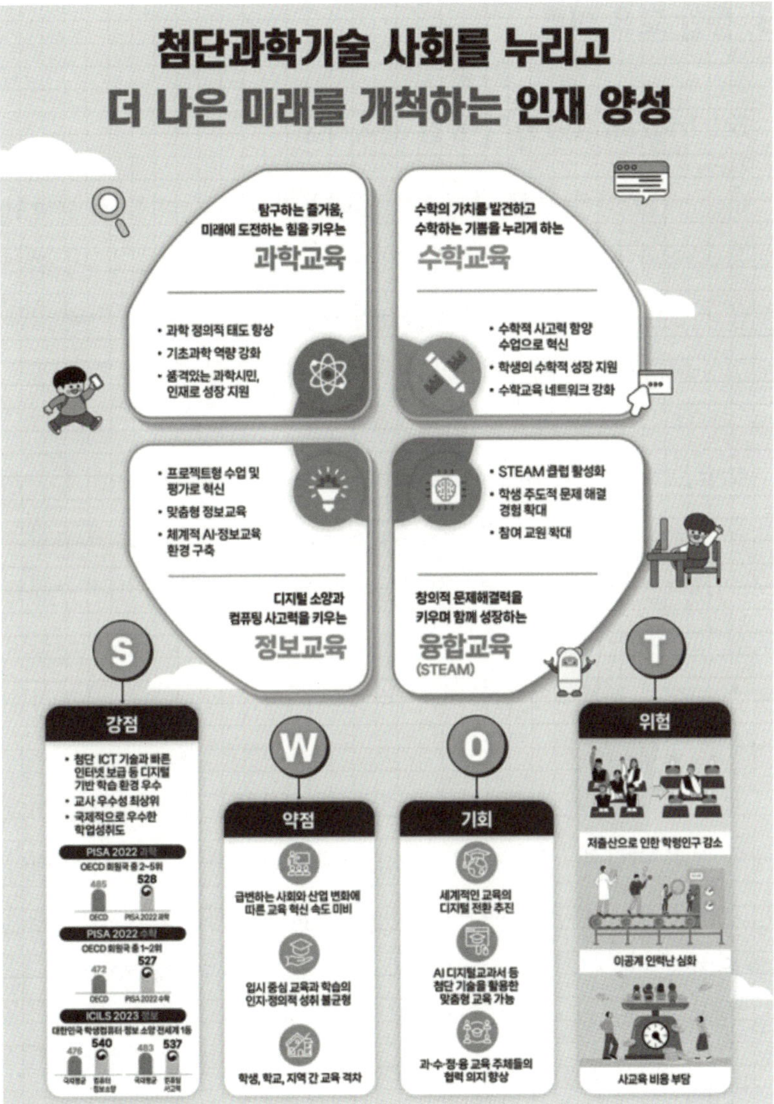

[그림 4-1] 과학 · 수학 · 정보 · 융합교육의 방향(2025-2029)[1](교육부, 2024)

1) https://www.daysoftheyear.com/days/national-stem-steam-day/

3. 통합 교육 이론

3.1 Ingram(1979)의 통합 교육과정

Ingram(1979)은 통합 교육과정을 교과 간 경계를 허물고, 다양한 학문 영역의 내용을 상호 연관시키는 접근법으로 정의했다. 이 접근법은 기존의 개별 교과 중심의 학습 방식에서 벗어나, 학문 간의 상호 연결성을 강화하여 학습자에게 보다 종합적이고 통합적인 학습 경험을 제공하는 것을 목표로 한다.

통합 교육과정의 핵심 특징으로 주제 중심(Theme-Based) 접근방법을 제안하고 있다. 주제 중심 접근은 특정 교과의 내용을 독립적으로 가르치는 방식이 아니라, 학생들이 학습할 수 있는 중요한 주제를 중심으로 학습 내용을 재구성하는 방식이다. 이러한 주제는 학생들의 학습 경험을 풍부하게 만들며, 여러 교과의 지식과 기술을 통합하는 역할을 한다.

예를 들어, "환경 보호"라는 주제를 선택한 경우, 과학에서는 생태계와 기후 변화를, 사회에서는 환경 정책과 윤리를, 수학에서는 데이터 분석을 통해 환경 문제를 탐구한다. 이처럼 주제는 교과 간의 관계를 유기적으로 연결하며, 학습자가 특정 교과의 관점에 제한되지 않고 종합적으로 학습할 수 있도록 설계된다.

Ingram은 주제를 선정할 때, 학생들이 흥미를 느끼고 관심을 가질 수 있는 것을 선택하는 것이 중요하다고 강조한다. 이는 단순히 지식 습득에 그치는 것이 아니라, 학습자의 태도, 가치관, 문제 해결 능력, 협업 기술 등 전반적인 역량을 향상시키는 데 중점을 두다 학생들이 주제에 몰입하며, 다양한 교과의 지식과 기술을 통합하여 학습할 수 있는 환경을 제공함으로써 창의적이고 실질적인 문제 해결 능력을 배양할 수 있다.

결론적으로, Ingram의 통합 교육과정은 주제 중심 접근을 통해 학습자들이 단순히 개별 교과 지식을 습득하는 것을 넘어, 다양한 교과 간의 관계를 이해하고 이를 통합적으로 활용할 수 있는 능력을 키우는 데 초점을 맞추고 있다. 이러한 접근은 학습자가 실생활 문제를 해결하는 데 필요한 종합적이고 창의적인 사고력을 기르는 데 기여하며, 교육 현장에서 점점 더 중요한 교육 패러다임으로 자리 잡고 있다.

〈표 4-1〉 가능한 대 주제들

주제	설명	인공지능 학습 요소
환경 보호	인공지능을 활용하여 쓰레기 분리 배출을 학습하고, 환경오염 문제를 해결하기 위한 창의적인 아이디어를 제시하는 활동. 예: AI로 재활용 분류 게임.	데이터 분류, 이미지 인식, 머신러닝 알고리즘의 기본 개념
동물 보호	인공지능으로 멸종 위기 동물의 데이터를 분석하거나 동물 서식지를 보호하는 방법을 탐구. 예: AI로 동물의 서식지 변화를 예측하는 간단한 프로젝트.	데이터 분석, 패턴 인식, 지도 학습의 기초
날씨 예측	AI를 사용해 기상 데이터를 분석하고 날씨를 예측하는 방법을 배우는 활동. 예: AI 모델을 통해 강우량이나 기온을 시뮬레이션.	데이터 시각화, 시간 데이터 처리, 예측 모델링
스마트 농업	농업에서 인공지능을 활용해 작물의 성장 상태를 분석하거나 자동 급수 시스템을 설계하는 활동. 예: AI로 식물의 건강 상태를 예측하는 간단한 프로그램.	센서 데이터 분석, 이미지 인식, 의사결정 알고리즘

주제	설명	인공지능 학습 요소
건강 관리	인공지능을 통해 심박수나 운동 데이터를 분석하여 건강을 관리하는 방법을 배우는 활동. AI로 하루 걸음 수를 예측하거나 운동 추천 알고리즘 만들기.	데이터 처리, 추천 시스템의 기본 개념, 통계적 분석
창의적 예술	AI를 활용해 그림 그리기, 음악 작곡 등 창의적 작업을 경험하는 활동. 예: AI 도구를 이용해 자신의 작품에 새로운 스타일 적용.	생성적 AI(GAN), 패턴 인식, 이미지/음악 생성
로봇 공학	간단한 AI 기술을 로봇에 적용해 움직임이나 특정 명령을 수행하도록 프로그래밍. 예: AI로 로봇이 장애물을 피해가는 시뮬레이션 설계.	경로 계획, 객체 인식, 제어 시스템 설계
도시 설계	AI를 사용해 스마트 시티를 설계하거나 교통 체증 문제를 해결하는 활동. 예: AI로 교통 데이터를 분석하고 효율적인 도로 구조 설계.	데이터 최적화, 예측 모델, 시뮬레이션
우주 탐사	AI 기술이 우주 탐사에 어떻게 활용되는지 탐구하고 간단한 데이터 분석을 배우는 활동. 예: AI로 행성 데이터를 분류하거나 우주선 경로 시뮬레이션.	데이터 군집화, 분류 알고리즘, 강화 학습의 기본 개념
게임 개발	인공지능을 이용해 간단한 게임 캐릭터의 동작이나 난이도를 조절하는 알고리즘을 설계하는 활동. 예: AI를 활용해 반응형 게임 캐릭터 만들기.	규칙 기반 시스템, 강화 학습, 유저 행동 예측

3.2 Jacobs(1989)의 통합 교육과정 설계 모형

Jacobs(1989)는 학문 간 연계와 통합의 정도에 따라 6가지의 통합 교육과정 설계 모형을 제시하며, 각각의 모형은 교육적 목적과 설계 방식에서 차이를 보인다. 이 모형들은 교과 간 경계를 허물거나 연계성을 강화하여 학습자에게 통합적이고 종합적인 학습 경험을 제공하려는 목표를 가지고 있다. 다음은 각 모형에 대한 상세 설명이다.

학문기초 내용 중심 설계 모형(Discipline-Based Content Design)은 가장 전통적이고 일반적인 통합 교육과정 설계 방식으로, 개별 학문에 초점을 맞추어 각 학문별로 독립적인 학습이 이루어지도록 설계된다. 학생들은 각 학문에서 제공하는 체계적인 지식과 기술을 습득할 수 있지만, 교과 간 연계성을 배우는 데에는 한계가 있다. 이 방식은 교사가 설계하고 실행하기 쉬우며, 깊이 있는 학문적 탐구가 가능하지만, 학문 간의 융합적 사고를 기르기에는 부족하다. 예를 들어, 수학 시간에는 방정식을 배우고, 과학 시간에는 화학 반응을 배우는 등 각 교과 내용을 분리하여 학습하는 방식이다. 이 모형은 여전히 가장 흔히 사용되는 설계 방식으로, 기존 교육과정에서의 체계적인 접근을 대표로 한다.

학문병렬 설계 모형(Parallel Discipline Designs)은 두 개 이상의 교과 단원을 동일한 시간에 배열하여 학습을 진행하는 방식이다. 예를 들어, 역사 시간에 산업혁명을 배우는 동안, 과학 시간에는 증기기관의 원리를 배우는 것이 학문 병렬 설계의 한 사례이다. 이 방식은 설계가 비교적 간단하며, 교사가 쉽게 실행할 수 있다는 장점이 있다. 학생들은 동일한 시기에 관련된 주제를 배우기 때문에 교과 간 간접적인 연결성을 느낄 수 있다. 그러나 교과 간의 유기적이고 체계적인 통합이 이루어지지 않는다는 한계가 있다. 이는 주제와 학문 간의 연계성이 부족하여 심층적인 융합적 사고를 기르기 어렵게 만들 수 있다.

다학문 보완적 단원 모형(Complementary Discipline Designs)은 특정 주제나 쟁점을 중심으로 여러 교과를 하나의 단원으로 묶는 방식이다. 예를 들어, “기후 변화”를 주제로 과학에서는 온실가스 배출과 환경 문제를 배우고, 사회에서는 환경 정책과 국제 협약을 학습하며, 수학에서는 기후 데이터 분석을 다루는 방식이다. 이 모형은 교과 간 연관성을 강조하며, 학습자가 복합적인 문제를 다각도로 탐구할 수 있는 기회를 제공한다. 그러나 이러한 설계는 교과 간 연관성이 명확해야만 가능하며, 실행 과정에서 교사 간의 협력이 필수적이다. 또한, 실제로 설계와 실행에 많은 노력이 요구된다는 단점이 있다.

간학문적 단원 모형(Interdisciplinary Units/Courses)은 기존 교육과정에서 문제, 주제, 개념을 추출하여 교과 간 연결을 시도하는 방식이다. 이 모형은 학생들에게 학문 간 경계를 허물고 통합적인 학습 경험을 제공한다. 예를 들어, "지속 가능한 에너지"라는 주제를 중심으로 과학, 기술, 사회적 관점을 통합하여 학습하는 방식이 이에 해당한다. 이 모형은 학습자에게 종합적이고 통합적인 인식론적 경험을 제공하며, 복합적인 문제 해결 능력을 키우는 데 효과적이다. 그러나 설계와 실행에는 많은 시간과 노력이 요구되며, 기존의 교육 체계와 조화를 이루기 위해 교사 간 협력이 필요하다.

통합 일 모형(Integrated-Day Mode)은 학생들의 흥미와 관심사를 중심으로 주제를 설정하고, 이에 맞추어 교육과정을 구성하는 방식이다. 예를 들어, "우리 동네 문제 해결"이라는 주제를 선택하고, 이를 기반으로 수학, 과학, 사회 등의 지식을 활용하여 실제 문제를 해결하는 학습이 이루어질 수 있다. 이 방식은 학생들의 흥미와 동기를 유발하는 데 매우 효과적이며, 학습자 중심의 자발적인 참여를 이끌어낸다. 그러나 이 방식은 학문적 기초 내용이나 필수 교육과정 내용을 충분히 다루지 못할 수 있는 한계를 가진다. 따라서 학습 목표와 성취도를 체계적으로 평가하기 어려운 점도 있다.

완전 프로그램 모형(Complete Program Design)은 통합 교육과정의 가장 심화된 형태로, 학문 간 경계를 완전히 허물고 학습자의 전인적 성장과 실질적인 문제 해결 능력을 함양하는 데 초점을 맞춘다. 이 모형은 단순히 학문을 결합하는 것을 넘어, 학습자의 창의적이고 비판적인 사고를 최대한 발휘할 수 있는 환경을 제공한다. 예를 들어, 프로젝트 기반 학습을 통해 "스마트 시티 설계"를 주제로 다양한 학문적 관점을 통합하여 해결책을 제안하도록 지도할 수 있다. 이 방식은 학습자의 전인적 성장에 기여하며, 창의성과 종합적 사고를 키우는 데 효과적이다. 그러나 실행에는 많은 자원과 시간이 필요하며, 기존의 교육 체계와의 조율이 어렵다는 점이 있다.

각 모형별로 인공지능과 과학교과의 융합 사례는 다음 〈표 4-2〉와 같다.

〈표 4-2〉 인공지능과 과학 교과 융합 사례

모형	인공지능과 과학 교과 융합 사례	설명
학문기초 내용 중심 설계 모형	AI를 활용한 과학 데이터 분석 학습	과학 수업에서 천체 데이터를 분석하는 활동에 AI 도구를 활용. 예를 들어, AI를 사용해 행성 궤도 데이터를 시각화하거나 패턴을 분석하는 방식
	AI로 별자리 관찰 데이터 분석	과학 시간에 별자리와 행성에 대해 배우고, AI 도구를 사용해 밤하늘 별자리 데이터를 분석
학문병렬 설계 모형	기상 데이터 예측과 AI 모델링 병렬 학습	과학 시간에는 기상 데이터를 수집하고 분석하는 법을 배우고, 정보 시간에는 AI 모델링을 통해 날씨를 예측하는 법을 학습. 두 과목이 시간적으로 병렬적으로 진행됨

모형	인공지능과 과학 교과 융합 사례	설명
다학문 보완적 단원 모형	환경 문제 해결을 위한 AI 모델 구축	"환경 보호" 주제를 중심으로 과학에서 오염 원인을 분석하고, AI를 통해 대기 질 예측 모델을 구축. 교과 간 연계성을 통해 복합적인 문제를 다각도로 탐구
간학문적 단원 모형	AI와 에너지 효율 최적화 프로젝트	"지속 가능한 에너지" 주제를 통해 과학 시간에는 태양광 발전의 원리를 배우고, AI 시간에는 발전소 효율 최적화를 위한 알고리즘을 설계하며 융합적인 학습을 진행
	식물 성장 조건 분석	과학에서 식물 생장 조건(빛, 물, 온도)을 배우고, AI로 식물 성장 데이터를 분석해 최적의 성장 환경을 설계하는 프로젝트
통합 일 모형	학생 관심 기반 AI 실험 프로젝트	학생의 흥미를 반영하여 "우주 탐사"를 주제로 AI를 활용한 로버 설계 및 화성 탐사 데이터 분석을 진행. 학생 주도형 학습 환경에서 교과 내용을 통합적으로 연결
	우주 탐사 프로젝트	학생들이 흥미를 갖는 "화성 탐사"를 주제로, 과학에서는 화성의 지질과 환경 조건을 배우고, AI로 로버의 경로를 설계하거나 탐사 데이터를 분석
완전 프로그램 모형	스마트 환경 도시 설계 프로젝트	학생들이 AI와 과학을 활용해 "스마트 시티 설계" 프로젝트를 수행. 대기 오염 데이터를 AI로 분석하고, 과학적 지식을 활용해 스마트 환경 기술을 설계. 전인적 학습 환경 제공

3.3 Drake(1993)의 통합 교육과정 설계 모형

Drake(1993)는 전통적인 교과 중심 교육과정을 넘어 학습자 중심의 통합 교육과정을 제안하며, 학습자가 실제 세계의 문제를 해결할 수 있는 능력을 기르는 데 초점을 두었다. 이를 위해 그는 다학문적

(Multidisciplinary), 간학문적(Interdisciplinary), 초학문적(Transdisciplinary) 접근 방법을 제시하며, 각각의 방식은 학문 간 통합의 정도와 학습 내용의 연결 방식에서 차이를 보인다.

간학문적 접근은 학문 간의 경계를 허물고, 공통된 주제나 문제를 중심으로 학문의 내용을 융합하는 방식이다. 이 접근은 학습자가 특정 주제를 중심으로 다양한 학문의 지식을 연결하여 문제를 통합적으로 탐구할 수 있도록 돕는다.

간학문적 접근의 주요 특징은 학문 간 융합이 이루어진다는 점이다. 학문적 경계를 넘어서는 학습을 통해 학습자는 종합적이고 통합적인 학습 경험을 할 수 있다. 학생들은 다양한 학문적 지식을 연결하여 전체적으로 이해하고, 복합적인 문제를 다각도로 탐구할 수 있다. 이러한 통합적 학습 경험은 창의적 사고와 문제 해결 능력을 배양하는 데 효과적이다.

그러나 설계와 실행에는 많은 시간과 노력이 필요하며, 교사 간 협력과 조정이 필수적이다. 또한 기존의 교육 체계와 조화를 이루기가 어렵다는 단점이 있다.

초학문적 접근은 학문 간 경계를 완전히 허물고, 학습자가 실질적인 문제를 중심으로 학습 내용을 구성하는 방식이다. 학습은 특정 학문의 틀에 얽매이지 않고, 현실 세계의 문제 해결에 필요한 모든 지식을 활용하여 이루어진다.

초학문적 접근의 주요 특징은 학습자가 실제 문제를 해결하는 데 초점을 맞추며, 학문적 틀을 넘어서 학습이 이루어진다는 점이다. 이 접근은 학습자가 실생활의 문제를 해결하며 창의적이고 비판적인 사고를 기를 수 있는 환경을 제공한다. 학습 내용은 현실 문제와 밀접하게 연결되어 있어 학생들의 학습 동기를 크게 향상시킬 수 있다.

그러나 설계와 실행에는 많은 자원과 시간이 필요하며, 학습 성과를 평가하는 기준이 모호할 수 있다. 또한 기존 교육 체계와 조화를 이루기가 어렵다는 한계가 있다.

인공지능(AI)을 활용한 수학 교과 융합은 다학문적 접근, 간학문적 접근, 초학문적 접근의 세 가지 방식으로 나뉘며, 각각 학문 간 연결과 통합의 깊이에 따라 구체적인 사례를 통해 실현될 수 있다. 아래는 각 접근법과 이를 적용한 구체적인 사례를 설명한다.

먼저 다학문적 접근(Multidisciplinary Approach)은 수학과 인공지능을 독립적으로 학습하면서, 공통된 주제를 중심으로 서로 연관성을 가지는 방식이다. 각 학문은 고유의 학문적 틀과 내용을 유지하지만, 동일한 주제를 공유하여 학생들이 다양한 관점에서 주제를 학습할 수 있도록 한다. 예를 들어, 학생들은 수학 시간에 기온 데이터를 분석하고 그래프로 시각화하는 법을 배우고, AI 도구를 사용해 기온 데이터를 분류하고 자동으로 시각화하는 활동을 진행한다. 이 과정에서 두 교과는 서로 독립적으로 진행되지만, 동일한 데이터를 활용하므로 학생들은 각 학문의 관점을 비교하며 학습할 수 있다.

이 접근법은 설계와 실행이 비교적 용이하며, 교과 간 연결성을 제공하지만, 학문 간의 융합은 이루어지지 않는다는 한계가 있다.

두 번째, 간학문적 접근(Interdisciplinary Approach)은 수학과 AI의 내용을 융합하여 학문 간 경계를 허물고 통합적으로 학습을 진행하는 방식이다. 학생들은 특정 문제를 중심으로 다양한 학문의 지식을 연결하여 실질적인 해결 방안을 모색한다.

예를 들어, 학생들이 교통 체증을 줄이기 위한 최적의 경로를 설계하는 프로젝트를 수행한다고 가정해 봅시다. 이 과정에서 학생들은 수학 시간에 최단 경로 알고리즘을 배우고, AI 시간에는 교통 데이터를 분석하는 방법을 학습하며, 이를 결합하여 효율적인 교통 경로를 설계한다. 이처럼 간학문적 접근은 학문 간 융합을 통해 창의적이고 종합적인 문제 해결 능력을 배양하는 데 효과적이다.

이 방식은 학문 간 관계를 이해하고 통합적 사고를 기르기 위한 강력한 도구이지만, 설계와 실행에 많은 시간과 노력이 필요하며 교사 간 협력이 필수적이다.

마지막으로 초학문적 접근(Transdisciplinary Approach)은 학문적 경계를 완전히 허물고, 현실 세계의 문제 해결을 중심으로 학습하는 방식이다. 학습자는 특정 학문의 틀에 얽매이지 않고, 실제 문제를 해결하는 데 필요한 모든 지식을 활용하며, 학습 과정은 현실 세계와 밀접하게 연결된다.

예를 들어, 학생들이 스마트 농업 프로젝트를 수행한다고 가정한다. 이 과정에서 학생들은 수학 공식을 활용해 작물 성장 데이터를 분석하고, AI 기술을 사용해 미래의 수확량을 예측하며, 이를 통해 농업 효율성을 높이는 해결 방안을 제안한다. 이러한 학습은 학문적 틀을 넘어 실생활 문제를 중심으로 이루어지며, 학생들의 창의성과 비판적 사고를 기르는 데 매우 효과적이다.

초학문적 접근은 학습자가 실제 문제를 해결하며 전인적인 성장을 경험할 수 있는 학습 환경을 제공하지만, 설계와 실행에 많은 자원이 필요하며 평가 기준이 모호할 수 있다는 한계가 있다.

이 세 가지 접근법은 인공지능과 수학 교과를 융합하여 학습자의 창의적 사고와 문제 해결 능력을 배양하는 데 중요한 역할을 한다.

다학문적 접근은 교과 간 연결성을 강조하면서 독립적 학습을 지원하며, 간학문적 접근은 학문 간 융합을 통해 통합적 사고를 촉진한다. 초학문적 접근은 학문적 경계를 넘어서 현실 세계 문제를 중심으로 학습을 진행하여 학생들에게 전인적인 학습 경험을 제공한다. 이러한 융합 학습은 수학 교과와 AI 기술을 결합하여 학생들이 미래 사회가 요구하는 역량을 갖추도록 돕는 데 유용한 도구로 작용한다.

3.4 Fogarty(1991)의 통합 교육과정 설계 모형

Fogarty(1991)는 교육과정을 통합적으로 설계하기 위한 10가지 방식을 제시하며, 이를 학문 내 통합, 학문 간 통합, 학습자 내부 통합의 세 가지 범주로 구분했다. 이 모델은 교과 간 연계와 학습자의 흥미, 실생활 연계성을 고려하여 학습자 중심의 통합적 교육과정을 설계하는 데 중요한 틀을 제공한다. 아래는 각각의 통합 방식에 대한 설명과 인공지능(AI)과 사회 교과를 융합한 사례를 포함한 예시이다.

학문 내 통합(Intradisciplinary Integration)은 단일 교과 내에서 학습 내용을 통합적으로 설계하는 방식이다. 이는 전통적인 교과 중심 학습을 기반으로 하며, 분절형(Frogmented), 연결형(Connected), 동심원형(Nested)의 세 가지 방식으로 구분된다.

분절형(Frogmented)은 교과 간 연계 없이 각 교과를 독립적으로 학습하는 방식으로, 전통적인 단일 교과 중심 교육에 해당한다. AI와 사회 교과 사례는 사회 시간에는 “산업혁명”의 역사적 배경과 사회적 영향을 학습하고, AI 시간에는 산업혁명 이후의 데이터 분석 기술 발전을 배우지만, 두 수업이 서로 연결되지 않는다는 것이다.

연결형(Connected)은 교과를 분리하여 가르치되, 특정 주제나 개념을 연계하여 학습한다. 교사는 교과 간 유사성을 강조하며 공통 주제를 연결한다. AI와 사회 교과 사례는 사회 시간에 "산업혁명의 경제적 변화"를 학습하고, AI 시간에 "산업혁명 당시 경제 데이터를 분석하고 시각화"하는 수업을 진행하여 주제를 연계하는 것이다.

동심원형(Nested)은 특정 주제를 중심으로 교과 내용을 점진적으로 확대하며 통합적으로 학습한다. AI와 사회 교과 사례는 "미래 도시 설계"라는 주제를 중심으로, 사회 시간에는 스마트 도시의 사회적 필요성을 학습하고, AI 시간에는 도시 설계에 필요한 데이터를 분석하는 방법을 배우며 주제를 중심으로 통합적인 학습을 진행한다.

학문 간 통합(Interdisciplinary Integration)은 여러 교과 간 연계를 강화하여 학습자가 통합적인 관점에서 문제를 탐구하도록 돕는 방식이다. 이는 순차형(Sequenced), 공유형(Shared), 웹형(Webbed), 실로꿴형(Threaded), 통합형(Integrated)의 다섯 가지 방식으로 나뉜다.

순차형(Sequenced)은 유사한 주제나 내용을 계열성 있게 재배치하여 교과 간 연속성을 부여한다. AI와 사회 교과 사례: 사회 시간에 "스마트 시티 정책"을 배우고, 이후 AI 시간에 스마트 시티 운영 데이터를 분석하는 수업을 순차적으로 진행하여 교과 간 연결성을 제공한다.

공유형(Shared)은 두 개의 교과에서 중복되는 개념, 기능, 태도 등을 중심으로 학습을 통합한다. AI와 사회 교과 사례: 사회 시간에 "대중교통 시스템의 중요성"을 배우고, AI 시간에 "대중교통 데이터 분석을 통한 효율성 제고"를 학습하며, 공통된 주제를 중심으로 학습한다.

웹형(Webbed)은 특정 주제를 중심으로 다양한 교과 내용을 통합한다. AI와 사회 교과 사례는 "기후 변화"를 주제로, 사회 시간에는 환경 정책을 학습하고, AI 시간에는 기후 데이터 분석 및 시각화 기법을 배우며, 동일 주제를 다각적으로 탐구.

쓰레드형(Threaded)은 특정 개념, 주제, 또는 지식을 모든 교과에 걸쳐 지속적으로 다룬다. AI와 사회 교과 사례: "의사결정 과정"이라는 개념을 사회와 AI 교과에서 반복적으로 다루며, 사회 시간에는 정책 결정 과정을 학습하고, AI 시간에는 데이터 기반 의사결정 모델을 설계한다.

통합형(Integrated)은 세 개 이상의 교과에서 공통된 개념, 기능, 태도 등을 중심으로 학습을 조직한다. AI와 사회 교과 사례: "스마트 시티 설계"라는 프로젝트를 통해 사회 시간에 정책과 법규를 배우고, AI 시간에 데이터 분석 및 모델링을 학습하며, 과학 시간에 에너지 효율 기술을 탐구하는 통합적 학습을 진행한다.

학습자 내부 통합(Transdisciplinary Integration)은 학습자의 관심과 흥미를 중심으로 교과를 통합하거나, 학습자가 주도적으로 학습을 조직하는 방식이다. 몰입형(Immersed)과 네트워크형(Networked) 두 가지 방식으로 구분된다.

몰입형(Immersed)은 학습자의 관심과 흥미를 중심으로 교과 지식을 통합하는 방식이다. AI와 사회 교과 사례: 학생이 "AI를 활용한 역사 데이터 분석"에 관심이 있을 경우, 사회 교과에서 산업혁명의 사회적 영향을 학습하고, AI 교과에서는 역사적 데이터를 활용해 시각화하는 프로젝트를 진행한다.

네트워크형(Networked)은 학습자가 특정 주제를 중심으로 다양한 영역의 전문가들과 네트워킹하며 통합적인 학습을 이끌어가는 방식이다. AI와 사회 교과 사례는 "기후 변화 대응 정책"을 주제로, 학생이

AI 전문가, 환경학자, 정책 입안자와 협력하여 데이터 분석과 정책 제안을 포함한 프로젝트를 진행한다.

포가티의 통합 교육과정 모델은 학습자 중심으로 설계된 다양한 통합 방식을 통해 교과 간 연계성과 실생활 문제 해결 능력을 배양하는 데 중점을 둔다. 학문 내 통합은 단일 교과 내에서 통합을 시도하며, 학문 간 통합은 여러 교과의 연계성을 강화하여 통합적 사고를 기르도록 돕는다. 학습자 내부 통합은 학습자의 흥미와 주도성을 기반으로 실질적인 문제 해결 능력을 키운다. 인공지능과 사회 교과를 융합한 다양한 사례를 통해 학생들은 데이터 분석, 정책 설계, 문제 해결 능력을 통합적으로 학습하며 미래 사회에 필요한 역량을 배양할 수 있다.

아래 〈표 4-3〉은 포가티의 각 통합 모형을 기반으로, 초등학교 교과와 인공지능(AI)을 융합한 구체적인 사례를 제시하며, 학생들에게 창의적이고 통합적인 학습 경험을 제공하는 데 중점을 둔다.

〈표 4-3〉 포가티의 각 통합 모형 예제들

	초등학교 교과	AI와 통합 사례	설명
분절형 (Frogmented)	사회	사회 시간에 교통수단의 발전을 배우고, AI 시간에는 자율주행 기술에 사용되는 알고리즘을 학습.	두 교과가 독립적으로 진행되며, 서로 연계되지 않음.
연결형 (Connected)	과학	과학 시간에 날씨 변화의 원리를 배우고, AI 시간에는 기온 데이터를 시각화하거나 예측 모델을 학습.	주제(날씨 변화)를 중심으로 각 교과의 내용을 연결하여 가르침.
동심원형 (Nested)	국어, 사회	“환경 보호”라는 주제를 중심으로, 국어 시간에 환경 관련 글	특정 주제를 중심으로 교과 내용을 점진

	초등학교 교과	AI와 통합 사례	설명
		쓰기 활동, 사회 시간에 환경 정책 학습, AI 시간에 대기오염 데이터 분석 수행.	적으로 확대하여 통합적으로 학습.
순차형 (Sequenced)	과학, 수학	과학 시간에 태양광 발전의 원리를 배우고, 수학 시간에 태양광 에너지 데이터를 분석하며, AI 시간에 에너지 효율성을 예측하는 모델을 학습.	유사한 주제를 교과 간 순차적으로 학습하여 자연스럽게 연결.
공유형 (Shared)	미술, 과학	미술 시간에 생태계를 그리는 활동을 하고, AI 시간에 생태계 변화 데이터를 시각화하는 법을 학습.	공통된 주제(생태계)를 중심으로 두 교과의 내용을 통합.
웹형 (Webbed)	과학, 사회, 수학	"기후 변화"라는 주제를 중심으로, 과학에서 온실가스를 학습하고, 사회에서 기후 변화 대응 정책을 배우며, 수학에서 관련 데이터를 분석 및 그래프화.	특정 주제를 중심으로 여러 교과 내용을 통합하여 다각적으로 학습.
실로꿴형 (Threaded)	국어, 사회, AI	"비판적 사고"라는 역량을 모든 교과에 적용. 국어 시간에는 논증적 글쓰기, 사회 시간에는 정책 분석, AI 시간에는 데이터 기반의 의사결정 모델을 학습.	공통된 개념(비판적 사고)을 모든 교과에 걸쳐 다루어 연계.
통합형 (Integrated)	과학, 사회, 수학	"스마트 도시 설계" 프로젝트로, 과학 시간에 에너지 기술 학습, 사회 시간에 도시 정책 설계, 수학 시간에 데이터 분석, AI 시간에 데이터 시뮬레이션 수행.	세 개 이상의 교과에서 공통된 주제를 중심으로 학습 내용 통합.
몰입형 (Immersed)	국어, 과학, AI	학생의 흥미에 따라 "우주 탐사" 주제 선택. 국어 시간에 우주 관련 글쓰기, 과학 시간에 행성 탐사 원리 학습, AI 시간	학생의 관심과 흥미를 중심으로 교과 지식을 통합.

	초등학교 교과	AI와 통합 사례	설명
		에 데이터 분석을 통해 탐사 경로 설계.	
네트워크형 (Networked)	사회, AI	"스마트 농업" 프로젝트를 위해, 학생이 AI 전문가와 농업 기술자를 연결하고, AI로 농업 데이터를 분석하며, 사회적 영향을 고려한 해결책 제안.	학생이 다양한 전문가들과 네트워크를 형성하며 프로젝트를 중심으로 학습을 통합.

3.5 Harden(2000)의 통합 사다리 방법

Harden(2000)은 통합 교육과정의 발전 단계를 사다리 형식으로 제시하며, 통합의 정도에 따라 11개의 단계로 구분했다. 이 접근법은 가장 낮은 단계인 고립(Isolation)에서 시작하여, 가장 높은 단계인 초학문적(Transdisciplinary) 단계로 나아가며, 각 단계는 점진적으로 높은 수준의 융합을 의미한다. 통합 사다리는 교과 간 상호작용과 융합의 수준을 단계별로 명확히 정의하여, 통합 교육과정 설계 및 실행의 이론적 틀을 제공한다.

고립(Isolation) 단계에서는 가장 낮은 수준의 통합으로, 각 교과가 독립적으로 운영된다. 교과 간 상호작용이나 연계는 전혀 이루어지지 않는, 전통적인 단일 교과 중심 교육 방식에 해당한다. 과학 시간에 태양의 에너지를 배우고, 수학 시간에는 도형 학습을 진행하지만, 두 교과는 연계되지 않는다.

인식(Awareness) 단계에서는 각 교과에서 다른 교과의 존재를 인식하고 이를 학습 활동에서 언급하거나 간접적으로 다룬다. 교과 간의 상호작용은 없지만, 연계 가능성을 학습자에게 인식시킨다. 과학 시간에 태양 에너지의 활용을 배우면서 "이 데이터를 수학적으로 분석할 수 있다"는 식으로 다른 교과를 언급한다.

조화(Harmonization) 단계에서는 교사 간 협의를 통해 교과 내용을 적절히 조정하여, 서로 충돌하지 않고 조화를 이루도록 설계한다. 교과는 독립적으로 진행되지만, 내용의 중복이나 충돌을 피하기 위한 조정이 이루어진다. 수학 시간에 도형 학습을 하면서, 과학 시간의 광학에서 다루는 거울과 렌즈 설계를 조정한다.

내재(Nesting) 단계에서는 한 교과 내에서 다른 교과의 개념이나 내용을 통합하여 학습한다. 단일 교과 내에서 다른 교과의 개념을 내재적으로 학습한다. 과학 시간에 태양광 발전을 배우면서, 관련 수학적 개념(에너지 효율 계산)을 함께 학습한다.

일시적 조정(Temporal Coordination) 단계에서는 두 교과의 내용을 동일한 시간적 틀 내에서 진행하도록 조정한다. 교과는 독립적으로 진행되지만, 시기의 조정을 통해 학습자가 관련성을 느낄 수 있다. 수학 시간에 기온 데이터를 분석하는 시점에, 과학 시간에 날씨 변화를 학습한다.

공유(Sharing) 단계에서는 두 교과에서 공통의 주제를 공유하여 학습한다. 교사 간 협의를 통해 공통된 주제를 선정하고, 해당 주제를 중심으로 각각 독립적인 활동을 진행한다. 과학 시간에 태양광 기술을 배우고, AI 시간에 관련 데이터를 분석 및 그래프로 표현한다.

상관(Correlation) 단계에서는 두 교과 간의 내용을 상호 연계하여 학습자가 관계를 인식하도록 유도한다. 교과 간 연결성이 강조되며, 서로 보완적으로 설계한다. 과학 시간에 온실가스 배출을 배우고, AI 시간에 온실가스 배출 데이터를 분석한다.

보완(Complementary) 단계에서는 하나의 교과에서 학습한 내용을 다른 교과에서 확장하여 다룬다. 하나의 교과에서 학습한 지식을 보완적으로 연결하여 심화 학습한다. 과학 시간에 전기 회로를 배우고, AI 시간에 전기 소비 데이터를 분석하여 효율적인 설계 방안을 도출한다.

다학문(Multidisciplinary) 단계에서는 여러 교과의 내용을 공통 주제를 중심으로 독립적으로 다루되, 하나의 통합된 학습 경험을 제공한다. 각 교과가 독립성을 유지하면서도 동일한 주제를 공유한다. "스마트 농업" 주제를 중심으로, 과학 시간에 농업 기술을 배우고, 수학 시간에 데이터 분석, AI 시간에 작물 성장 예측 모델 설계를 한다.

학제(Interdisciplinary) 단계에서는 교과 간의 경계를 허물고, 통합적인 학습 경험을 제공한다. 주제를 중심으로 교과 내용이 융합되어 학습한다. "스마트 시티 설계" 프로젝트에서 과학, 사회, 수학, AI 교과를 통합적으로 연결하여 문제 해결을 한다.

탈학문(Transdisciplinary) 단계에서는 교과 간 경계를 완전히 허물고, 현실 세계의 문제 해결을 중심으로 학습한다. 학문적 틀을 초월하여 학생들이 실제 문제를 해결하도록 설계한다. 학생들이 "기후 변화 대응 정책" 프로젝트를 수행하며, 전문가와 협력하여 AI 기술로 데이터를 분석하고, 사회적, 과학적, 경제적 접근을 통합하여 해결책을 제안한다.

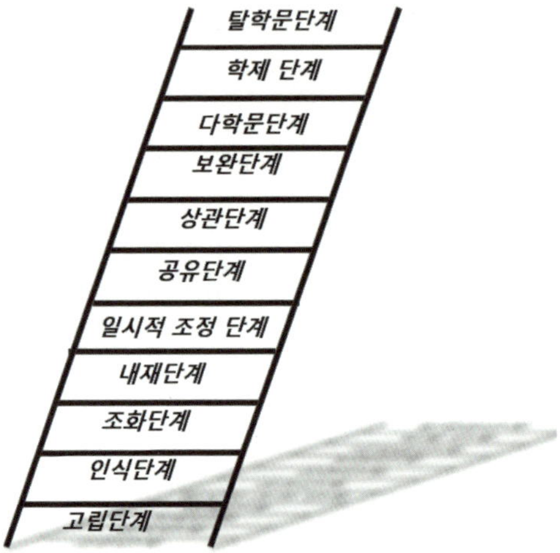

[그림 4-2] Harden의 통합 사다리(Harden, 2000)

Harden의 통합 사다리는 고립(Isolation)에서 시작해 탈학문(Transdisciplinary) 단계로 나아가며, 단계가 높아질수록 교과 간 융합의 깊이가 심화된다. 이 모델은 교육과정 설계에서 교과 간 상호작용과 융합의 수준을 체계적으로 이해하고, 학습자의 창의적 사고와 문제 해결 능력을 배양하는 데 중요한 가이드를 제공한다. 특히 인공지능과 사회 교과를 포함한 다양한 교과를 통합하여, 실질적이고 의미 있는 학습 경험을 제공할 수 있는 방향을 제시한다.

4. 인공지능 교과 융합 모델

4.1. 개요

미래 사회는 기술과 정보가 중심이 되는 4차 산업혁명 시대에 접어

들면서 창의적이고 융합적인 사고를 갖춘 인재를 필요로 하고 있다. 이러한 시대적 요구를 반영하여, 인공지능(AI) 기술을 각 교과와 융합하는 교육 모델이 주목받고 있다. 이 융합의 목적은 학생들이 교과 내용을 보다 쉽게 이해하도록 돕는 동시에 인공지능 기술을 함께 학습할 수 있도록 하는 데 있다. AI 융합 교육은 교과 지식과 기술을 통합하여 학습자에게 창의적 문제 해결 능력과 실질적인 기술 활용 능력을 배양하는 것을 목표로 한다.

인공지능은 크게 두 가지 방식으로 작동한다. 첫 번째는 규칙 기반 학습으로, 특정 영역에서 명확한 규칙을 찾아 그 규칙에 따라 인공지능을 설계하는 방식이다. 이러한 방식은 물리학 법칙처럼 규칙이 명확하게 정의된 영역에서 주로 사용된다. 예를 들어, 뉴턴의 운동 법칙을 기반으로 물체의 움직임을 예측하는 AI 프로그램을 설계할 수 있다. 규칙 기반 학습은 명확하고 정확한 결과를 제공하지만, 모든 영역에서 규칙을 정의할 수 있는 것은 아니다.

두 번째 방식은 데이터 기반 학습으로, 규칙을 찾기 어려운 경우에 데이터를 학습시켜 비슷한 패턴을 찾아내는 것이다. 이 방식은 복잡한 문제를 해결하는 데 적합하며, 데이터가 많을수록 정확도가 높아진다. 얼굴 인식 기술이나 날씨 예측 모델처럼 많은 데이터를 기반으로 유사한 결과를 도출하는 AI 기술이 이에 해당한다. 데이터 기반 학습은 규칙이 정의되지 않는 영역에서 강력한 도구로 작용하며, 현실 세계의 다양한 문제를 해결하는 데 유용하다.

AI와 교과를 융합하는 교육 모델은 크게 규칙 기반 학습과 데이터 기반 학습의 두 가지 방식으로 나뉜다. 규칙 기반 학습은 교과에서 명확한 규칙을 발견하고 이를 AI 기술과 연계하여 학습하는 방식이다. 예를 들어, 수학에서 함수의 규칙을 이해하고, AI 도구를 활용해 함수의 그래프를 자동으로 생성하거나 분석하는 활동이 해당한다. 이 방식은 학생들이 교과의 기초 개념과 원리를 심도 있게 이해하는 데 도움을 준다.

반면, 데이터 기반 학습은 교과 내용에서 규칙을 찾기 어려운 경우에 적용된다. 이 방식에서는 데이터를 활용하여 교과 내용을 시각화하거나 패턴을 분석한다. 예를 들어, 사회 교과에서 인구 변화 데이터를 AI로 분석하여 미래 인구 구조를 예측하거나, 과학 교과에서 생물종 분포 데이터를 AI를 통해 시각화하여 환경 변화의 영향을 이해하는 활동이 가능하다. 데이터 기반 학습은 복잡한 문제를 해결하고 현실 세계의 데이터를 활용하는 능력을 학생들에게 제공한다.

AI와 교과 융합 교육은 단순히 교과 지식을 전달하는 데 그치지 않고, 학생들이 교과 내용을 기반으로 새로운 방식으로 사고하고 문제를 해결하는 역량을 키우는 데 초점을 둔다. 이를 통해 학생들은 교과 내용의 심화 학습뿐만 아니라 AI 기술의 원리를 배우고, 창의적 문제 해결 능력을 기를 수 있다.

결론적으로, AI 기술과 교과 융합은 미래 사회에서 요구하는 융합적 사고와 창의적 문제 해결 능력을 배양하는 데 중요한 교육적 접근이다. 규칙 기반 학습은 학생들에게 교과의 기초 원리를 심화하는 데 도움을 주고, 데이터 기반 학습은 현실 문제 해결 능력을 강화하는 역할을 한다. 이러한 융합 교육 모델은 학생들에게 실질적이고 미래 지향적인 학습 경험을 제공하며, 디지털 시대가 요구하는 핵심 역량을 함양하는 데 기여한다.

교과 내용에서 규칙을 찾지 못할 경우에 인공지능 도구를 이용하여 교과와 융합하는 모델은 [그림 4-3]과 같이 도식화할 수 있다. 교과 내용에서 규칙을 찾지 못할 경우에는 인공지능 모델을 적용하여 분류하는 규칙 등을 자동으로 만들어 준다. 이렇게 찾은 규칙을 기반으로 소프트웨어 기능을 추가하면 좋은 융합 모델을 만들 수 있다.

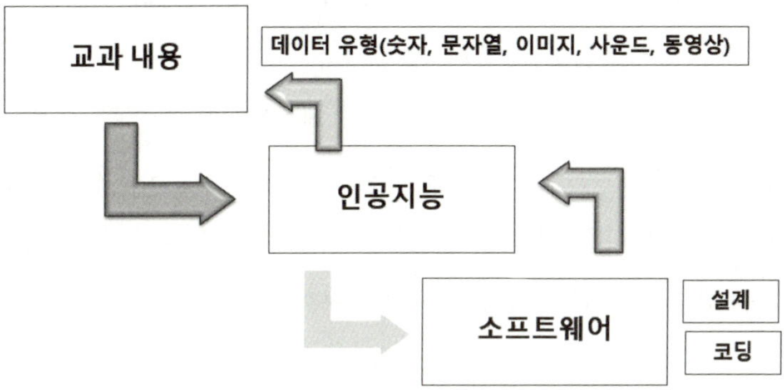

[그림 4-3] 교과 내용과 인공지능 및 소프트웨어와의 관계

교과 내용에서 규칙을 찾을 경우에는 Computing 도구(디지털 도구 및 프로그래밍 도구)를 이용하여 교과와 융합하는 모델은 [그림 4-4]와 같이 도식화할 수 있다.

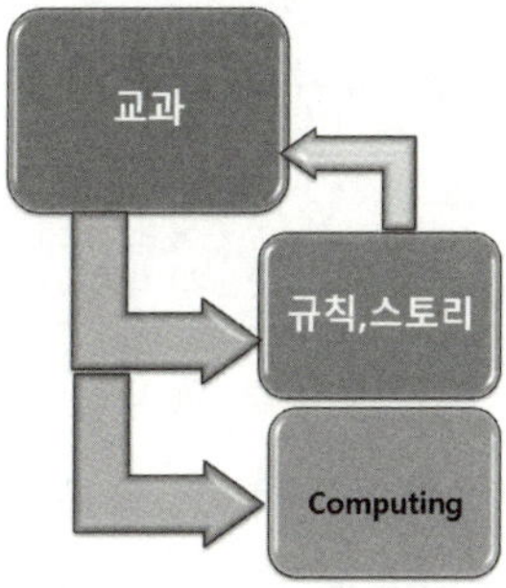

[그림 4-4] 교과 내용과 소프트웨어와의 관계

4.2. 모형

인공지능 교과 융합 모델은 사용하는 데이터의 종류와 인공지능 도구를 선택하는 방식에 따라 네 가지로 분류된다. 각 모델은 데이터의 복잡성, 도구 활용 수준, 그리고 인공지능 기술에 대한 이해도를 기준으로 설계되며, 교육 목적과 학습자의 수준에 따라 적용 가능하다. 아래는 각 모델의 상세한 설명이다.

기본 모델(Basic Model)은 교과에서 제공되는 데이터를 사용하고, 이미 만들어진 인공지능 도구를 활용하는 방식이다. 이 모델은 에듀테크 기업이나 다른 기관에서 제공하는 AI 도구를 사용하며, 복잡한 AI 기술 없이도 손쉽게 학습 활동에 적용할 수 있다. 특징으로는 교사가 준비된 데이터를 사용하므로 데이터 준비 과정이 필요하지 않고, 에듀테크 기업에서 개발한 AI 도구를 활용하여 학생들이 간단히 AI 기술을 체험할 수 있고, 학생들은 AI 기술을 간접적으로 경험하며, 교과 내용 학습에 집중할 수 있다. 수학에서는 학생들이 기하학 도형을 학습하면서, AI 도구를 사용해 도형의 성질을 자동으로 분석하고, 사회에서는 세계 인구 분포 데이터를 활용해 AI 시각화 도구로 인구 데이터를 이해한다. 이 모형에는 적합 대상은 AI 기술에 익숙하지 않은 학습자나 복잡한 기술 없이도 교과 융합 학습을 구현하고자 하는 교사들에게 접합하다.

응용 모델(Application Model)은 실생활에서 얻은 실제 데이터를 사용하며, 이미 만들어진 AI 도구를 활용하는 방식이다. 실제 데이터를 AI 도구에 적용함으로써, 학생들은 교과 지식을 실생활과 연결하는 경험을 하게 된다. 특징으로는 실생활 데이터(기상 정보, 지역 교통 데이터 등)를 활용하여 현실과 연결된 학습 경험을 제공한다. 데이터의 복잡성은 있으나, AI 도구를 활용하므로 기술적 진입 장벽이 낮다. 교과 내용과 실제 사례를 연결하여 학습의 흥미와 효과를 높일 수 있다. 과학에서는 지역의 날씨 데이터를 수집하여 AI 도구로 기후 패턴을 분석하고 예측하고, 사회에서는 도시 교통 데이터를 사용해 AI 시뮬레이션으로 교통 체증 완화 방안을 탐구하는 것이다. 적합 대상은 실생활 데이터를 학습에 연결하고자 하는 학습하는 자와 현실 문제를 탐구하고자 하는 교사와 학생들에게 정합한다.

심화 응용 모델(Deep Application Model)은 실생활 데이터를 활용하되, AI 도구를 직접 설계하여 사용하는 모델이다. 이 모델은 프로그래밍 및 AI 라이브러리를 활용하거나, 도구 제작 도구를 사용하여 AI 시스템을 직접 개발하는 것을 포함한다. 특징으로는 학습자가 직접 코딩하거나, AI 개발 도구를 사용하여 시스템을 설계한다. 인공지능 기술에 대한 깊은 이해가 필요하다. 교과 내용과 AI 기술을 통합하며, 학습자가 창의적이고 주도적으로 참여해야 한다. 수학에서는 Python 프로그래밍과 AI 라이브러리를 활용해 함수의 그래프를 분석하는 알고리즘 설계한다. 과학에서는 학생들이 환경 센서 데이터를 분석하는 AI 모델을 직접 개발해 대기 질 변화를 예측한다. 적합 대상자는 AI 프로그래밍과 도구 제작에 관심이 있는 고급 학습자와 창의적이고 실질적인 AI 기술 학습을 목표로 하는 학생들이다.

전문가 모델(Expert Model)은 필요한 데이터를 학습자가 직접 생성하며, 사물인터넷(IoT) 등을 연계해 AI 시스템을 구축하는 고급 모델이다. 웹이나 앱에서 데이터를 수집하거나, 센서를 활용해 데이터를 생성하고 이를 AI에 적용하여 문제를 해결한다. 특징은 학습자가 데이터 생성부터 AI 모델 설계, 구현까지 모든 단계를 수행하고, IoT, 데이터 수집 기술, AI 프로그래밍 등 고급 기술이 필요하고, 실질적인 문제 해결과 AI 기술의 창의적 활용을 극대화한다. 과학에서는 센서를 사용해 실시간 온도 데이터를 수집하고, AI 모델을 통해 에너지 효율을 분석한다. 사회에서는 온라인 설문 데이터를 수집하여, AI를 통해 지역 사회 문제를 분석하고 해결책을 제안한다. 적합 대상자는 AI와 IoT 기술을 심도 있게 학습하고자 하는 고급 학습자이며, 창의적이고 전문적인 AI 활용을 목표로 하는 학습 환경을 제공해야 한다.

5. 기본 모델(Basic Model)

5.1. 개념

인공지능 교과 융합 모델의 기본 모델은 다음 [그림 4-5]와 같다.

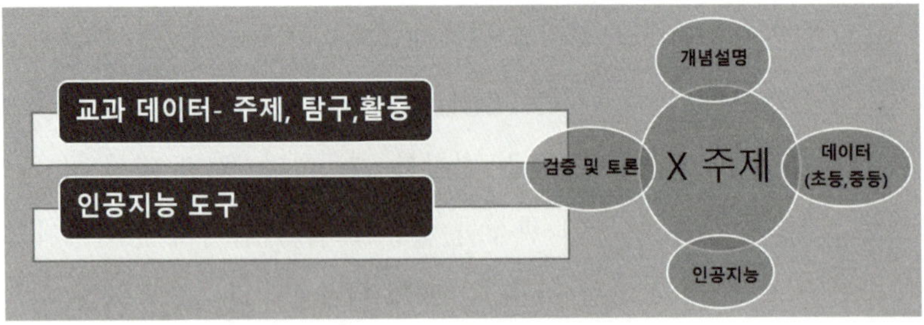

[그림 4-5] 기본 모델

인공지능 교과 융합 모델 중 기본 모델은 교과서나 교과 내용에서 제공되는 데이터를 기반으로 이미 개발된 인공지능 도구를 활용하는 방식이다. 이 모델은 교사와 학생들이 복잡한 인공지능 기술을 배우지 않아도 손쉽게 사용할 수 있는 도구를 통해 학습 목표를 달성할 수 있도록 설계되었다. 기본 모델은 간단하면서도 실질적인 학습 효과를 제공하며, 교과 내용을 이해하는 데 초점을 맞춘다.

이 모델에서 활용되는 데이터는 주로 교과서와 교과 내용에서 제공되는 예제 데이터로 구성된다. 이러한 데이터는 교과의 성취 기준을 기반으로 만들어졌으며, 학습자가 교과 개념을 쉽게 이해할 수 있도록 설계되었다. 예를 들어, 수학 교과에서는 함수의 그래프를 설명하기 위한 좌표 데이터, 과학 교과에서는 지구 온난화를 설명하기 위한 온도 상승 데이터, 사회 교과에서는 인구 변화를 나타내는 데이터, 그리고 국어와 영어에서는 텍스트 분석을 위한 문학 작품이나 문법 설명 텍스트 데이터 등이 사용된다.

기본 모델에서 사용되는 인공지능 도구는 에듀테크 기업이나 공공기관이 개발한 도구로, 사용자가 손쉽게 데이터를 분석하거나 시뮬레이션할 수 있도록 설계되어 있다. 이러한 도구들은 데이터 분석, 시각화, 시뮬레이션 등 다양한 기능을 제공하며, 도구마다 제공되는 기능의 유연성이 다를 수 있다. 예를 들어, 수학 교과에서는 그래프를 자동으로 생성하고 분석할 수 있는 AI 도구를 활용할 수 있고, 과학 교과에서는 온도 변화 데이터를 분석해 시뮬레이션하는 도구를 사용할 수 있다. 사회 교과에서는 인구 변화 데이터를 시각화하는 AI 도구가 유용하며, 국어와 영어 교과에서는 텍스트 분석 도구를 통해 문장 구조를 분석하거나 단어 빈도를 확인할 수 있다.

기본 모델의 가장 큰 장점은 데이터와 도구가 이미 준비되어 있어 복잡한 기술적 지식 없이도 간단히 사용할 수 있다는 점이다. 교사와 학생들은 별도의 기술 학습 과정 없이도 도구를 통해 데이터를 분석하고, 이를 기반으로 교과 내용을 심도 있게 학습할 수 있다. 또한 이 모델은 다양한 교과에 적용 가능하며, 사용 목적과 학습 목표에 따라 도구와 데이터를 적절히 조합하여 활용할 수 있다.

그러나 기본 모델은 사용되는 데이터와 도구의 유연성이 제한될 수 있다는 한계를 가진다. 준비된 데이터는 주로 교과 개념을 설명하기 위해 설계된 단순한 예제이기 때문에 복잡한 문제를 해결하거나 심화된 학습을 진행하기에는 한계가 있을 수 있다. 또한, 도구의 기능은 제작 기관에 따라 다양하며, 특정 교과에만 적합한 경우도 있을 수 있다. 따라서 교사와 학생들은 학습 목표에 맞는 도구와 데이터를 신중히 선택해야 한다.

결론적으로, 기본 모델은 인공지능 교과 융합 모델 중 가장 단순하면서도 효과적으로 학습 목표를 달성할 수 있는 방법이다. 이 모델은 준비된 데이터를 사용하고, 이미 개발된 도구를 활용하여 교과 내용을 분석하거나 시뮬레이션하는 방식으로 학습을 지원한다. 이를 통해 학생들은 교과 내용을 쉽게 이해할 수 있으며, 인공지능 기술을 체험함으로써 디지털 시대의 기본 역량을 배양할 수 있다. 다만, 데이터와 도구의 제한점을 보완하기 위해 적절한 도구를 선택하고, 필요시 심화 모델로 전환하여 학습을 확장할 수 있는 유연한 접근이 필요하다.

5.2. 구체적인 사례

기본 모델은 교과서에서 제공되는 데이터를 기반으로 이미 개발된 인공지능(AI) 도구를 활용하는 방식으로, 복잡한 기술 없이도 손쉽게 학습에 적용할 수 있다. 아래는 각 교과에서 기본 모델을 활용한 구체적인 사례를 설명한다.

1) 수학 교과: 함수 그래프와 데이터 분석

- 학습 목표: 함수의 그래프 형태와 특징을 이해하고, 데이터를 기반으로 함수의 실제 응용 사례를 학습한다.
- 활용 데이터: 교과서에서 제공되는 함수의 좌표 데이터(예: 1차 함수, 2차 함수의 x와 y값).
- 활용 도구: 그래프 생성 및 분석 도구(예: GeoGebra, Desmos).
- 학습 활동:
  - 교과서에서 제공되는 좌표 데이터를 도구에 입력하여 함수의 그래프를 자동 생성.
  - 그래프의 기울기와 절편이 데이터 값에 따라 어떻게 변화하는지 시각적으로 분석.
  - 예제를 확장하여 실제 사례(예: 자동차의 연료 소비와 주행 거리 관계)를 함수로 모델링하고 분석.
- 기대 효과: 학생들은 함수의 개념과 그래프의 의미를 시각적으로 이해하며, 수학적 개념의 실제 응용 사례를 경험.

2) 과학 교과: 지구 온난화와 데이터 시각화

- 학습 목표: 지구 온난화의 원인과 결과를 데이터 기반으로 분석하고, 온도 변화와 관련된 과학적 개념을 학습한다.
- 활용 데이터: 교과서에 수록된 지구 평균 온도 상승 데이터(예:

1905년부터 현재까지의 연도별 온도 상승량).

- 활용 도구: 시각화 및 데이터 분석 도구(예: Excel, Google Sheets, Tableau Public).
- 학습 활동:
  - 교과서 데이터를 도구에 입력하여 연도별 온도 상승 그래프를 생성.
  - 도구의 시각화 기능을 활용해 특정 시기의 온도 변화 패턴을 분석.
  - 도구에서 제공하는 시뮬레이션 기능을 활용해 온실가스 배출이 지속될 경우의 미래 온도 상승 예측.
- 기대 효과: 학생들은 과학적 데이터를 시각적으로 이해하고, 지구 온난화 문제의 심각성을 데이터로 체감하며, 과학적 사고력을 배양.

3) 사회 교과: 인구 변화 데이터 분석

- 학습 목표: 세계 인구 변화 데이터를 이해하고, 사회적, 경제적 영향에 대해 분석한다.
- 활용 데이터: 교과서에 제공된 세계 인구 증가 추세 데이터(예: 각 대륙별 인구 증가율).
- 활용 도구: 인구 데이터 시각화 도구(예: Gapminder, Flourish).
- 학습 활동:
  - 교과서 데이터를 도구에 입력하여 대륙별 인구 변화를 시각화.
  - 인구 변화가 경제와 사회에 미치는 영향을 도구에서 제공하

는 예측 기능으로 분석.
- 데이터를 바탕으로 각 대륙의 경제 개발 수준과 인구 증가의 상관관계를 토론.

- 기대 효과: 학생들은 데이터 시각화를 통해 인구 변화와 그 영향에 대한 이해를 높이고, 데이터 기반 사고를 학습.

4) 국어 교과: 텍스트 데이터 분석

- 학습 목표: 텍스트 데이터를 기반으로 문장의 구조와 주요 주제를 분석하며, 텍스트의 핵심 내용을 도출한다.
- 활용 데이터: 교과서의 문학 작품 텍스트(예: 특정 시, 소설의 단락) 또는 설명 텍스트.
- 활용 도구: 텍스트 분석 도구(예: Voyant Tools, Google Natural Language API).
- 학습 활동:
  - 문학 작품의 주요 텍스트를 도구에 입력하여 단어 빈도와 주제어를 분석.
  - 도구의 시각화 기능(워드 클라우드, 빈도 그래프)을 활용하여 작품의 핵심 주제를 도출.
  - 텍스트 데이터를 기반으로 문학 작품의 감정 분석이나 주제 연결 관계를 분석.
- 기대 효과: 학생들은 문학 텍스트의 주요 주제와 구조를 데이터 기반으로 학습하며, 텍스트 분석과 AI의 활용 가능성을 이해.

5) 영어 교과: 문장 구조 분석

- 학습 목표: 영어 문장의 구조를 분석하고 문법 요소를 이해하며, 문장을 효과적으로 작성하는 방법을 학습한다.
- 활용 데이터: 교과서의 영어 예문 데이터(예: 문법 설명에 사용되는 문장, 에세이 샘플).
- 활용 도구: 문장 구조 분석 도구(예: Grammarly, ChatGPT API).
- 학습 활동:
  - 영어 예문을 도구에 입력하여 문법 구조와 문장의 올바름을 분석.
  - 도구에서 제공하는 피드백을 바탕으로 문장을 수정하며 문법 오류를 학습.
  - 텍스트 데이터를 확장하여 문장의 스타일, 감정, 맥락을 분석.
- 기대 효과: 학생들은 문법 학습을 데이터 기반으로 진행하며, 영어 문장 구조와 작성 능력을 효율적으로 향상.

기본 모델은 다양한 교과에서 데이터와 AI 도구를 활용해 학습 내용을 시각적으로 이해하고, 이를 통해 교과 개념을 쉽게 학습할 수 있도록 돕는다. 수학, 과학, 사회, 국어, 영어 등 각 교과에서 제공되는 데이터와 도구를 기반으로 교과 학습을 확장하며, 학생들은 AI 기술을 체험적으로 학습하면서도 교과 내용을 심화 학습할 수 있다. 이 모델은 교사와 학생 모두에게 복잡한 기술적 지식 없이도 효과적인 학습 환경을 제공하며, 디지털 시대의 기본 역량 배양에 기여한다.

〈표 4-4〉 간단한 도구 정리

교과	도구 이름	주요 기능
수학	GeoGebra, Desmos	함수 그래프 생성 및 분석, 기하학적 도형 시각화, 수학적 모델링 및 시뮬레이션
과학	Excel, Google Sheets, Tableau Public	데이터 입력 및 시각화, 그래프 생성 및 분석, 과학적 데이터 패턴 분석 및 시뮬레이션
사회	Gapminder, Flourish	세계 인구 변화 데이터 시각화, 대륙별/국가별 인구 추이 분석, 데이터 기반 예측
국어	Voyant Tools, Google Natural Language API	텍스트 데이터 분석(단어 빈도, 주요 주제 도출), 워드 클라우드 생성, 감정 분석
영어	Grammarly, ChatGPT API	문법 오류 분석 및 교정, 문장 구조 분석, 문장 스타일과 맥락에 대한 피드백 제공

6. 응용 모델(Application Model)

6.1. 개념

인공지능 교과 융합 모델의 응용 모델은 다음 [그림 4-6]과 같다. 인공지능 교과 융합 모델의 응용 모델은 실생활에서 얻은 데이터를 활용하여 인공지능(AI) 도구로 분석하는 방식을 기반으로 한다. 이 모델은 교과 내용과 관련된 실생활 데이터를 수집하고 이를 분석하는 과정을 통해 학습 목표를 확장하며, 학생들이 실생활 데이터와 AI 도구의 실제 활용 가능성을 이해할 수 있도록 설계된다. 이 모델은 기본 모델보다 한 단계 발전된 형태로, 학생들이 현실적인 문제를 탐구하고 데이터 기반 의사결정을 경험할 수 있는 기회를 제공한다.

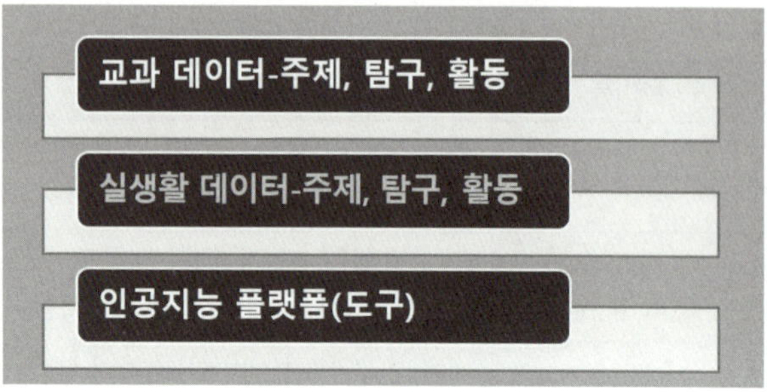

[그림 4-6] 응용 모델

본 모형의 핵심은 데이터는 교과 데이터에 실생활의 데이터를 같이 해 보는 것이다. 실생활의 데이터도 인터넷 공개된 데이터를 이용하는 것이다.

응용 모델의 주요 특징은 다음과 같다. 첫 번째는 실생활 데이터의 활용하는 것이다. 응용 모델에서는 교과서의 정형화된 데이터뿐만 아니라, 실생활에서 수집한 데이터를 학습 자료로 활용한다. 예를 들어, 지역 기후 변화 데이터, 도시 교통량 데이터, 소비자 구매 행동 데이터 등이 사용된다. 학생들은 이러한 데이터를 직접 다루며, 데이터가 문제 해결과 의사결정에 미치는 영향을 체감하게 된다.

두 번째는 인공지능 도구를 활용하는 것이다. 이 모델에서 사용되는 AI 도구는 공공기관이나 에듀테크 기업에서 제공하는 도구뿐만 아니라, 다양한 기능이 포함된 AI 플랫폼을 활용한다. 예를 들어, 기후 데이터 분석을 위한 AI 도구, 소비자 행동 예측 도구, 교통 최적화 시뮬레이션 도구 등이 포함된다.

세 번째는 교과 내용과 실생활 데이터의 연결하는 것이다. 교과 내용과 실생활 데이터를 연계하여 학습 목표를 확장한다. 예를 들어,

수학 교과에서 통계 개념을 배우는 학생이 지역 교통량 데이터를 분석하거나, 과학 교과에서 에너지 보존 법칙을 배우는 학생이 가정의 에너지 소비 데이터를 분석하도록 설계된다.

네 번째는 구조적 설계이다. 응용 모델의 구조는 실생활 데이터 수집, AI 도구를 활용한 분석, 분석 결과를 교과 내용과 연결하는 단계로 구성된다. 이 구조는 [그림 4-6]에 시각적으로 표현되어 있으며, 데이터와 AI 도구가 교과 내용과 실생활 문제를 연결하는 매개체로 작용한다.

응용 모델의 학습 과정은 다음과 같다. 먼저, 데이터 수집 단계이다. 실생활 데이터는 지역의 기후 변화, 교통량, 소비자 구매 패턴 등 학습자가 쉽게 접근할 수 있는 데이터를 선택한다. 데이터는 공공데이터 포털, 지역 정부 웹 사이트, 설문 조사 등 다양한 출처에서 수집할 수 있다.

두 번째는 AI 도구를 활용한 분석이다. 수집된 데이터를 AI 도구나 플랫폼에 입력하여 패턴을 분석하거나 예측 모델을 생성한다. 예를 들어, 지역의 기후 데이터를 AI 도구로 분석해 미래 온도 변화를 예측하거나, 교통 데이터를 분석해 출퇴근 시간 교통 체증을 시뮬레이션한다.

다음은 결과 해석과 교과 내용 연결이다. 분석 결과를 교과 내용과 연결하여 학습 목표를 확장한다. 학생들은 데이터를 기반으로 한 시각적 결과(그래프, 차트, 시뮬레이션 등)를 분석하며 교과 내용을 심화 학습한다.

응용 모델의 학습 효과는 실생활 문제 해결 능력을 배양한다. 학생들은 현실적인 데이터를 다루며, 교과 내용을 실생활 문제와 연결하여 학습한다. 데이터 분석 결과를 바탕으로 문제를 해결하고 대안을 제시하는 경험을 쌓는다.

두 번째는 AI 도구 활용 역량을 강화한다. 학생들은 다양한 AI 도구를 사용하며, AI 기술의 가능성과 한계를 이해한다. 데이터 기반 의사 결정 과정에서 AI가 어떤 역할을 하는지 체험한다.

세 번째는 데이터 중요성을 체감한다. 데이터가 실생활 문제를 해결하는 데 중요한 역할을 한다는 점을 경험하며, 데이터 활용 역량을 강화한다. 데이터 분석을 통해 학습자가 스스로 결론을 도출하고 주도적인 학습을 경험한다.

6.2. 수학 교과 구체적인 사례-주제: 지역 교통량 데이터를 활용한 혼잡 시간대 예측

1) 수업 배경 및 목표

수업 배경은 수학 교과에서 통계와 확률을 학습하는 과정에서, 학생들에게 실생활 데이터를 활용해 실제 문제를 분석하고 해결하는 경험을 제공한다. 지역 교통량 데이터를 기반으로 혼잡 시간대를 예측하는 과정을 통해 학생들은 데이터를 분석하는 방법을 배우고, 이를 통해 통계와 확률 개념을 실질적으로 적용한다.

학습 목표는 다음과 같다

- 지역 교통량 데이터를 활용하여 데이터 정리 및 시각화를 수행한다.
- 교통량 데이터를 기반으로 평균, 중앙값, 최빈값, 분산 등의 통계적 개념을 적용한다.

- 교통량 데이터를 활용하여 혼잡 시간대의 확률을 계산하고 예측한다.
- AI 도구를 활용해 데이터를 시각화하고, 분석 결과를 시뮬레이션한다.

2) 학습 준비

데이터 준비는 데이터 출처의 지역 교통 관제 센터나 공공 데이터 포털에서 다운로드한 1주일간의 교통량 데이터이다.

데이터 형식: 시간대별 차량 통행량 데이터(아래와 같은 형식).

도구 준비:

- Excel 또는 Google Sheets: 데이터 정리 및 기본 통계 분석.
- AI 시각화 도구(예: Tableau, Flourish): 교통량 데이터를 그래프로 시각화.
- Python 프로그래밍(선택): Pandas와 Matplotlib 라이브러리를 활용해 데이터 분석 및 시각화.

3) 학습 과정

1단계: 데이터 정리

- 학생들은 제공된 교통량 데이터를 Excel이나 Google Sheets에 입력하여 데이터 정리 작업을 진행한다.
- 날짜와 시간대별 차량 통행량 데이터를 정리하고, 데이터 정규화를 통해 분석하기 쉬운 형태로 준비한다.

2단계: 통계적 분석

- 데이터를 분석하여 평균, 중앙값, 최빈값을 계산한다.
- 각 시간대의 교통량 분산과 표준편차를 구해 교통량의 변동성을 분석한다.
- 예:
  - 평균 통행량: 전체 시간대의 총 통행량을 시간대 수로 나누어 계산.
  - 최빈값: 가장 많이 나타나는 시간대의 통행량.

3단계: 혼잡 시간대 예측

- 학생들은 데이터를 활용해 특정 시간대의 혼잡 가능성을 확률로 계산한다.
- 예:
  - "평균 통행량보다 높은 차량 통행량이 발생할 확률" 계산.
  - 확률 계산 방법: 평균 통행량이 1300대일 때, 1300대 이상의 차량이 발생한 시간대의 비율 계산.

4단계: AI 도구를 활용한 시각화

- AI 도구에 데이터를 업로드하여 시간대별 교통량 그래프 생성.
- 시각화된 그래프를 통해 혼잡 시간대를 직관적으로 파악.
- 데이터 시뮬레이션을 통해 미래 특정 시간대의 교통량 예측:
- 예: "월요일 07:00~08:00의 교통량이 1500대를 초과할 확률"을 시뮬레이션.

5단계: 분석 결과 발표

- 각 그룹은 분석 결과를 정리하여 발표한다.
- 교통량 패턴의 특징, 혼잡 시간대의 이유, 개선 방안 등을 논의한다.

4) 실제 사례 결과

분석 결과 예시:

- 평균 교통량: 1250대.
- 최빈값: 1400대(출근 시간대인 08:00~09:00).
- 혼잡 시간대: 07:00~09:00(평균 통행량의 1.2배 이상인 시간대).
- 혼잡 시간대 발생 확률: 약 35%.

결과 활용:

- 학생들은 분석 결과를 통해 출퇴근 시간대 교통 혼잡 문제를 이해하고, 교통량을 줄이기 위한 대안을 제안한다.
- 예: “대중교통 활성화” 또는 “유연 근무제 확대”와 같은 해결 방안 제안.

5) 학습 효과

- 실생활 문제 해결 능력 배양: 학생들이 데이터를 기반으로 실생활 문제를 이해하고 분석하는 경험 제공.
- 통계와 확률 개념의 응용: 수학 개념을 실질적으로 적용해 학습 효과를 강화.
- AI 기술 체험: AI 도구를 활용해 데이터 분석과 시각화 경험을

통해 디지털 시대의 기술 활용 역량 배양.

- 협업과 발표 능력 강화: 그룹 활동과 결과 발표를 통해 협력과 의사소통 능력 향상.

이 수학 교과 응용 모델은 학생들에게 통계와 확률 개념을 실생활 데이터와 연결하여 학습하는 기회를 제공한다. 이를 통해 학생들은 교과 지식을 현실 세계의 문제와 연계하며, 데이터 분석과 AI 도구 활용 경험을 통해 문제 해결 능력을 배양할 수 있다.

7. 심화 응용 모델(Deep Application Model)

7.1. 개념

인공지능 교과 융합 모델의 응용 모델은 다음 [그림 4-7]과 같다. 심화 응용 모델은 응용 모델보다 더 높은 수준의 학습 활동을 포함하며, 인공지능 라이브러리를 사용하거나 직접 프로그래밍하여 데이터를 분석하는 방식을 기반으로 한다. 이 모델은 학생들이 데이터 분석 도구를 사용하는 수준을 넘어, AI 알고리즘과 프로그램 개발 과정에 직접 참여하도록 설계되어 있다. 심화 응용 모델은 교과 학습과 함께 AI 기술의 깊은 이해와 활용 능력을 배양하는 데 초점을 맞춘다.

이 모델의 특징으로는 첫 번째로 프로그램 가능성이 있어야 한다. 단순히 준비된 AI 도구를 사용하는 것이 아니라, AI 라이브러리(예: Python의 TensorFlow, PyTorch)나 프로그래밍 언어를 활용하여 AI 모델을 직접 설계한다. 학생들이 기본적인 코딩과 알고리즘 설계 능력을 갖추어야 한다. 두 번째는 실생활 데이터 활용을 한다. 교과 내용을 기반으로 실생활 데이터를 수집하고, 이를 AI 라이브러리를 통해 분석한다. 세 번째는 심화된 기술 학습을 한다. 학생들은 AI 알고리즘의 원리를 배우고 이를 응용하여 데이터를 처리하거나 문제를 해결한다.

활용 예시로는 수학 교과에서는 Python과 Matplotlib 라이브러리를 사용해 함수의 그래프를 직접 생성하고 분석하고, 데이터 기반 수학적 모델링을 수행한다. 과학 교과에서는 기후 데이터(온도, 강수량 등)를 TensorFlow를 사용해 예측 모델을 구축한다. 머신러닝 모델을 설계하여 환경 데이터를 기반으로 패턴 분석을 한다. 사회 교과에서는 지역 경제 데이터를 Pandas와 Scikit-learn을 사용해 회귀 분석 모델을 생성한다. 소셜 미디어 데이터를 수집하여 Sentiment Analysis (감정 분석)를 수행한다.

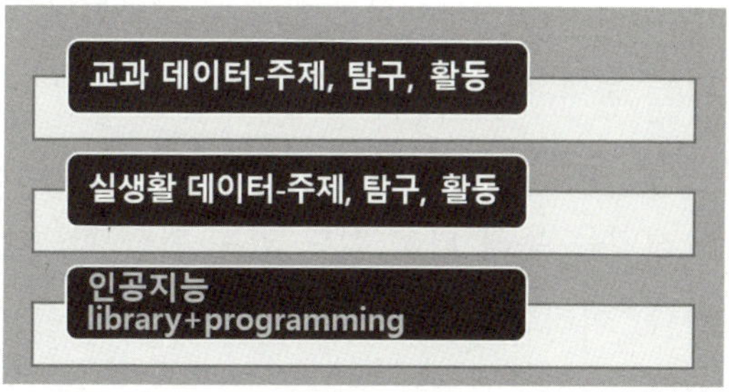

[그림 4-7] 심화 응용모델

심화 응용 모델의 학습 과정은 다음과 같은 단계로 구성된다.

• 실생활 데이터 수집: 공공 데이터, 설문 조사, IoT 센서를 활용하

여 데이터를 수집.

- AI 라이브러리 활용: TensorFlow, Scikit-learn, PyTorch 등 AI 라이브러리를 사용해 데이터를 처리 및 분석.
- 모델 설계 및 구현: 학생들이 직접 코딩을 통해 AI 모델을 설계하고, 데이터를 입력해 결과를 도출.
- 결과 해석 및 확장: 분석 결과를 교과 내용과 연계하고, 더 복잡한 문제를 해결하기 위한 확장 활동을 수행.

심화 응용 모델의 구조는 데이터 수집에서 시작해, AI 라이브러리 및 프로그램을 통한 분석, 결과 시각화 및 해석으로 이어진다. 각 단계는 학생들이 교과 학습을 넘어 데이터 과학과 AI 기술을 심화 학습할 수 있도록 설계되었다.

심화 응용 모델 구조와 심화 모델 구조의 차이점은 다음 〈표 4-5〉와 같다. 응용 모델과 심화 응용 모델은 인공지능 교과 융합 모델에서 데이터 활용 수준과 기술 요구 사항에 따라 구분된다. 응용 모델은 실생활 데이터를 분석하는 데 초점을 맞추어 학습자의 데이터 활용 능력을 높이는 데 중점을 둔다. 반면, 심화 응용 모델은 AI 알고리즘 설계와 프로그래밍을 통해 더욱 심도 있는 기술 학습과 문제 해결 능력을 배양한다. 이러한 모델들은 학생들이 데이터를 통해 실생활 문제를 탐구하며, 디지털 시대에 필요한 AI 기술과 데이터 과학 역량을 효과적으로 키울 수 있도록 돕는다.

〈표 4-5〉 응용 모델과 심화 응용 모델

구분	응용 모델	심화 응용 모델
데이터	교과 내용을 기반으로 한 실생활 데이터 사용	교과 내용 및 실생활 데이터를 활용, 더욱 정제되고 복잡한 데이터를 다룸
도구 사용	이미 개발된 AI 도구(Tableau, Flourish 등)를 사용	AI 라이브러리(TensorFlow, PyTorch 등) 및 프로그래밍 언어(Python)를 사용하여 직접 구현
기술 요구 수준	사용법이 간단하며 기술적 진입 장벽이 낮음	프로그래밍 능력과 AI 알고리즘에 대한 이해가 필요
학습 목표	실생활 데이터 분석과 AI 도구 활용을 통해 데이터 기반 의사결정 학습	AI 알고리즘 설계 및 구현을 통해 데이터 처리, 모델링, 문제 해결 능력 심화
활용 사례	교통량 분석, 기후 변화 시각화, 소비자 데이터 분석	함수 예측 모델 구축, 환경 데이터 예측, 소셜 미디어 감정 분석

8. 전문가 모델(Expert model)

8.1. 개념

인공지능 교과 융합 모델의 전문가 모델은 [그림 4-8]과 같다. 인공지능 교과 융합 모델의 전문가 모델은 학생들이 실제 상업적 활용이 가능한 수준의 AI 기술을 습득하고, 특정 분야에서 전문가 수준의 문제 해결 능력을 기르는 것을 목표로 하는 모델이다. 이 모델은 교과에서 정의된 여러 성취기준을 통합적으로 만족시키는 주제를 선정하고, 이를 구현하는 과정을 통해 학습이 이루어진다. 특히, 학생들이 데이터를 직접 수집하고, AI 라이브러리나 프로그램을 활용해 모델을 설계하고 구현함으로써 전문가 수준의 기술과 역량을 습득하도록 설계된다.

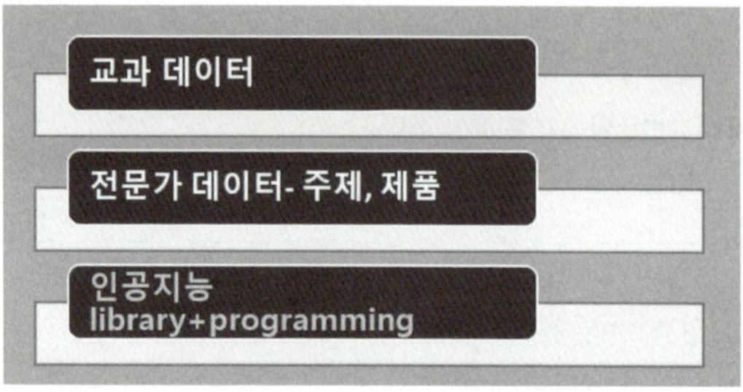

[그림 4-8] 전문가 모델

전문가 모델의 특징은 다음과 같다. 첫 번째는 고도화된 목표 설정이다. 단순히 데이터를 분석하거나 도구를 사용하는 것을 넘어, 상업적 가치 또는 전문가 수준의 해결책을 목표로 하거나 각 교과의 성취기준을 종합적으로 반영하여 복합적인 주제를 다룬다. 예를 들어, 환경 보호를 주제로 한 AI 모델을 설계(기후 변화 예측, 재활용 분류 모델 등)한다.

두 번째는 직접 데이터를 수집한다. 필요한 데이터를 인터넷, 설문조사, IoT 센서, 웹 크롤링 등을 통해 직접 수집한다. 수집한 데이터를 정제하고, 분석 가능한 형태로 가공하는 과정도 학습의 중요한 요소다.

세 번째는 전문가 수준의 AI를 구현한다. 학생들이 직접 코딩하거나, AI 라이브러리(TensorFlow, PyTorch 등)를 활용하여 알고리즘과 모델을 설계한다. 고급 AI 기술(예: 딥러닝, 강화 학습, 자연어 처리 등)을 사용하여 문제를 해결한다.

네 번째는 실질적 결과물을 도출한다. 학생들이 작업한 결과물은 실생활 문제를 해결하거나 상업적으로 활용 가능한 수준으로 완성된다. AI 기술이 적용된 소프트웨어, 앱, 시스템 등을 설계하여 발표하거나 배포한다.

8.2. 학습 과정

전문가 모델은 학생들이 인공지능(AI) 기술을 이용하여 상업적 또는 전문가 수준의 문제를 해결하는 것을 목표로 하는 학습 모델이다. 이 과정은 주제 선정에서 시작하여 데이터 수집, AI 모델 설계 및 구현, 결과물 제작, 발표에 이르기까지 체계적이고 심화된 단계를 포함한다. 아래는 전문가 모델 학습 과정의 각 단계를 자세히 설명한 내용이다.

1단계. 주제 선정

학습의 첫 번째 단계는 교과 내용과 관련된 주제를 선정하는 것이다. 이 주제는 단순히 한 교과의 성취기준을 다루는 것을 넘어, 여러 교과의 성취기준을 통합적으로 만족시키는 복합적인 주제를 선정해야 한다. 예를 들어, “스마트 농업을 위한 AI 기반 작물 성장 최적화 시스템”이나 “기후 변화 예측 모델 설계” 같은 주제는 수학, 과학, 사회 교과를 통합적으로 학습할 수 있는 좋은 사례가 될 수 있다. 이 단계에서는 학생들이 실제 문제를 해결할 수 있는 구체적이고 응용 가능한 주제를 선정하도록 지도한다.

2단계. 데이터 수집

선정된 주제를 바탕으로 프로젝트에 필요한 데이터를 직접 수집한다. 데이터를 수집하는 방법은 공공 데이터 포털, IoT 센서, 웹 크롤링, 설문 조사 등 다양한 방식이 있으며, 학생들이 데이터의 출처와 품질을 평가할 수 있도록 돕는다. 예를 들어, 스마트 농업 프로젝트에서는 IoT 센서를 사용해 온도, 습도, 작물 상태 데이터를 수집하거나, 공공 데이터 포털에서 지역 기후 데이터를 확보할 수 있다. 데이터 수집 과정은 문제 해결에 필요한 데이터를 이해하고 활용하는 기초 역량을 강화한다.

3단계. 데이터 정제

수집한 데이터는 원시(raw) 데이터 형태로 정제 과정이 필요하다. 정제 과정에서는 결측값 처리, 이상치 제거, 데이터 정규화와 같은 작업을 수행하여 분석 가능한 데이터로 가공한다. 이 과정은 데이터 품질을 높이고, 정확한 분석 결과를 얻기 위한 중요한 단계이다. 예를 들어, 교통량 데이터 분석 프로젝트에서는 누락된 데이터가 있는 시간대를 보완하거나, 극단적인 값(이상치)을 제거하여 데이터의 신뢰성을 확보한다.

4단계. AI 모델 설계

정제된 데이터를 바탕으로 AI 모델을 설계한다. 이 단계에서는 학생들이 AI 라이브러리(예: TensorFlow, PyTorch, Scikit-learn 등)를 사용하거나 직접 프로그래밍을 통해 모델을 구현한다. 설계할 AI 모델은 프로젝트 주제에 따라 다르며, 예를 들어 딥러닝(CNN, RNN) 기술을 사용해 이미지나 시계열 데이터를 분석하거나, 강화 학습을 활용해 최적의 해결책을 제안하는 모델을 개발할 수 있다. 이 단계에서 학생들은 AI 기술의 원리를 깊이 이해하고, 이를 실제 문제 해결에 적용하는 능력을 기른다.

5단계. 모델 훈련 및 평가

설계된 AI 모델을 학습시키고 성능을 평가한다. 데이터셋은 학습 데이터와 테스트 데이터로 나누어 모델이 새로운 데이터를 얼마나 잘 예측하는지 평가한다. 성능 평가는 정확도, 손실값, F1 점수 등의 지표를 사용하여 모델의 유효성을 확인하고, 필요시 하이퍼파라미터를 조정하여 성능을 개선한다. 예를 들어, 기후 변화 예측 모델에서는 온도와 강수량 데이터를 활용해 예측 정확도를 평가하고, 결과를 시뮬레이션한다.

6단계. 결과물 제작

훈련된 AI 모델을 활용해 실질적으로 응용 가능한 결과물을 제작한다. 결과물은 소프트웨어, 앱, 시뮬레이션 시스템, 대시보드 등 다양한 형태로 나타낼 수 있다. 예를 들어, 스마트 교통 시스템 프로젝트에서는 교통량 데이터를 기반으로 최적 경로를 추천하는 앱을 제작하거나, 기후 변화 예측 프로젝트에서는 온실가스 배출과 온도 상승 간의 시뮬레이션 결과를 보여주는 대시보드를 제작할 수 있다.

7단계. 결과 발표 및 피드백

최종 단계에서는 프로젝트의 결과물을 발표하고, 피드백을 통해 개선점을 도출한다. 학생들은 데이터를 분석한 과정, AI 모델 설계 및 구현의 주요 내용을 설명하고, 결과물의 실질적인 활용 가능성을 제시한다. 동료 및 교사의 피드백을 통해 프로젝트의 강점과 약점을 파악하고, 추가적인 개선 작업을 수행한다. 발표는 학생들이 문제 해결 과정을 논리적으로 설명하고, 협업 능력과 의사소통 능력을 강화하는 기회가 된다.

전문가 모델의 학습 과정은 주제 선정, 데이터 수집과 정제, AI 모델 설계 및 구현, 결과물 제작, 발표와 피드백의 단계로 구성되며, 학생들이 AI 기술을 실제 문제에 적용할 수 있는 전문적인 역량을 기르도록 설계되어 있다. 이 과정은 학생들에게 데이터를 다루는 실질적인 경험과 AI 기술의 응용 가능성을 체감하게 하며, 디지털 시대의 복잡한 문제를 해결할 수 있는 창의적이고 실질적인 능력을 배양한다.

8.3 구체적인 사례: 작물 성장 최적화 시스템(이 단계에서는 생략해도 됩니다)

1단계. 프로젝트 설명

- 목표: 온도, 습도, 토양 수분 데이터를 활용하여 작물 성장 상태를 예측하는 AI 모델을 설계하고 구현.
- 사용 기술: Python, TensorFlow, Pandas, Matplotlib.
- 결과물: 작물 성장 상태를 실시간으로 예측하고 대시보드로 시각화.

2단계. 데이터 준비

• 가상 데이터 예시

다음은 작물 성장 상태를 예측하기 위한 데이터이다. 데이터는 온도, 습도, 토양 수분, CO_2 농도를 독립 변수로, 작물 건강 상태(0~1, 1이 가장 건강)를 종속 변수로 가정한다.

〈표 4-6〉 가상 데이터

	온도(°C)	습도(%)	토양 수분(%)	CO_2 농도(ppm)	작물 건강 상태
2023-01-01	25	60	30	400	0.85
2023-01-02	26	65	32	410	0.88
2023-01-03	27	55	28	420	0.75
2023-01-04	24	70	35	390	0.92
2023-01-05	30	50	25	430	0.65

3단계. Python 코드

① 데이터 준비

```
import pandas as pd
# 데이터 생성
data = {
    "온도(°C)": [25, 26, 27, 24, 30],
    "습도(%)": [60, 65, 55, 70, 50],
    "토양 수분(%)": [30, 32, 28, 35, 25],
    "CO2 농도(ppm)": [400, 410, 420, 390, 430],
    "작물 건강 상태": [0.85, 0.88, 0.75, 0.92, 0.65],
```

```
}
# 데이터프레임 생성
df = pd.DataFrame(data)
print(df)
```

② 데이터 시각화

```
import matplotlib.pyplot as plt
# 시각화: 온도와 작물 건강 상태의 관계
plt.scatter(df["온도(℃)"], df["작물 건강 상태"], color="green")
plt.title("온도와 작물 건강 상태의 관계")
plt.xlabel("온도(℃)")
plt.ylabel("작물 건강 상태")
plt.grid(True)
plt.show()
```

③ 딥러닝 모델 설계 및 학습

```
import tensorflow as tf
from tensorflow.keras.models import Sequential
from tensorflow.keras.layers import Dense
# 독립 변수(X)와 종속 변수(y) 분리
X = df[["온도(℃)", "습도(%)", "토양 수분(%)", "CO2 농도(ppm)"]].values
y = df["작물 건강 상태"].values
# 데이터 스케일링
from sklearn.preprocessing import MinMaxScaler
scaler = MinMaxScaler()
X_scaled = scaler.fit_transform(X)
```

```
# 모델 설계
model = Sequential([
    Dense(16, activation="relu", input_shape=(X_scaled.shape[1],)),
    Dense(8, activation="relu"),
    Dense(1, activation="sigmoid")  # 출력값: 작물 건강 상태(0~1)
])
model.compile(optimizer="adam", loss="mse", metrics=["mae"])
model.summary()
# 모델 학습
model.fit(X_scaled, y, epochs=100, verbose=1)
```

④ 예측

```
# 새로운 데이터 예측
new_data = [[28, 60, 29, 415]]  # 온도, 습도, 토양 수분, CO2 농도
new_data_scaled = scaler.transform(new_data)

# 예측 결과
predicted_health = model.predict(new_data_scaled)
print(f"예측된 작물 건강 상태: {predicted_health[0][0]:.2f}")

import dash
from dash import dcc, html
import plotly.express as px

# 대시보드 앱 생성
app = dash.Dash(__name__)
```

```
# 데이터 시각화
fig = px.scatter(df, x="온도(℃)", y="작물 건강 상태", title="온도와 작물 건강 상태의 관계")
```

⑤ 대시보드 구현

```
# 대시보드 레이아웃
app.layout = html.Div([
    html.H1("작물 건강 상태 대시보드"),
    dcc.Graph(figure=fig),
    html.P(f"새로운 데이터로 예측된 작물 건강 상태: {predicted_health[0][0]:.2f}")
])

if __name__ == "__main__":
    app.run_server(debug=True)
```

9. 미래교육을 위한 고려사항

인공지능 융합 교육 주제로 미래 교육에 대한 고려 사항은 다음과 같다.

첫 번째는 각 교육과정의 성취기준에서 인공지능과의 주제를 통합하는 것이다. 인공지능은 데이터 분석, 시각화 및 문제 해결을 통해 학습을 향상시키기 위해 수학, 과학, 사회 연구 및 언어 예술과 같은 전통적인 주제에 통합되어야 한다.

두 번째는 인공지능 기술과 프로그래밍 기술들을 학생들이 알아야 인공지능 융합 교육을 위한 교과서 이외의 데이터를 수집할 수 있는 능력을 기를 수 있다. 따라서, 학생들과 교사들의 데이터와 인공지능 리터러시를 향상시킬 수 있어야 한다.

세 번째는 개인화 및 적응 학습을 할 수 있게 구성해야 한다. 인공지능은 개별 학생의 요구, 강점 및 약점에 대한 교육을 조정할 수 있다. 따라서 학생들이 역량 기반 학습을 할 수 있게 해야 한다. 이를 기반으로 단순히 암기보다는 학생들의 문제 해결 및 비판적 사고 기술을 개발하는 데 중점을 두어야한다.

네 번째는 교사 훈련 및 인프라 개발이 필요하다. 교사는 디지털 또는 인공지능 역량을 기르고, AI 기반 교육에 대한 교육을 받아 교육과정에 효과적으로 통합한다. 또한 인공지능 도구 및 디지털 인프라를 잘 구축해야 한다.

다섯 번째는 지속 가능성과 윤리적 인공지능 교육을 해야 한다. 커리큘럼에는 인공지능의 윤리적 영향, 편견 및 책임 있는 사용에 대한 토론이 포함되어야 한다.

10. 질의응답

Question	AI 융합교육의 긍정적 측면은 충분히 기대되는 바이나 학교 수업상황에서 과연 각 교과의 이해를 촉진하는 데 최선의 방안(수업전략)인가 하는 의구심이 듭니다. 프로그래밍, AI 도구 사용 등으로 학생들의 외재적 인지부하가 상당할 것으로 보이기 때문입니다. 학생들의 두뇌 속에서 교과내용의 이해, 정교화, 전이 활동이 함께 촉진되는 방안이 있다면 소개 부탁드립니다.
Answer	지도하는 학생들의 디지털 또는 AI 리터러시에 따라 필요한 프로그래밍 도구나 AI 도구들을 잘 선택하여 수업을 진행하면 학생들의

	외재적 인지 부하가 없을 것 같습니다. 즉 학생들의 수업활동에서 디지털과 AI 도구 활용이 수업의 30% 이하가 되어야 될 것 같습니다. 교과 내용 이해, 정교화 및 전이 활동은 데이터 기반으로 개념을 시각화하면 쉽게 이해할 수 있지 않나 생각합니다.
Question	한국이 AI 디지털교과서를 도입하게 된 배경에 성공적인 해외사례가 있을까요? 또한 AI 디지털교과서를 수업에 사용한 결과에 대한 학생들의 만족도나 학업성취도 면을 나타내 주는 자료가 있을지 궁금합니다.
Answer	우리나라가 성공적인 사례를 만들어 나가는 것 같습니다. 저도 실험본만 사용하여 보았는데 실험 본 수준은 좋은 학습 및 콘텐츠 관리 도구인 것 같습니다. 따라서 선생님들이 수업하는 데 지원하는 도구는 충분히 만족하는 것 같습니다. 아직 학생들의 만족도나 학업 성취도 면은 자료를 찾아보지 못했습니다.
Question	현장 수업에서 AI를 활용할 때 지적하신 바와 같이 학생들마다 AI에 대한 지식의 차이가 크고, 기술 및 디바이스 활용에 대한 격차가 매우 큽니다. 학생 간 격차를 전제로 어떻게 문제를 해소할 수 있을까요?
Answer	학생별, 교사별, 관리자별, 학부모의 디지털 리터러시 또는 인공지능 리터러시 규범을 빨리 만들어야 할 것 같습니다. 예를 들어 초등학교 3~4학년들의 선생님은 디지털 리터러시와 인공지능 리터러시에 대해서 어떤 역량을 가져야 하고, 초등학교 3~4학년의 학생들은 디지털 리터러시와 인공지능 리터러시에 대해서 어떤 역량을 가져야 하는지가 있다. 위의 학년별 디지털 인공지능 리터러시 역량을 만족시키는 교육을 국가적으로 빨리 실시해야 할 것 같습니다.

참고문헌

교육부(2024a). 과학 수학 정보 융합 교육 종합 계획(2025-2029) 발표.

교육부(2024b). 첨단 과학기술 사회의 미래 인재 양성을 위한 과학 · 수학 · 정보 · 융합 교육 종합계획(2025~2029) 발표 [보도자료].

김진수(2011). STEAM 교육을 위한 큐빅 모형. 한국기술교육학회지, 11(2), 124-139.

김진수(2013). 공과대학에서 융합교육을 위한 STEAM교육. 공학교육, 20(1), 46-53.

Dugger, W. E. (2010). *Evolution of STEM in the United States*. In 6th Biennial International Conference on Technology Education Research in Australia.

Gonzalez, H. B., & Kuenzi, J. J. (2012). *Science, technology, engineering, and mathematics (STEM) education: A primer*. CRS report for congress.

Drake, S. M. (1993). *Planning integrated curriculum: The call to adventure*. Association for Supervision and Curriculum Development.

Fogarty, R. (1991). Ten ways to integrate curriculum. *Educational leadership, 49*(2), 61-65.

Harden, R. M. (2000). The integration ladder: a tool for curriculum planning and evaluation. *MEDICAL EDUCATION-OXFORD-, 34*(7), 551-557.

Ingram, J. B. (1979). *Curriculum integration and lifelong education*. NY: Pergamon Press.

Jacobs, H. H. (1989). *Interdisciplinary curriculum: Design and implementation. Alexandria*. VA: Association for Supervision and Curriculum Development.

CHAPTER 05

AI 융합 교육의 분류 체계의 필요성과 가능성[1)]

임철일(서울대학교)

1. 시작하며: AI 융합 교육의 가능성과 혼란

인공지능의 내용 지식과 일반 교과 내용 간의 융합(convergence 혹은 integration), 즉 AI 융합 교육에 대한 관심이 높아가고 있다. AI 융합 교육을 교육 현장에 도입하려는 국내의 노력은 2020년 9월에 전국의 38개 교육대학원에 AI 융합 교육 석사과정을 설치하는 것으로 구체화되었다. 이 정책은 매년 1000명 정도의 현직 교원을 선발하여 국가가 학비 지원을 일부 담당하는 형태로 5년간 실시되고 있다. 이후 2022년 하반기에 시작된 AIEDAP(AI Education Alliance Policy Lab) 사업을 통하여 선발된 현직 교원들을 대상으로 AI 융합 교육을 실시하여 2025년 현재 시점에서 2500명 정도의 마스터 교원이 배출되어 있다(임철일, 박철규, 황윤정, 2024). 이 과정에서 AI 융합 교육의 의미와 의의에 대한 검토와 논의가 많이 이루어졌으며, 관련된 실제 교

1) 이 글은 저자가 2025년도에 게재한 '인공지능 융합 교육 연구 동향과 발전 방향'의 내용을 중심으로 작성하였다.

육프로그램 및 원리와 모형의 개발이 이루어졌다.

AI 융합 교육에 대한 이론적, 실제적 관심이 증가하고 있지만, AI 융합 교육의 필요성, 실제 구현 가능성, 그리고 AI 활용 교육과의 차이 등을 둘러싼 어려움과 혼란이 여전히 남아 있다. 첫째, AI 융합 교육의 필요성에 대하여 대부분의 학교 교육 교사들은 여전히 미온적이다(임은선, 홍수민, 임철일, 2025). 컴퓨터 교육을 제외한 다른 교과 교사들은 자신의 교과를 가르치는 데 집중하는 경향이 있다. 그러나 2022 개정 교육과정이 본격적으로 적용되는 2025년부터는 상황이 달라졌다. 2022 개정 교육과정상 일반 교과 교사들은 디지털 소양(literacy)을 자신의 교육에 반영해야 하며, 인공지능 소양이 자연스럽게 디지털 소양의 중심 내용 영역 혹은 역량 교육을 형성하고 있다. 교과 교사들은 자신의 교과 수업 연장선에서 디지털과 AI 관련 지식을 가르쳐야 한다.

이때 교사들이 비교적 손쉽게 취할 수 있는 선택은 자신의 교과 수업에 AI 기술과 도구를 활용하는 것이다. 이는 엄격히 말하면 AI 융합 교육이 아니라 AI 활용 교육이라고 볼 수 있다. 왜냐하면 여기서는 교사나 학생 모두 AI 기술과 도구를 활용하는 데 집중하며, AI 관련한 내용 지식을 별도로 가르치거나 배우지 않아도 되기 때문이다. 예컨대, 뤼튼(Wrtn) 혹은 ChatGPT를 활용하여 자료를 탐색하면서 수업이 전개되는 경우가 여기에 속한다. 학생들은 별도의 AI 관련 지식과 내용을 배우지 않아도 된다. AI 도구를 사용하면 될 뿐이다.

AI 융합 교육은 이에 비하여 학생들이 교과 지식을 AI 관련 지식으로 이해하거나 문제를 해결하는 과정을 포함한다. 따라서 교사는 교과와 연관된 AI 지식을 이해하여야 할 뿐만 아니라 AI 융합 교육을 위한 교육방법론적 지식을 또한 적용할 수 있어야 한다. 이런 어려운 점은 비록 2022 개정 교육과정이 요구한다고 하더라도 일반 교사들이 AI 융합 교육의 실천 필요성을 느끼는 데 방해 요인으로 작용하고 있다(임은선, 홍수민, 임철일, 2025).

둘째, AI 융합 교육을 실제로 구현하기가 쉽지 않다. 융합 교육의 실천적 어려움은 이미 STEM(Science, Technology, Engineering, Mathematics)을 통해서 확인되어 있다. 비교적 오래전부터 융합 교육의 일환으로 수학과 과학의 융합, 그리고 예술과 같은 다른 교과와의 융합이 시도되어 왔으나, 현장에 하나의 실천으로 정착되는 것에는 어려움이 많은 것으로 나타났다. 기본적으로 개별 교과 혹은 학문 중심의 교육과정이 학교교육에서 지배적인 형태로 있기 때문에 역량 중심 교육 혹은 융합 교육이 제대로 구현되기 어렵다.

일반적인 융합 교육을 실천하기 어려운 이유는 한 명의 교사가 두 가지 이상의 교과 내용을 이해하여야 할 뿐만 아니라, 이를 교육방법론적으로 풀어내는 과정 또한 쉽지 않기 때문이다. 즉 전달 중심의 전통적인 설명 방식의 수업보다는 문제 해결 중심, 프로젝트 중심의 학습자 주도 형태의 교육을 기대한다는 점에서 모종의 별다른 교수학습 모형의 적용 혹은 교수설계 과정이 요구된다. 이를 위해서는 현장 적용성이 가능한 최적의 교수학습 모형과 설계 과정이 확보되어야 하며, 교사들은 이러한 설계 관련 지식 체계를 적용할 수 있는 역량을 개발하여야 한다.

융합 교육의 이러한 어려움은 AI 융합 교육에도 그대로 나타난다. AI 관련 지식과 내용 중 어떤 부분이 어떻게 다른 교과 지식과 연결될 수 있는가를 포함하여, 융합 교육을 안내하는 구체적인 교육 프로그램 사례와 개발 과정을 안내하는 원리와 모형이 아직은 충분하지 않다(임철일 외, 2025). 특히 개별 교육 프로그램 사례의 제공에서 벗어나서 다양한 형태의 교육 프로그램 개발을 안내할 수 있는 설계 원리와 교수학습 모형의 개발이 요구되고 있다.

마지막으로 AI 융합 교육과 개념적으로 구분되는 AI 활용 교육과의 혼선 또한 여전히 존재한다. AI 융합 교육은 기본적으로 융합 교육의 연장선에 있다. STEM으로 대변되는 융합 교육은 개별 교과 단위의 교육을 벗어나서 교과 간 내용 지식을 교육 목표로 하는 교육과정(curriculum)의 한 가지 접근이다. AI 융합 교육에 대한 강조도 이러한 융합 교육의 연장선에서 살펴보아야 한다. AI가 미래 사회를 이끄는 강력한 동인이기 때문에 AI를 고려하는 융합 교육이 요구되는 것이다.

그러나 AI 융합 교육이 국내에서 소개되는 시점에 위의 AI 융합 교육의 엄격한 의미 이외에, 교육 방법론적 측면에서 개인별 맞춤형 교육을 위한 AI 활용 교육을 AI 융합 교육에 포함하는 시도가 이루어졌다(정제영, 2022; 최숙영, 2023). 실제로 오래전부터 AI를 포함한 다양한 기술 혹은 에듀테크를 교육에서 효과적으로 활용하려는 시도가 있어 왔다. 수업 설계의 관점에서 매체의 통합적 활용(integration)을 안내하는 ASSURE 모형이나, 기술뿐만 아니라 내용 지식과 교육 방법의 통합을 강조하는 TPACK 모형 등이 있으며, 이외에도 다양한 기술 기반의 교육 방법이나 교수학습 모형이 제안되어 왔다.

이런 부분은 크게 매체와 기술을 교육 방법론적 측면에서 통합(integration)하는 것을 강조하고 있는데, 교육 목표 혹은 내용상의 융합(convergence)과는 구분된다. 따라서 AI 활용 교육은 AI 기술이나 도구를 교육 방법론 측면에서 통합적(integration)으로 다루는 것을 의미하며, 엄격한 의미의 AI 융합 교육과는 구분된다. 물론 AI 활용 교육은 그 자체로 매우 중요한 교육적 노력이다. 각 교과의 지식과 목표, 예컨대 영어 교육의 말하기와 쓰기를 위해서 생성형 인공지능은 매우 탁월한 기능을 보여주고 있다. AI 활용 교육은 매우 중요한 교육적 방법론을 구성하고 있다. 2025년 AI 디지털교과서의 학교 현장 도입은 맞춤형 수업을 가능하게 하는 또 하나의 AI 활용 교육 측면을 구성하고 있다. 이 또한 다양한 교수학습 모형의 개발과 적용이 요구되는 중요한 부분이다. AI 활용 교육은 AI 융합 교육과는 별도로 강조되면서 교육 실천이 이루어져야 한다. 하지만 이 부분이 바로 AI 융합 교육의 한 분야로 간주되는 것은 교육적 혼란을 가져올 수 있다. 엄격한 의미의 AI 융합 교육이 지향하는 내용상의 융합을 위한 노력이 별도로 요구된다.

이상의 가능성과 혼란을 재규정하면서 AI 융합 교육의 실천과 효과를 제대로 확보하기 위한 기초적인 노력 중의 하나로 AI 융합 교육에 속하는 사례와 연구들에는 어떤 유형들이 있는가를 살펴보는 것이다. 교육 연구와 실제에서 시도되고 있는 AI 융합 교육에는 어떤 종류가 있으며, 어떤 부분에 보다 많은 관심과 노력이 있는지, 또 어떤 부분은 아직 충분한 사례와 안내가 없는가를 검토하는 것이 필요하다.

본 장은 이상의 요구를 반영하여 다양한 AI 융합 교육의 실제를 구분할 수 있는 분류 체계를 제시한다. 이를 위하여 먼저 AI 융합 교육의 의미와 분류 방식에 대한 선행 연구를 검토한다. 이후 새로운 분류 체계를 제시한 후 그것을 참조하여 국내의 최근 AI 융합 교육 연구의 동향과 문제점을 살펴본다. 마지막으로 이를 토대로 향후 AI 융합 교육의 연구 방향을 제시하여 본다.

2. AI 융합 교육의 의미와 분류

AI 융합(convergence) 교육의 의미 규정에 대한 여러 가지 시도가 있어 왔다. 그중 하나는 AI의 내용 지식과 타 교과 내용 지식 간의 융합에 초점을 맞춘 의미 규정이다. 이재호와 동료들(2021)은 수학, 과학과 같은 타 교과와 융합하여 AI 교육의 학습 내용과 요소를 지도하는 것으로 AI 융합 교육을 정의하였다. 최숙영(2023)은 AI 융합 교육을 'AI에 대한 원리와 기술, 도구의 이해를 바탕으로 다양한 교과의 내용과 관련 문제들을 새로운 관점으로 바라보고 창의적인 해결책을 제시할 수 있도록 하는 것'으로 정의하였다.

다른 하나는 융합 교육이 원래 문제 해결에 초점을 맞춘다는 점에 주목하여 AI 융합 교육을 AI 기반 문제 해결 교육으로 규정한다. 전수진과 동료들(2023)은 '교과 맥락을 벗어나 생활의 문제를 해결하기 위해 AI를 개발 및 융합하는 교육'으로 AI 융합 교육을 정의했으며, 박한별과 동료들(2021)도 AI 융합 교육은 2개 이상의 학문 분야나 교과목의 지식을 연계하여, 해당 분야의 문제를 해결하기 위한 교육으로 정의하며 문제해결 자체를 강조하였다. 이상의 AI 융합 교육에 대한 두 가지 접근은 공통적으로 AI와 다른 교과의 내용 지식을 융합하는 것을 포함한다는 점이다. 여기에 더하여 문제 해결을 보다 강조하는 AI 융합 교육 의미 규정이 이루어지고 있다.

한편 AI 융합 교육에 AI 도구를 방법론적으로 활용하여 개별 교과 교육의 효과를 가져오려는 것을 포함하려는 시도도 있다. 일반적으로 AI 활용 교육이라고 불리는 것인데, 교육 방법론 측면에서는 통합(integration) 혹은 융합으로 불리기도 한다(정제영 외, 2023; 최숙영,

2023). 즉 교육과정 혹은 교육 내용상의 융합 측면에서 AI 융합(convergence 혹은 integration)을 규정하는 관점과 함께 교육과 기술을 방법론적으로 통합(integration)하려는 전통적 접근 또한 AI 융합 교육으로 파악한다. 이러한 시도는 AI 융합을 보다 포괄적으로 보려는 차원에서는 유용하나, 엄격한 의미의 AI 융합 교육, 즉 AI 내용 지식과 다른 교과의 내용 지식을 교육과정 측면에서 융합하려는 교육의 시도와 의미를 약화시킬 수도 있다. 따라서 본 장에서는 AI 융합 교육을 교육과정 혹은 교육 내용상의 융합으로 제한하여 다룬다.

위의 의미에 따른 AI 융합 교육을 다양한 방식으로 분류하려는 시도가 있어 왔다. 먼저 중심 교과를 중심으로 인공지능 융합 교육을 분류할 수 있다. 최숙영(2023)은 인공지능 교육의 내용과 융합되는 중심 교과가 무엇인지에 따라 '정보교과', '정보교과 외 타 교과', '자유학년제/창의적 체험활동'으로 AI 융합 교육을 구분하였다. 박가영과 동료들(2023)은 인공지능 융합 교육을 인공지능을 중심으로 타 교과를 융합하는 것이라고 보면서, 'AI+교과'와 '교과+AI'로 구분하였다. 전자는 수학 교과에서 데이터 과학의 기초를 가르치면서 인공지능 데이터 분석 방법을 배우는 것이다. 여기서 AI는 학습의 핵심 주제가 되고, 수학 교과의 통계 개념이 AI의 데이터 처리 방식과 융합된다. 후자는 문학 수업 맥락에서 인공지능에 대한 기본 개념을 배우고 인공지능 기술을 활용해 작품의 주제나 감정을 분석하게 하는 것이 예가 된다. 이 경우 문학이 수업의 주된 내용이며, AI의 개념이나 기술은 교과 수업의 보조 수단이 된다.

둘째, AI 융합 교육의 융합 방식에 따라서는 계열형(Sequenced), 공유형(Shared), 그물형(Webbed), 조직형(Threaded), 통합형(Integrated)

의 5가지로 분류할 수 있다(최숙영, 2023). 여기서 제시한 융합의 구분은 Fogarty(1991)가 제시한 교육과정을 통합하는 10가지 유형을 기반으로 한다. 이는 교과 내 통합, 교과 간 통합, 학습자 통합으로 구분되는데, 이 중 교과 간 통합의 유형, 즉 [그림 5-1]의 4번에서 8번까지가 교과 간 통합의 유형을 의미한다.

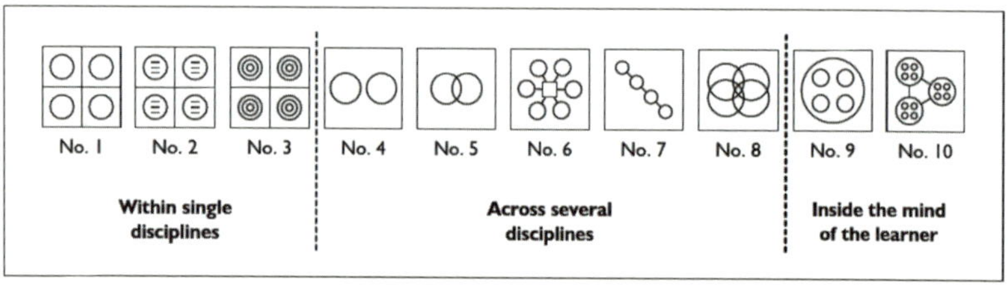

[그림 5-1] 교육과정 통합의 유형(Fogarty, 1991)

셋째, AI 교육 내용에 따라서도 인공지능 융합 교육을 구분할 수 있다. 인공지능 내용 요소에 대해서 캐나다의 ACTUA(2023)는 AI 교육 내용 체계를 데이터, 지각, 표현 및 추론, 학습, 자연스러운 상호작용, 그리고 사회적 영향 등 여섯 가지 영역으로 구분하였다. 미국의 AI4K12에서는 인식, 표현과 추론, 학습, 상호작용, 사회적 영향으로 나눈다(Touretzky, 2019). 이러한 교육 내용의 교수 중 어떤 내용을 선정하여 교과와 융합하는지에 따라서 인공지능 융합 교육의 유형이 구분될 수 있다. 최숙영(2023)은 이를 확장하여 인공지능 교육의 내용을 인공지능 학습 요소와 인공지능 학습 활동으로 구분하였다. 인공지능 학습 요소는 AI 개념, 기술, 이슈로 구분되며, AI 학습 활동은 AI 이해, AI 체험, AI 활용, AI 개발, AI 판단으로 구분되었다.

이상의 AI 융합 교육의 분류 방식은 AI 융합 교육이 시작되면서

AI 융합 교육의 특정 측면을 중심으로 시도된 것으로, 아직 AI 융합 교육을 구성하고 있는 전체를 종합하여 보여주는 틀은 미비하다. AI 융합 교육에서 어떤 교과가 중심이 되는가의 여부에 따른 분류, AI 융합 교육의 방식 혹은 모형에 따른 분류, 그리고 AI 융합 교육의 학습 내용에 따른 분류는 있었지만, 이를 전체적으로 종합한 AI 융합 교육의 유형 분류의 체계는 아직 정립되지 않았다.

3. AI 융합 교육의 새로운 분류 체계

3.1. 분류 체계의 개발과 특성

AI 융합 교육의 정의에 포함되는 많은 실제들뿐만 아니라 이론적으로 가능한 AI 융합 교육의 유형들을 종합적으로 조망하기 위해서는 모종의 분류 체계가 필요하다. 임철일 외의 연구(2025)에서는 기존의 AI 융합 교육의 분류 체계와 선행 연구들을 종합적으로 분석한 후, 이를 기반으로 새로운 AI 융합 교육 분류 체계를 제시하였다.

새로운 분류 체계는 'AI 융합 교육의 목표', 'AI 내용 요소', 'AI 융합의 방식'의 기준에 따라서 AI 융합 교육을 구분한다. 이 분류 체계의 각 기준을 반영한 3차원의 도식을 다음 그림과 같이 표시할 수 있다. 이 분류 체계에 따르면 특정 AI 융합 교육 프로그램 그리고 교수학습 모형이나 설계 원리는 위 세 가지 기준을 참고할 때 3차원의 어느 지점에 위치하게 된다. 또한 실제 연구 결과들을 종합적으로 분석하게 되면 3차원 중 어느 부면에 많이 위치하는가 혹은 적게 위치하는가를 파악할 수 있다.

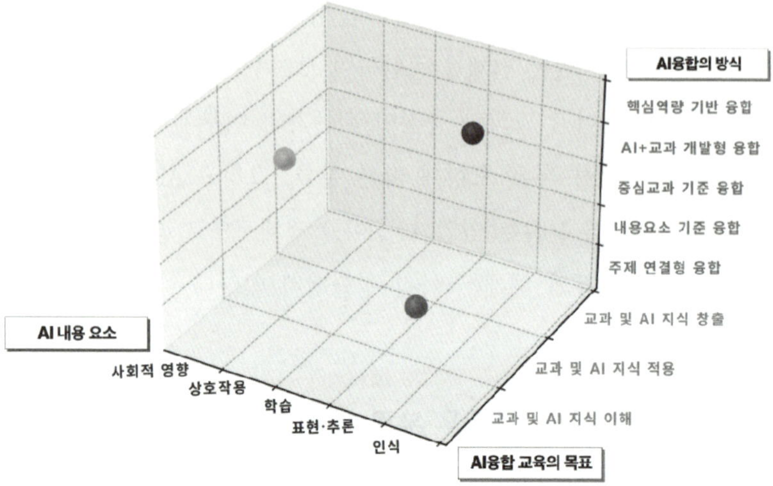

[그림 5-2] 인공지능 융합 교육 분류 체계의 세 가지 기준

먼저 AI 융합 교육목표 영역은 교육의 목표를 교과 및 AI 지식에 대한 '이해', '적용', '창출' 중 어느 영역에 해당하는지에 따라서 구분한다(〈표 5−1〉 참조). '교과 및 AI 지식에 대한 이해' 수준은 학생들은 교과의 기본 개념과 AI의 기초 이론 및 기술을 이해하고, 이를 설명할 수 있어야 하는 것을 목표로 한다. 황유리와 박남제(2023)의 연구를 살펴보면 초등학생 대상 AI 융합 수업에서 교과 지식으로는 '제주의 자연환경을 SVM으로 표현하는 것'으로, AI 지식으로는 SVM의 개념과 결정 경계의 설정 원리를 이해하는 것을 목표로 하며, 사회과의 제주 지역의 자연·인문·환경적 특징인 오름, 동백꽃, 유채꽃, 돌담, 말을 이해하고, 수학의 수직과 평행에 대한 이해를 목표로 한다.

'교과 및 AI 지식 적용' 수준은 교과와 AI의 이론적인 지식을 실생활 문제나 프로젝트에 적용하는 것을 목표로 한다. 서유나 외(2024)의 연구에서는 초등학교 대상 사회과 '저출산 · 고령화로 인한 변화'를 AI 융합 수업에서는 데이터에 대한 교육 이후, 이를 사회 수업에 적용하여 데이터를 탐색하고 수집 및 분석하는 것을 목표로 한다. '교과 및 AI 지식에 대한 창출' 수준에서는 교과와 AI 지식을 바탕으로 새로운 지식을 교과 교육에 통합 및 창출하는 것을 목표로 한다. 중학교 실과 교육에서 '안전한 주거생활'을 주제로 한 인공지능 융합 발명 교육 프로그램을 통해 안전 위해 요소를 확인하고 이를 인공지능을 활용한 해결안을 통해 산출물을 개발한다. 김다솔(2024)의 연구에서는 중학교 실과 교육에서 '안전한 주거생활'을 주제로 한 인공지능 융합 발명 교육 프로그램을 통해 안전 위해 요소를 확인하고 이를 인공지능을 활용한 해결안을 통해 산출물을 개발하는 것을 목표로 수업을 설계 · 개발하였다.

〈표 5-1〉 인공지능 융합 교육의 목표 구분

교육 목표	설명
교과 및 AI 지식 이해	학습자들은 교과의 기본 개념과 인공지능의 기초 이론 및 기술을 이해하고, 이를 설명할 수 있어야 한다.
교과 및 AI 지식 적용	학습자들은 교과와 인공지능의 이론적인 지식을 실생활 문제나 프로젝트에 적용할 수 있어야 한다.
교과 및 AI 지식 창출	학습자들은 교과와 인공지능 지식을 바탕으로 새로운 지식을 교과 교육에 통합 및 창출할 수 있어야 한다.

AI 융합 교육에서 다루게 되는 AI 내용 요소로는 교육부와 한국과학창의재단(2022)에서 제시한 '초 · 중등 인공지능 교육 내용 기준'과 미국 AI4K12에서 제안한 K-12를 위한 'AI의 5가지 빅아이디어'로 구

성될 수 있다(Touretzky, 2019). '인식(perception)', '표현과 추론(representation and reasoning)', '학습(learning)', '자연스러운 상호작용(natural interaction)', '사회적 영향(social interaction)' 중 어느 영역을 다루느냐에 따라 구분될 수 있다(〈표 5-2〉 참조). 홍희주와 박찬정(2023)의 연구에서는 인공지능 내용 요소로 '인식' 영역에서는 자율주행 자동차의 다양한 센서를 이해하고 설명하는 내용을 포함하고 있으며 '학습' 영역에서는 자율주행 자동차에 필요한 인공지능 모델을 기계 학습을 통해 구현하도록 하였다. 뿐만 아니라, 자율주행 자동차와 관련된 사회적·윤리적 문제를 탐구하고 해결하도록 하는 '사회적 영향' 요소까지 포함하여 수업을 설계하였다. 따라서 한 수업에서 하나의 인공지능 내용 요소 혹은 다수의 인공지능 내용 요소를 다루도록 설계할 수 있다.

〈표 5-2〉 인공지능 융합 교육의 인공지능 내용 요소 구분

인공지능 내용 요소	개념
인식	인공지능이 컴퓨터의 센서를 통해 세상을 인식하는 것과 관련된 내용
표현과 추론	인공지능이 인간과 다른 방식으로 정보를 표현하고 추론하는 방법과 관련된 내용
학습	인공지능이 데이터를 학습하는 방법과 관련된 내용
자연스러운 상호작용	지능형 에이전트와 인간이 상호작용하는 방법과 관련된 내용
사회적 영향	인공지능이 사회에 미치는 긍정·부정적인 영향과 관련된 내용

AI 융합 교육의 융합 방식은 선행 연구(김은태 외, 2022; 최숙영, 2023; 임은선 외, 2024)에서 많이 활용되고 있는 Fogarty(1991)의 통합교육과정 설계 모형 중 여러 교과 간의 통합모형을 기반으로 하는 다섯 가지가 고려된다. 이는 '주제 연결형 융합', '내용 요소 기준 융합', '중심 교과 기준 융합', 'AI+교과 개발형 융합', '핵심 역량 기반 융합'으로 나뉠 수 있다(〈표 5-3〉 참조). '주제 연결형 융합'이란 여러 교과에서 다루는 주제의 순서를 재조정하여 특정 주제하에 교과 및 AI의 내용을 논리적으로 연결하여 가르치는 방식을 의미한다. 황정 외(2021)의 연구에서는 사회 교과에서 딥페이크 기술과 윤리교육의 주제를 연결하여 인공지능 융합 프로젝트를 개발하여 적용하였다. '내용 요소 기준 융합'은 교과별 수업내용이 서로 유사하거나 동일할 때 공유하는 요소로부터 공통 개념을 찾아내 수업하는 방식을 의미한다. 수학 교과에서의 확률과 통계 내용과 AI 데이터 분석 기법에서 다루는 확률과 통계 분석 기법을 융합하여 수업을 설계하는 것이다. '중심교과 기준 융합'은 특정 교과를 중심으로 다른 교과와 AI를 통합하는 방식으로 김효정(2021)의 연구에서는 미술교과를 중심으로 과학교과와 정보교과를 융합하여 우주쓰레기 제거 융합디자인 수업을 설계하였다. 'AI+교과 개발형 융합'이란 특정 교과를 중심으로 다른 교과와 AI를 통합하는 방식을 의미한다. 이소율과 이영준(2021)의 연구에서는 화학 교과와 정보(인공지능)교과의 내용적 요소를 탈학문적으로 융합하여 'AI 과학'이라는 새로운 융합 교육 프로그램을 개발한 것으로 간주할 수 있다. 마지막으로 '핵심 역량(문제해결) 기반 융합'은 특정 역량 향상(예: 문제해결력, 창의융합적 사고)을 위해 수학, 사회, 윤리지식을 통합하여 AI 기술을 활용한 특정 문제상황을 해결하는 학습 수행 방식으로 설명할 수 있다. 융합의 방식은 한 방식에만 국한되지 않고 두 개의 방식에 동시에 해당할 수 있다. 김혜란과 최선영(2021), 홍희주와 박찬정(2023)의 연구는 '중심교과 기준 융합'이면서 '핵심 역량(문제해결) 기반 융합'으로 분류될 수 있다.

〈표 5-3〉 AI 융합 교육의 융합 방식 구분: 교과 간 융합 방식

Fogarty(1991)	AI 융합의 방식	설명
Sequenced (계열형)	주제 연결형 융합	여러 교과에서 다루는 주제의 순서를 재조정하여 특정 주제하에 교과 및 AI의 내용을 논리적으로 연결하여 가르치는 방식
Shared (공유형)	내용 요소 기준 융합	교과별 수업내용이 서로 유사하거나 동일할 때 공유하는 요소로부터 공통 개념을 찾아내 수업하는 방식
Webbed (거미줄형)	중심 교과 기준 융합	특정 교과를 중심으로 다른 교과와 AI를 통합하는 방식
Threaded (실로꿴형)	AI+교과 개발형 융합	AI 학습 요소를 바탕으로 새로운 교과과정을 개발하는 방식
Integrated (통합형)	핵심 역량(문제해결) 기반 융합	특정 역량 향상(예: 문제해결력)을 위해 수학, 사회, 윤리지식을 통합하여 AI 기술을 활용한 특정 문제상황을 해결하는 학습 수행 방식

3.2. 분류 체계에 따른 연구 실제 분석

임철일 외의 연구(2025)에서는 위 분류 체계에 따라서 2019년에서 2024년 초반까지 발간된 AI 융합 교육을 수집·분석하였다. 일반 AI 활용 교육에 해당하는 연구를 제외하고 엄격한 의미의 AI 융합 교육

에 포함되는 26개의 연구 결과를 대상으로 분석하였다.

먼저 2021년 이후 AI 융합 교육에 관한 연구가 증가하고 있으며, 2023년도에 12편이 출간되었고, 2024년 2월 시점까지 5편이 출간되는 등 최근에 이르러서 연구가 증가하고 있는 추세를 확인할 수 있다. 2024년 이후 AI 융합 교육 관련 연구 결과(이창권 외, 2024; 임은선 외, 2024; 조민지 외, 2024)들이 나타나는 것을 보면, 향후에도 AI 융합 교육의 실제와 연구에 대한 관심이 증가할 것으로 예상할 수 있다. 이런 측면에서도 AI 융합 교육의 유형의 틀을 활용하여, 향후 AI 융합 교육 연구가 어디에 초점을 두고 이루어질 때 교육 현장에 보다 실제적인 변화를 가져올 수 있는가를 살펴볼 수 있을 것이다.

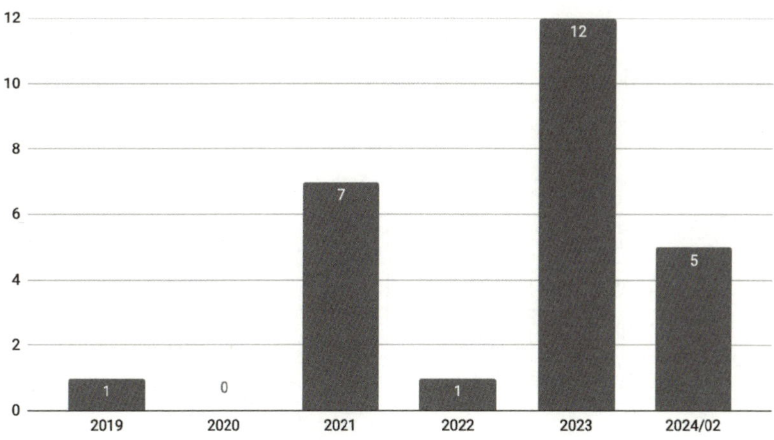

[그림 5-3] 연구별 연구 동향($N = 26$)

AI 융합 교육의 목표의 경우 교과 및 AI 지식에 대한 이해, 교과 및 AI 지식에 대한 적용, 교과 및 AI 지식에 대한 창출로 분류하였으며, 전체 26편의 논문들이 교과 및 AI 지식에 대한 창출(n=13), 교과 및 AI 지식에 대한 적용(n=12), 교과 및 AI 지식에 대한 이해(n=1) 순으로 구분되었다(〈표 5-4〉 참조). 학술적 연구 차원에서 실행된 AI 융합 교육임을 고려할 때, 기초적인 수준의 이해 수준을 벗어나서 적용에 해당하는 부분이 많이 있었으며, 특히 문제 해결과 같은 창출의 목표를 위하여 상당한 기간 동안 이루어진 것이 많았다.

문제 해결과 같은 창출 목표에 대한 많은 관심은 장기적이고 체계적인 AI 융합 교육의 효과를 검토한다는 점에서는 의의가 있다. 그러나 AI 융합 교육의 실천적 저변 확대를 위해서는 간단한 이해 수준의 AI 융합 교육을 일반 교사들이 어떻게 할 수 있는가를 보여주는 교수학습 모형 혹은 프로그램의 개발도 필요하다. 한두 차시의 수업을 통해서 구현되는 것을 안내하는 AI 융합 교육을 위한 교수학습 모형의 개발의 필요성을 확인할 수 있다.

〈표 5-4〉 AI 융합 교육 목표 분석결과($N=26$)

교육 목표	문헌 수(%)
교과 및 AI 지식 창출	13(50%)
교과 및 AI 지식 적용	12(46.2%)
교과 및 AI 지식 이해	1(3.8%)

AI 융합 교육의 내용 요소로는 인공지능 학습(n=22)에 대한 요소가 제일 많이 다뤄졌다(〈표 5-5〉 참조). 다음으로 인식(n=17), 상호작용(n=8), 표현과 추론(n=7), 사회적 영향(n=7) 순으로 나타났다. 인공지능 학습 영역은 인공지능이 학습 데이터를 활용하여 지도 학습,

비지도 학습, 강화 학습이 어떻게 이루어지는가를 대상으로 하는 것이다. 이 부분은 인공지능에 관한 교육 내용의 중심을 이루는 것으로서, 한국교육학술정보원에서 AI 체험 프로그램 사이트인 edu AI (https://keris-eduai.co.kr/)를 통해서 제공될 정도이다. 이 사이트를 통하여 인공지능의 학습 과정에 대하여 설명과 체험을 초등학교 수준부터 고등학교 수준에 이르기까지 제공하고 있다.

〈표 5-5〉 AI 융합 교육의 인공지능 내용 요소 분석결과(N=26)

AI 내용	문헌 수(%)
학습	22(36.1%)
인식	17(27.9%)
자연스러운 상호작용	8(13.1%)
표현과 추론	7(11.5%)
사회적 영향	7(11.5%)

그러나 인공지능의 학습 과정에 대한 이해가 중요한 내용임에도 불구하고 '인식', '자연스러운 상호작용', '표현과 추론', '사회적 영향'과 같은 다른 영역도 일반 교과 내용과 융합할 수 있다는 점에서 향후 실천과 연구에서도 다양한 방식으로 다룰 필요가 있다. 특히 간단한 이해 수준으로 한두 차시 수업에서 실천할 수 있는 AI 융합 교육을 안내할 수 있는 필요성에 맞물려서, 예컨대 프롬프트 원칙과 절차 또는 AI 윤리를 다루는 AI 융합 교육을 개발할 수 있다. 프롬프트 원칙과 절차는 넓게는 '자연스러운 상호작용' 영역의 연장선에 있는 AI 내용 영역으로 볼 수 있다. 프롬프트 엔지니어링(prompt engineering)에서

다루고 있는 프롬프트 기술을 특정의 교과 지식을 이해하는 과정에 적용할 수 있다.

다음으로 AI 융합 교육 융합의 방식으로는 〈표 5-6〉과 같이 핵심 역량(문제해결) 기반 융합(n=12)이 가장 큰 비중을 차지하였다. 다음으로 중심교과 기준 융합(n=8), 주제 연결형 융합(n=5), 내용 요소 기준 융합(n=5), AI+교과 개발형 융합(n=1) 순으로 나타났다. 핵심 역량 기반의 융합 방식이 가장 높게 나타난 것은 교과 차원의 융합을 벗어나서 문제해결력과 같은 고차적 역량 개발을 목표로 교과를 선택적으로 융합하였다는 것을 보여준다. 이 부분은 AI 융합 교육의 특징을 보여주는 현상 중의 하나이다. 즉 특정의 교과 지식의 이해와 적용에 제한을 두지 않고 융합 교육이 지향하는 문제해결력을 목표로 하는 것이다.

〈표 5-6〉 인공지능 융합 교육 융합의 방식(N=26)

AI 융합의 방식	문헌 수(%)
핵심 역량(문제해결) 기반 융합	12(38.7%)
중심교과 기준 융합	8(25.8%)
주제 연결형 융합	5(16.1%)
내용 요소 기준 융합	5(16.1%)
AI+교과 개발형 융합	1(3.2%)

한편, AI 융합 교육에 개별 교과가 융합되는 방식을 분석하는 차원에서 2022 개정 교육과정에서 제시한 교과목을 기준으로 융합한 교과목의 수를 살펴본 결과, 53.8%(n=14)가 단일 교과에서 적용하였으며,

30.8%(n=8)는 세 개 이상의 교과목을 융합하여 적용하였으며, 15.4%(n=4)는 두 개 교과목을 융합하여 적용하였다(〈표 5-7〉 참조).

〈표 5-7〉 융합한 교과목의 수($N=26$)

융합한 교과목의 수	문헌 수(%)
단일 교과	14(53.8%)
세 개 이상 교과목	8(30.8%)
두 개 교과목	4(15.4%)

어떤 교과가 융합되었는지 살펴볼 때 많이 융합된 교과는 과학(n=11), 사회(n=9), 기술(n=8), 정보(n=6) 교과 순서이며, 반면 영어, 역사, 한문, 제2외국어 등은 사례가 없는 것으로 나타났다([그림 5-4] 참조). 이 같은 결과는 AI 융합 교육의 실질적 구현 가능성을 따져볼 때 마땅히 나올 수 있어 보인다. AI 융합 교육의 이론적 가능성은 과학 교과로부터 나올 수 있다. 왜냐하면 기존 융합 교육의 출발점이 과학 교과목과 공학, 기술, 그리고 수학 교과목 간의 융합으로 나왔기 때문이다. AI 내용 영역의 핵심이 주로 공학과 기술이라고 본다면, 바로 이러한 AI의 공학과 기술이 어떻게 과학 교과와 융합될 수 있는가 하는 점을 당장 따져볼 수 있기 때문이다. 이러한 이론적 가능성은 과학 교과가 AI 융합 교육에 가장 많이 시도되고 있다는 실제적인 연구 결과와도 일치한다.

한 가지 흥미로운 것은 사회 교과가 바로 이어서 AI 융합 교육에서 많이 나타나는 점이다. AI의 핵심 내용으로 학습 영역이 많이 다루어진다고 앞에서 언급했지만, 사회과에서 많이 다루는 인구 문제, 경제 문제, 환경 문제 등을 AI의 학습 영역 지식 및 기술과 연결하여 재해석하면서 문제 해결 활동까지 이어지는 실제가 나타나고 있다.

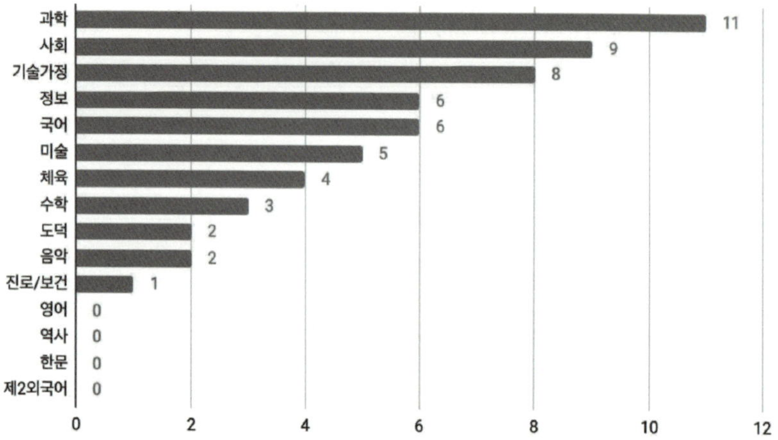

[그림 5-4] AI 융합 교육의 교과목별 분석 결과($N = 26$)

이렇게 과학 교과 및 사회 교과에서 AI 융합 교육 연구가 많이 수행된 점은 향후 빠르게 이러한 교과 분야에서 일반 교사들의 AI 융합 교육 실천이 많이 이루어질 수 있음을 전망하게 한다. AI 융합 교육이 학교 현장에서 많이 적용되기 위해서는 일반 교사들도 구현 가능한 교수학습 모형과 사례들이 제공될 필요가 있다. 그 점에서 과학, 사회, 기술 가정 교과는 타 교과에 비하여 관련 연구들이 많이 이루어 졌다는 측면에서 강점이 있다.

반면에 다른 교과들은 미비하거나 심지어 한 건도 없는 경우도 나타나고 있는데, 이런 현상이 나타난 원인을 분석하면서 관련 대처를 할 필요가 있다. 예컨대 AI를 교과 교육에 적극적으로 활용하는 영어 교과의 경우에는 AI 활용 교육에 비하여 AI 융합 교육에는 그다지 큰 관심을 보이고 있지 않다. 초중고 교육에 있어서 도구적 교과의 성격이 있거나 혹은 전통적으로 융합 교육에 큰 관심을 보이지 않았던 교과들, 예컨대 영어, 외국어, 한문 그리고 역사 교과의 경우에는 AI 융합 교육 시도를 본격적으로 하고 있지 않다. 그러나 2022 개정 교육과정에 따라서 2025년부터는 모든 교과에서 AI 리터러시를 다루어야 한다. 특히 각 교과는 AI 활용 교육을 벗어나서 앞에서 언급한 다섯 가지 AI 내용 영역을 자신의 교과와 융합하는 방식에 대하여 기존 과학 교과와 사회 교과의 시도를 참고하여 발전시킬 필요가 있다.

4. 미래교육을 위한 고려사항: AI 융합 교육의 연구 방향

AI 융합 교육의 필요성이 제기된 이후, 그것의 의미를 구체화하면서 실제적인 구현을 위한 연구 노력이 지난 몇 년 사이에 활발하게 이루어지고 있다(임은선 외, 2025). 그러나 AI 융합 교육에 관한 다양한 연구와 실제를 종합적으로 분석하면서 향후 필요한 연구 방향을 안내하는 시도는(최숙영, 2023) 이제 시작 단계이다. 본 글에서는 이런 문제 의식을 발전시켜 AI 융합 교육의 의미를 분명히 하면서, AI 융합 교육을 체계적으로 분석할 수 있는 분류 체계(임철일 외, 2025)를 제시하였다. 이 분류 체계를 활용하여 최근 국내 AI 융합 교육 연구 결과 총 26편을 분석하였다. 분석 결과를 바탕으로 다음과 같은 세 가지 향후 연구 방향을 제안한다.

첫째, AI 융합 교육의 학교 현장 실천을 확대하기 위해서는 AI 융합 교육 목표 중 이해 수준을 겨냥한 간단한 교수학습 모형이나 교육 프로그램이 보다 많이 개발될 필요가 있다. 새롭게 제시된 AI 융합 교육의 분류 체계에 따라서 실제 이루어진 최근 연구 결과를 분석한 결과 교과 및 AI 지식의 창출과 적용이 다수를 이루고 있으며, 교과 및 AI 지식 이해는 소수였다. AI 융합 교육이 지향하는 궁극적인 목표가 문제해결과 같은 상위 목표라는 점에서, 연구 차원에서 시도된 교수학습 모형이나 교육 프로그램 개발과 적용이 이러한 목표를 대상으로 하는 것은 예견된 일이다. 또한 이런 추세는 앞으로도 연구 차원에서 계속 일어날 수 있다. 그러나 복잡한 AI 융합 교육 교수학습 모형이나 교육 프로그램을 참고하여 장기간에 걸쳐서 학교 현장에서 AI 융합 교육을 평상시에 실천하는 것은 쉽지 않다. 일반 교사들이 간단하게 AI 융합 교육을 일상적으로 실행할 수 있는 방안을 모색해야 한다. 예컨대 교과 및 AI 지식의 초급 수준의 융합적 이해를 가능하게 하는 일반적인 교수학습 모형이나 교육 프로그램의 개발이 필요하다.

둘째, AI 교육 내용으로 학습 이외의 다른 요소들을 고려한 AI 융합 교육이 어떻게 가능할 수 있는가를 보여주는 연구가 필요하다. AI 교육 내용으로 크게 인식, 자연스러운 상호작용, 학습, 표현과 추론, 사회적 영향과 같이 다섯 가지가 제안되어 있다(Touretzky, 2019). AI에 대한 이해에 있어서 데이터를 기반으로 학습한다는 것은 매우 핵심적이면서 중요한 영역에 속하기 때문에 초기에 이를 대상으로 AI 융합 교육 프로그램이 만들어지거나 관련 교수학습 모형에 관한 연구가 많이 이루어졌다. 그리고 이런 경향은 앞으로도 계속될 것으로 보인다. 그러나 AI 관련 교육 내용의 복잡성에 비추어 볼 때 다른 영역의 AI 지식을 일반 교과와 융합하려는 노력이 요구된다. 예컨대, AI 관련 기술이 여러 층의 사람들과 다양한 부분으로 확장되어 가면서 AI 윤리 문제가 매우 심각하게 드러나고 있다. 개발 단계에서부터 활용 단계에 이르기까지 개인 정보를 어떻게 보호할 것인가에 대한 비판적 논의가 교육적 장면에서 다루어져야 한다. 그리고 이것은 별도의 교과에서만 다루어져서는 안 되며, 개별 교과의 특성에 맞추어서 AI 윤리가 다루어지는 것을 고려할 필요가 있다. AI 윤리 이외에도, 인식, 자연적 상호작용, 표현과 추론 영역과 관련된 AI 융합 교육이 실천될 필요가 있다.

셋째, 다양한 교과목과 AI 융합 교육을 시도할 필요가 있다. AI 융합 교육 분류 체계의 융합 방식에 따라서 선행 연구들을 분석한 결과 교과 차원을 벗어나서 문제해결과 같은 핵심 역량 기반의 융합 교육이 다수를 차지하였다. 또한 중심 교과를 두고 다른 교과들이 참여하는 방식의 융합도 적지 않게 이루어졌다. 그러나 이 과정에 빠지지 않고 나타나는 교과가 있는 반면에 적게 혹은 거의 포함이 되지 않는 교과들도 나타났다. 예컨대, 도덕, 음악, 진로와 보건, 영어, 역사, 한문, 제2외국어 등은 AI 융합 교육이 제대로 이루어지지 않고 있다. 이러한 현상은 교과 내용의 특성이 AI 지식과 연결 고리가 적기 때문에 나타나는 측면도 있겠지만, AI 융합 교육의 가능성을 적극적으로 탐색하려는 시도가 이루어지지 않기 때문이기도 하다. AI 융합 교육이 이루어지기 어려울 것으로 예상되는 체육 교과(김봄솔 외, 2024)의 경우나 영어 교과(김승하, 2025)의 경우에도 AI 융합 교육이 이루어지는 것을 보면, 기존의 다른 교과에서도 AI 융합 교육의 가능성을 검토할 필요가 있다. 2022 개정 교육과정이 모든 교과에서 디지털 리터러시, 더 나아가서 AI 리터러시를 다루어야 한다는 점에서 이 부분은 보다 적극적으로 탐색될 필요가 있다.

AI 융합 교육의 필요성에 대한 강조에서 벗어나서 이제는 구체적으로 AI 융합 교육이 어떻게 구현될 수 있는가를 보여주어야 한다. 본 글에서 제시된 AI 융합 교육 분류 체계는 그런 점에서 어떤 AI 융합 교육이 지금까지 이루어져 왔고, 어떤 AI 융합 교육이 향후에 이루어질 필요가 있는가를 안내하고 있다. 향후 다양한 교사 교육 현장에서 이와 관련된 연구와 논의가 활성화되기를 기대한다.

참고문헌

김다솔(2024). 인공지능 융합 발명교육 프로그램이 발명 태도에 미치는 영향. 교육발전, 43(3), 663-679.

김봄솔, 문준현, 양희종, 김종훈(2024). 체육 교과와 연계한 인공지능 융합 교육 프로그램 개발 및 적용. 정보교육학회논문지, 28(5), 593-302.

김승하(2025). 인공지능 융합 영어 읽기 수업 설계원리 개발: 자연어처리 원리를 중심으로. 석사학위논문.

김은태, 강현지, 성유진, 박동화, 유병현, 송효선, 전선영(2022). 교원학습공동체를 통한 융합 교육과정 재구성 및 수업 개발 과정 탐구. 서울특별시교육청교육연구정보원.

김효정(2021). 인공지능을 활용한 융합디자인 수업이 중학생의 자기주도적 학습에 미치는 영향: 우주쓰레기 제거 게임디자인 수업을 중심으로. Archives of design research, 34(2), 89-103.

김혜란, 최선영(2021). 인공지능 융합 교육프로그램의 개발과 적용: '식물의 생활' 단원을 중심으로. 초등과학교육, 40(4), 433-442.

박가영, 황수민, 이정민(2023). 교사의 인공지능 융합 교육 교수역량 척도 개발 및 타당화. 교육공학연구, 39(1), 315-344.

박한별, 김자미, 이원규(2021). 인공지능 융합 교육을 위한 교원의 역량 도출. 컴퓨터교육학회 논문지, 24(5), 17-25.

서유나, 노지영, 박미림, 정수진(2023). 데이터 기반의 인공지능 융합 초등 사회과 탐구학습을 위한 수업모형 및 교수전략 개발 연구. 학습자중심교과교육연구, 23(12), 1-25.

이소율, 이영준(2021). 머신러닝 교육 플랫폼 활용 '분자 구조의 이해'를 위한 융합 교육 프로그램 개발. 정보교육학회논문지, 25(6), 961-972.

이재호, 이승훈, 이동형(2021). 초등 AI 융합 교육 프로그램의 교육 효과성 분석. 정보교육학회논문지, 25(3), 471-481.

이창권, 노하은, 김민정(2024). 문제 이해 역량을 위한 창의적 문제해결(CPS) 모형 기반 인공지능 융합 수업 모형(AI-CPF) 개발. 창의력교육연구, 24(2), 17-43.

임은선, 임민희, 전민선, 임철일(2024). 데이터 리터러시 향상을 위한 교과 간 AI 융합 수업 설계 모형 개발. 교육정보미디어연구, 30(1), 155-179.

임은선, 홍수민, 임철일(2025). AI 융합 교육에 대한 초등교사의 인식 및 교육 요구도 분석. 컴퓨터교육학회 논문지, 28(2), 49-60.

임철일, 박철규, 황윤정(2024). 국가 교육 사업의 협력적 거버넌스 실천 사례 분석: 교원의 AI · 디지털 역량 강화를 위한 AIEDAP(아이에답) 사업을 중심. 교육행정학연구, 42(1), 193-220.

임철일, 한옥결, 채지윤, 홍수민, 고보경, 임은선 (2025). 인공지능 융합 교육 연구 동향과 발전 방향. 교육공학연구, 41(1), 363-395.

전수진, 이주강, 최희원, 이석, 김민정(2023). 인공지능 융합 교육을 위한 초중등학교 연계형 인공지능 교육 내용체계 개발. 컴퓨터교육학회 논문지, 26(2), 71-88.

정제영, 김갑수, 박보람, 박휴용, 이선복, 전우천, 정영식, 조헌국, 최숙영, 하민수(2023). AI 융합 교육개론. 피와이메이트.

조민지, 김미래, 윤영집, 신병철(2024). 인공지능 리터러시를 위한 AI 융합 영어 쓰기 수업 모형 개발: 프롬프트 엔지니어링을 중심으로. 학습자중심교과교육연구, 24(6), 135-157.

최숙영(2023). AI 융합교육의 이해와 해결 과제에 대한 고찰. 산업융합연구, 21(1), 147-157.

한국과학창의재단(2022). 초중등 인공지능(AI)교육 학교 적용 방안 연구보고서.

홍희주, 박찬정(2023). 컴퓨팅 사고력 향상을 위한 중학교 기술교과의 수송기술 문제 중심 인공지능 기반 융합 교육 프로그램 개발. 컴퓨터교육학회 논문지, 26(1), 83-94.

황정, 최은정, 한정혜(2021). 딥페이크 앱 활용 윤리교육 융합 프로젝트의 개발 및 적용. 정보교육학회논문지, 25(2), 405-412.

황유리, 박남제(2022). 초등학생을 위한 모듈형 CNN 핵심 원리 교육 프로그램 개발. 차세대융합기술학회논문지, 6(12), 2344-2353.

Actua. (2023). STEM learning, science and technology for youth. Actua. Retrieved from https://actua.ca/

Fogarty, R. (1991). *How to Integrate the Curricula*. IRI/Skylight Publishing.

Touretzky, D. S. (2019, November 21). *What should K-12 students know about artificial intelligence?* Princeton ACM. http://princetonacm.acm.org/downloads/TouretzkyAI4K12-2019-11-21.pdf (Original work retrieved October 28, 2024).

CHAPTER 06

데이터 리터러시 향상을 위한 AI 융합 수업 설계 모형과 사례[1]

임은선(서울대학교)

1. 시작하며: AI 융합 교육을 통한 데이터 리터러시 향상의 가능성

현대 사회는 빅데이터, 인공지능과 같은 첨단 테크놀로지를 중심으로 사회 및 산업 전반에서 다양한 변화가 진행되고 있는 디지털 대전환의 시대이다. 특히 데이터의 양이 기하급수적으로 증가하면서 다양한 분야에서 데이터를 활용한 혁신의 기회가 창출되고 있어(문현우 외, 2024), 교육을 포함한 많은 분야에서 데이터에 대한 관심이 뜨겁다. 특히 미래사회를 살아갈 인재에게 데이터를 효과적으로 활용하기 위해 데이터를 적절하게 찾거나 수집하고, 분석하고, 평가하며, 비판적으로 활용할 수 있는 데이터 리터러시가 필수적인 핵심역량으로 꼽히고 있다. 데이터를 효과적으로 활용하기 위해서는 데이터를 적절하게 찾거나 수집하고, 분석하고, 평가하며, 비판적으로 활용할 수

1) 이 글은 저자가 2024년도에 게재한 '데이터 리터러시 향상을 위한 교과 간 AI 융합 수업 설계 모형 개발'의 내용을 중심으로 작성하였다.

있는 데이터 리터러시가 필수적이다(문현우 외, 2024; 임철일, 2019; Ridsdale et al., 2015).

데이터 리터러시(data literacy)란 수치나 값 등의 데이터와 문해 능력을 뜻하는 리터러시가 결합된 단어로, 데이터를 읽고 쓸 수 있는 능력(조예진, 김철, 2023; 임은선 외, 2024), 그리고 그 능력을 활용해 실생활의 다양한 문제를 해결할 수 있는 역량을 의미한다(송유경 외, 2021). 데이터 리터러시는 4차 산업혁명 시대를 살아가는 미래 시민으로서 반드시 갖추어야 하는 역량이다(배화순, 2019). 경제협력개발기구(OECD)에서는 교육 2030 프로젝트의 발표를 통해 디지털 대전환 시대에서 사회적 변화에 대응하기 위해 필요한 핵심역량으로 데이터 리터러시를 제시하였으며(OECD, 2018), 유럽연합(EU)에서는 디지털역량 프레임워크(DigComp)를 통해 데이터 리터러시가 디지털 역량의 주요 구성 요소임을 강조하였다(Vuorikari et al., 2022). 이러한 흐름과 함께 최근에는 인공지능 교육이 학교 교육에서 기초 소양으로서 강조되기 시작하면서 데이터 리터러시 교육 향상을 위한 교육의 중요성이 대두되고 있다.

데이터 리터러시를 구성하는 요소로는 학자에 따라 다양한 요소들이 제시되고 있다. 한상우(2020)는 데이터 리터러시를 디지털 기술 측면과 인문학 측면에서 구분하여 제시하였는데, 디지털 기술 측면에서는 데이터의 수집, 정제, 분석, 시각화, 사회 운용성, 공유 등의 요소를 제시하였고 인문학 측면에서는 논리적 추론, 소통과 협력, 커뮤니케이션, 스토리텔링을 제시하였다. 배화순(2019)은 데이터 수집, 이해, 분석, 평가, 시각화, 의사소통을 데이터 리터러시의 구성 요소로 제시하였고, 송유경 외(2021)는 데이터의 통계적 분석과 데이터를 활용한 의사소통으로 구분하여 제시하였다. 임철일 외(2022)는 여러 선행연구들을 종합하여 데이터 리터러시의 구성 요소를 다음 〈표 6-1〉과 같이 네 가지로 구분하였다. 이 구분에 따르면 데이터 리터러시는 크게 데이터 생성 및 조직, 데이터 활용 및 분석, 데이터 기반 의사소통, 데이터 윤리를 포함하며, 각 영역별로 세부 역량들이 포함된다.

〈표 6-1〉 데이터 리터러시의 구성 요소(임철일 외, 2022)

구분	세부 역량
데이터 생성 및 조직	데이터 형식 및 데이터베이스 소개
	데이터 수집
	데이터의 정제 및 처리
	데이터 관리 및 조직
데이터 활용 및 분석	데이터 이해
	데이터에 기반한 질문 및 응답
	데이터 정보 추출
	데이터 시각화
	데이터 활용
	데이터 판단 및 비판
	논리적 추론
데이터 기반 의사소통	데이터 활용 의사소통
	소통과 협력
	스토리텔링
데이터 윤리	데이터 인용 및 활용 관련 윤리

이러한 데이터 리터러시를 향상시키기 위한 한 가지 방안으로서 AI 융합 교육이 있다. AI 융합 교육은 AI의 핵심 개념 및 원리에 대한

이해를 기반으로 타 교과와의 융합을 통해 교과의 문제를 해결하고 새로운 가치를 창출하는 수업을 의미하며(신원섭, 2020; 임다미 외, 2022; 임은선 외, 2024; 전인성 외, 2021; 최숙영, 2023), AI 융합 교육의 중요한 목표 중 하나는 데이터 리터러시 함양이다.

먼저 국내에서는 교육부와 한국과학창의재단이 공동 개발한 인공지능 교육과정에서 데이터가 인공지능 교육의 상당한 부분을 차지하고 있음을 확인할 수 있다(임다미 외, 2022). 예를 들어 중학교 수준에서의 인공지능 교육의 목표를 보면, 데이터는 인공지능 기술 발전의 원동력이며 학생들은 데이터의 가치를 이해해야 한다고 명기되어 있다. 인공지능의 내용 요소에 대해서도 인공지능의 원리 및 활용 영역에 데이터에 대한 학습 내용이 포함되어 있으며, 초등학교에서부터 고등학교 심화과정에 걸쳐 각 학교급의 수준에 적합한 데이터 내용 요소를 익히도록 강조하고 있다(조예진, 김철, 2023).

해외에서는 인공지능 교육 프레임워크로 미국의 AI4K12에서 제시한 인식(perception), 표현 및 추론(representation & reasoning), 학습(learning), 자연스러운 상호작용(natural interaction), 사회적 영향(social impact)이 가장 보편적으로 알려져 있었으나, 캐나다의 ACTUA(2020)에서는 이 5가지 요소에 데이터를 추가한 프레임워크를 새롭게 제시하며 데이터를 이해하는 것이 인공지능 교육의 기초이자 필수사항임을 강조하였다.

이를 종합해 보면, 데이터 리터러시 향상을 위해 AI 융합 교육을 설계 및 실천할 수 있으며, 각 학교급별로 학생들에게 실제 적용 가능한 AI 및 데이터의 개념과 원리를 교과의 개념과 원리에 적절히 융합한 교육 프로그램의 개발과 적용이 요구된다(김수현, 김동호, 2024).

2. 데이터 리터러시 향상을 위한 AI 융합 수업 설계 모형과 사례

데이터 리터러시 향상을 목표로 하는 AI 융합 수업의 모형에 대한 연구와 학교급별 수업 사례를 소개하고자 한다. 먼저 중학교에서 국어와 정보 교과 간 AI 융합 수업이 실행된 사례를 소개하고, 이어서 고등학교에서의 정보, 사회, 국어 교과 간 AI 융합 토론 수업 사례, 초등학교에서의 국어, 수학, 사회, 실과 교과 간 AI 융합 교육 사례를 소개한다.

2.1. 중학교에서의 AI 융합 교육 사례: 데이터 리터러시 향상을 위한 교과 간 AI 융합 수업 사례를 중심으로(임은선 외, 2024)

AI 융합 교육은 AI에 대한 개념 및 원리를 학습의 대상으로 하기 때문에 교사가 AI에 대한 지식을 가지는 것이 전제 조건이다. 그러나 모든 교사가 AI에 대한 고차적인 지식을 갖기는 어려울 수 있으므로, 정보 교사 등 AI에 대한 지식을 갖춘 동료 교사와 협력하여 교과 간 AI 융합 수업을 설계할 수 있다. 또한 정보 교과에서만 AI를 다루기에는 기존 교과 진도의 부담, 시수의 부족 등의 현실적인 문제가 있으므로 정보 교사 또한 타 교과 교사와 협력하여 AI 융합 수업을 진행해 볼 수 있다.

이처럼 AI에 대한 이해를 기반으로 하여 여러 교과 간 내용을 연계하는 간학문적 접근을 통해 학습자의 인식과 경험을 통합하고 실생활

속 문제를 해결하는 것을 목표로 하는 AI 융합 교육을 '교과 간 AI 융합 교육'이라고 한다(경기도교육청, 2023).

임은선 외(2024)는 교과 간 AI 융합 교육의 필요성을 바탕으로, 현장 교사들이 교과 간 AI 융합 교육을 설계할 때 참고할 수 있는 모형을 개발하였다. 구체적인 연구 절차로는 먼저 선행문헌 검토를 통해 교과 간 AI 융합 수업 설계 모형의 초안을 개발하고, 총 4명의 전문가를 대상으로 2차례의 전문가 타당화를 실시하여 초기 모형을 수정하여 3차 모형을 도출하였다. 이후 서울시 내 B 중학교의 1학년 국어 교사와 정보교사, 1개 학급의 학습자 28명을 대상으로 현장 적용을 진행하였다. 현장 적용 이후 설문과 면담을 통해 교사와 학생의 반응을 수집하였으며, 이 결과를 반영하여 최종 모형을 도출하였다.

먼저 교과 간 AI 융합 수업 설계를 위한 최종 모형은 다음과 같다. 최종 모형은 협력교사 간 협의체 구성, 분석, 설계, 사용성 평가, 개발, 실행, 총괄 평가와 같은 7단계로 구성된 각 단계는 비선형적, 순환적, 반복적인 특징이 있으므로 단계를 반드시 순서대로만 진행해야 하는 것이 아니고 유연하게 진행할 수 있다. 각 단계별 구체적인 절차와 특징을 살펴보면 다음과 같다.

- 협력교사 간 협의체 구성: 교과 간 AI 융합 수업은 2명 이상의 교사의 협력이 매우 중요하므로, 협력교사 간 협의체를 구성하는 것부터 시작된다. 협의체에서는 융합 교과의 탐색, 소통체계 마련, 역할 분담의 과정을 거친다. 특히 수업을 설계하고 실천하는 데 있어 주도적으로 이끄는 교사를 선정하여 적절한 역할 분담을 하는 것이 필요하다.

- 분석: 분석 단계에서는 관련 문헌이나 사례 분석, 요구 분석, 학습자 분석, 학습 환경 분석을 실시할 수 있다. 특히 문헌 및 사례 분석 시에는 융합의 대상이 되는 교과의 2022 개정 교육과정을 분석하여 각 교과의 특성, 융합이 가능한 주제와 요소를 추출하는 과정이 필요하다. 또한 학습자 분석에서 학습자들의 선수학습 수준, 데이터 리터러시 역량 등을 분석하여 학습자의 수준에 맞는 수업 내용과 목표를 설계해 볼 수 있다.
- 설계: 다음으로 협력교사 간 협의를 통해 프로토타입을 설계한다. 먼저, 프로토타입에는 교육과정 융합 방식, 수업 목표, 수업 내용 및 절차, 수업 방식, 수업 평가 방식 등이 포함된다.
- 사용성 평가 및 개발: 설계안에 대해서는 동료 교사 혹은 관련 분야 전문가를 대상으로 사용성 평가를 실시한다. 사용성 평가 시 주안점을 두는 것은 교육과정 융합 방식, 수업 목표 등의 설계안이 타당한지, 실제 교육 현장에서 실천할 수 있는 수준인지 등이다. 사용성 평가는 여러 번 반복적으로 실시할 수 있으며, 이 과정을 통해 프로토타입의 완성도를 제고할 수 있다. 개발 단계에서는 사용성 평가를 통해 확정된 설계안을 바탕으로 실제 수업을 하기 위해 필요한 산출물을 개발한다. 대표적인 산출물로는 교수자용 수업 자료, 학습자용 수업 자료가 있으며, 데이터를 다루는 수업이므로 학습자의 수준에 따른 데이터(raw data) 혹은 가공된 데이터를 선정해야 한다.
- 실행: 실행 단계는 최종 프로토타입을 실제 교육 현장에 적용하는 것이다. 이때 효과적인 수업 운영을 위해 디바이스, 네트워크와 같은 학습 환경을 미리 점검하고, 왜 교과 간 AI 융합 수업을

실시하는지에 대해 학생들에게 안내하는 사전 준비 활동이 필요하다.

- 총괄 평가: 마지막 총괄 평가 단계는 수업의 실행 이후 수업의 효과를 종합적으로 평가하는 단계이다. 이때 학습자의 반응을 관찰 및 평가하고, 데이터 리터러시 역량 및 태도에 대해서도 평가할 수 있다. 교사 또한 스스로의 수업을 성찰하고 협력교사 간 수업 평가를 진행해서 수업의 효과를 확인한다.

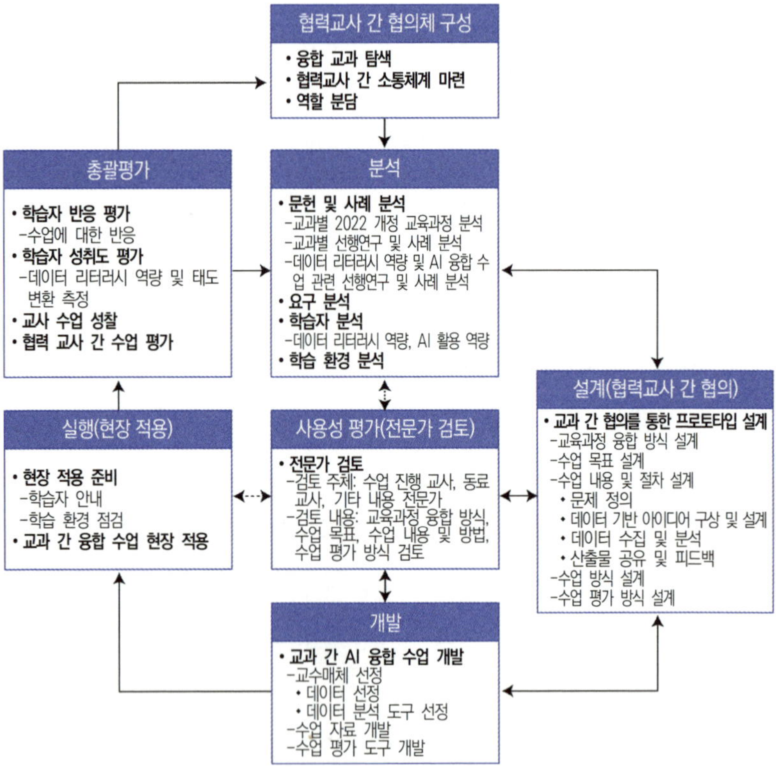

[그림 6-1] 데이터 리터러시 향상을 위한 교과 간 AI 융합 수업 설계 모형(임은선 외, 2024)

위 모형을 바탕으로 실천된 수업의 구체적인 모습을 살펴보면 다음과 같다. 먼저 '협력교사 간 협의체 구성' 단계를 통해 국어과와 정보과의 교사 각 1인이 함께 교과 간 AI 융합 수업을 설계할 것으로 계획하였으며, AI에 대한 지식이 풍부한 정보 교사가 수업 설계를 주도적으로 이끌 것으로 논의하였다. 다음으로 '분석 및 설계' 단계를 거쳐 '데이터 리터러시 향상을 목표로 국어 교과에서 데이터를 수집하고, 정보 교과에서 데이터를 분석 및 해석하는 수업'을 설계하였다. 구체적인 설계안은 〈표 6-2〉와 같다.

〈표 6-2〉 국어과와 정보과의 교과 간 AI 융합 수업 설계 내용(임은선 외, 2024)

<table>
<tr><th>영역</th><th colspan="2">교과 간 AI 융합 수업 설계 내용</th></tr>
<tr><td>융합 교과</td><td colspan="2">국어, 정보</td></tr>
<tr><td>융합 방식</td><td colspan="2">'데이터 리터러시 향상'을 목표로 하여 국어 교과에서는 데이터를 수집하고, 정보 교과에서는 수집한 데이터를 분석 및 해석</td></tr>
<tr><td>수업 주제</td><td colspan="2">국어와 정보를 통해 바르고 고운 언어 생활 습관 만들기</td></tr>
<tr><td rowspan="2">수업 목표</td><td>국어과 관련 성취기준 (교육부, 2022)</td><td>• [9국01-04] 상대의 말을 경청하고 상대의 감정과 입장에 공감하는 반응을 보이며 대화한다.
• [9국01-09] 서로의 감정이나 바라는 바를 진솔하게 표현하면서 갈등을 조정한다.
• [9국01-10] 언어폭력의 문제점을 성찰하고, 서로를 존중하는 표현을 사용하여 말한다.
• [9국03-09] 언어 공동체의 구성원인 필자로서 자신에 대해 성찰하며, 윤리적 소통 문화를 형성하는 데에 기여한다.</td></tr>
<tr><td>국어과 수업 목표</td><td>• 언어폭력의 문제점을 성찰하고, 서로를 존중하는 표현을 사용하여 말할 수 있다.
• 상대의 말을 경청하고 상대의 감정과 입장에 공감하는</td></tr>
</table>

영역	교과 간 AI 융합 수업 설계 내용	
		반응을 보이며 대화할 수 있다. • 언어 공동체의 구성원인 필자로서 자신에 대해 성찰하며, 윤리적 소통 문화를 형성하는 데에 기여할 수 있다.
	정보과 관련 성취기준 (교육부, 2022)	• [9정04-02] 인공지능 학습에서 데이터의 중요성을 이해하고, 학습에 필요한 데이터를 수집하여 분류한다. • [9정04-03] 다양한 데이터를 활용하여 인공지능 시스템을 구성하고 적용한다. • [9정04-04] 인공지능 시스템으로 해결 가능한 문제를 발견하고, 문제 해결에 적합한 인공지능 시스템을 적용한다. • [9정04-05] 인공지능 학습에 필요한 데이터의 수집과 활용에서 발생하는 윤리적인 문제의 해결 방안을 구상한다.
	정보과 수업 목표	• 인공지능 학습에서 데이터의 중요성을 이해하고, 학습에 필요한 데이터를 수집하여 분류할 수 있다. • 인공지능 시스템으로 해결 가능한 문제를 발견하고, 문제 해결에 적합한 인공지능 시스템을 적용한다. • 다양한 데이터를 활용하여 인공지능 시스템을 구성하고 적용할 수 있다.
수업 평가 방식	• 자기 평가 • 동료 평가 • 학습자 만족도 평가 • 데이터 리터러시 효과성 평가	

다음으로 '개발' 단계에서는 먼저 교수매체를 선정하였다. 수업에서 활용할 데이터는 외부에서 수집하는 데이터가 아니라 국어 교과 시간에 학생들이 데이터를 직접 수집하도록 하였으며, 데이터 분석 도구로는 학생들의 수준을 고려하여 엔트리(https://playentry.org/)와 구글 스프레드시트(Google Spreadsheet)를 활용하기로 하였다.

'실행' 단계에서는 중학교 1개 학급의 학생 28명을 대상으로 국어 1차시, 정보 1차시씩 총 2차시의 교과 간 AI 융합 수업을 진행하였다. 먼저 국어 시간에 언어폭력의 문제점과 서로를 존중하는 표현에 대해 학습하고, 윤리적 소통 문화 형성을 위해 혐오 표현과 존중 표현을 수집하고 구분해 보는 활동을 진행하였다. 이때 수집한 데이터는 구글 스프레드시트에 기록하였다.

[그림 6-2] 국어-정보 교과 간 AI 융합 수업-국어 수업 장면(임은선 외, 2024)

정보 시간에는 인공지능 학습에서 데이터의 필요성과 역할에 대한 학습을 먼저 진행하였다. 또한 이전 국어 시간에 수집한 데이터를 활용하여 윤리적 소통 문화 형성을 위한 인공지능 프로그램을 만들어 보았다. 이때 엔트리의 인공지능 모델을 활용하였으며, 학생들은 자신이 수집한 데이터를 기반으로 무엇이 혐오 표현이고 무엇인 존중 표현인지를 구분하는 인공지능 모델을 만들었다.

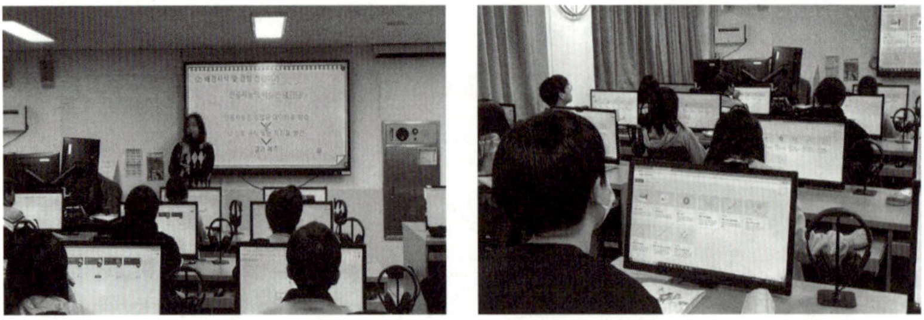

[그림 6-3] 국어-정보 교과 간 AI 융합 수업-정보 수업 장면(임은선 외, 2024)

'총괄 평가' 단계에서 실시한 학습자 만족도 평가 결과는 다음 〈표 6-3〉과 같다. 학생들이 전반적으로 수업에 만족함을 확인할 수 있었으며, 개방형 문항에서는 수업을 통해 차별 및 혐오 표현을 확인하고 언어 습관을 반성할 수 있었고, 인공지능 프로그램을 만들어보는 것이 재미있고 유익했으며 데이터를 다루는 것이 재미있었다는 의견을 확인하였다.

〈표 6-3〉 만족도 조사 결과(N=28)(임은선 외, 2024)

문항	평균	표준편차
나는 데이터 리터러시 향상을 위한 교과 간 AI 융합 수업 활동 전체의 과정에 적극적으로 참여하였다.	4.214	1.081
나는 이번 데이터 리터러시 향상을 위한 교과 간 AI 융합 수업에 전반적으로 만족한다.	4.107	1.046

다음으로 수업 적용 전과 후의 학생들의 데이터 리터러시의 차이를 확인하기 위해 대응표본 t검정을 실시한 결과는 다음 〈표 6-4〉와 같다. 평가 결과 데이터 준비, 데이터 탐색, 데이터 분석 및 해석의 모든 영역에서 학생들의 사후 평균이 상승하였으며, 상승값이 통계적

으로 유의함을 확인하였다.

〈표 6-4〉 데이터 리터러시 사전, 사후 평가 결과(임은선 외, 2024)

문항		평균	표준편차	t	p-value
데이터 준비	사전	3.575	0.847	-3.934	<.001***
	사후	4.016	0.903		
데이터 탐색	사전	3.461	0.940	-3.082	.005**
	사후	3.861	1.006		
데이터 분석 및 해석	사전	3.625	0.903	-3.400	.002**
	사후	3.979	0.918		

* $p<.05$, ** $p<.01$, *** $p<.001$

종합하여 보면 데이터 리터러시 향상을 위한 교과 간 AI 융합 수업이 학생들의 데이터 리터러시에 긍정적인 영향을 미치며, 교과 간 AI 융합 수업을 설계할 때 본 연구에서 개발한 설계 모형을 효과적으로 활용할 수 있음을 확인하였다. 해당 모형은 현장 교사들이 교과 간 AI 융합 수업을 효과적으로 설계 및 실행하기 위해 참고할 수 있는 지침으로써 활용될 수 있을 것이다.

2.2. 고등학교에서의 AI 융합 교육 사례: 데이터 리터러시 향상을 위한 데이터 기반 토론 수업 사례를 중심으로 (송유경 외, 2021)

데이터 리터러시의 하위 영역에는 데이터를 생성, 수집, 활용, 분석하는 것뿐 아니라 데이터를 기반으로 의사소통하는 것도 포함된다

(〈표 6-1〉 참조). 데이터를 활용하는 실제 상황에서도 데이터를 분석하는 것만이 목적이라기보다는 효과적인 의사소통이나 합리적 의사결정, 논증을 위한 수단으로 활용되는 경우가 대부분이다(Gill et al., 2014; Mandinach et al., 2006). 따라서 학생들에게 실질적인 맥락에서 데이터를 활용해 자신의 주장을 뒷받침하고 이를 적절하게 표현하고, 합리적으로 의사결정할 수 있는 능력을 기르도록 하는 것이 중요하다(송유경 외, 2021).

송유경과 동료들(2021)의 연구는 데이터를 활용해 실제적 문제를 해결하는 경험을 학생들에게 제공해 주기 위해 데이터 기반 토론 활동에 초점을 맞추어, 이 활동을 진행하기 위한 수업 모형을 개발하는 것을 목적으로 수행되었다. 개발된 수업 모형의 현장 적용은 서울 소재의 A 과학 고등학교의 정보, 국어, 사회 교사 총 3명이 함께 실시하였으며, 학생은 1학년 7개 학급의 141명 학생이 참여하였다.

연구에서 개발된 데이터 기반 토론 수업의 최종 절차 모형은 다음 [그림 6-4]와 같다. 모형은 수업 준비, 수업 안내, 데이터 탐색 및 문제 발견 지원, 논제 설정 및 이해 지원, 데이터 분석 시연, 논리 구성 및 데이터 분석 지원, 데이터 기반 토론 수행 지원, 정리 및 평가의 8단계로 구성된다.

- 수업 준비: 수업의 주제를 선정하고 필요한 데이터와 도구를 준비한다.
- 수업 안내: 수업의 진행, 학습의 목표, 데이터 기반 토톤의 예시를 안내한다.
- 데이터 탐색 및 문제 발견 지원: 주제와 관련한 데이터들을 탐색

해 보고 그로부터 궁금한 점들을 질문의 형태로 이끌어낸다.

- 논제 설정 및 이해 지원: 학생들이 만든 질문을 기반으로 주요 논제를 설정하고, 논제와 관련한 다양한 이론과 자료를 제공한다.
- 데이터 분석 시연: 논제와 관련한 데이터 분석을 직접 시연하고 연습 기회를 제공한다.
- 논리 구성 및 데이터 분석 지원: 논제에 대한 찬반 입장을 결정하게 하고 자신의 입장을 논리적으로 표현하기 위해 논리를 구성하고 데이터 분석을 실시한다.
- 데이터 기반 토론 수행 지원: 교사가 학생들의 데이터 분석을 모니터링하고 피드백을 제공한다. 학생들은 수정 활동을 통해 최종 입론을 준비하여 토론을 실시한다.
- 정리 및 평가: 수업을 정리하고 개별 토론 보고서를 작성하고 평가한다.

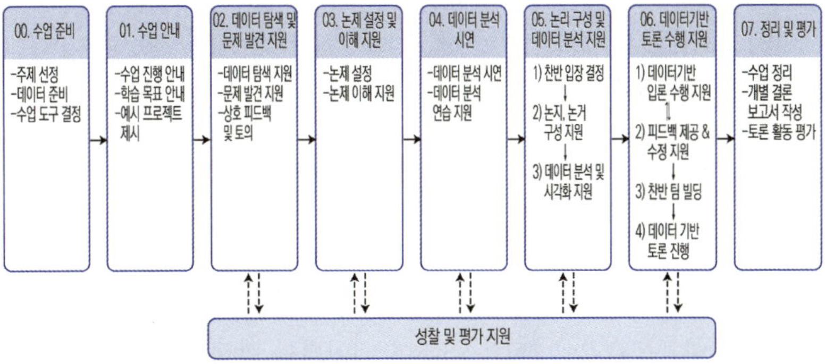

[그림 6-4] 데이터 리터러시 향상을 위한 데이터 기반 토론 수업 모형(송유경 외, 2021)

이 모형에 기반해 실시된 데이터 기반 토론 수업의 모습은 다음과 같다. 수업은 정보, 국어, 사회 교사 총 3인이 참여해 설계 및 실행되었고, 교사들 간 논의를 통해 토론 논제를 '코로나 19로 인한 재난지원금을 모든 국민에게 동일한 금액으로 제공해야 하는가'로 정해졌다. 수업의 각 단계별 학습 목표와 담당 교과는 다음 〈표 6-5〉와 같다.

〈표 6-5〉 데이터 기반 토론 수업의 단계별 학습 목표 및 담당 교과(송유경 외, 2021)

<table>
<tr><th>주요 과정</th><th>교과</th><th>차시</th><th>학습 목표</th></tr>
<tr><td>데이터 탐색 및 문제 발견</td><td>정보</td><td>2</td><td>• 수업 주제(코로나 19와 우리 사회)와 관련된 데이터를 살펴보고 흥미로운 질문거리를 만들어 낼 수 있다.</td></tr>
<tr><td>논제 심층 이해</td><td>사회</td><td>2</td><td>• 논제('코로나 19 대응을 위한 정부의 재난지원금은 모든 국민에게 동일한 금액으로 제공되어야 한다')와 관련된 찬반 양측의 쟁점을 사실과 가치를 구분하여 정리할 수 있다.
• 분배정의의 다양한 이론을 이해하고 각 입장에 근거하여 공정한 분배를 설명할 수 있다.</td></tr>
<tr><td>논리 구성 및 데이터 분석</td><td rowspan="2">국어, 정보</td><td>4</td><td>• 데이터 기반 토론을 위한 논지, 논거를 작성할 수 있다.
• 논거에 필요한 데이터를 수집, 준비, 분석, 시각화할 수 있다.</td></tr>
<tr><td>데이터 기반 토론 수행</td><td>4</td><td>• 직접 분석한 데이터를 기반으로 입론 및 토론 활동을 수행할 수 있다.</td></tr>
</table>

먼저 '코로나 19와 우리 사회'라는 주제와 관련한 데이터를 교사가 제공하고 학생들은 2인 1팀을 이루어 데이터를 탐색하며 관련 질문들을 만들어 온라인에 공유하도록 하였다. 다음으로 교사는 학생들이 도출한 질문들을 바탕으로 동료 교사들과 협의하여 '코로나 19로 인

한 재난지원금을 모든 국민에게 동일한 금액으로 제공해야 하는가'를 논제로 설정하였다. 이 논제에 대한 배경 지식은 사회과 수업을 통해 다루었으며, 학생들은 재난지원금의 개념과 목적, 선별지원과 보편지원, 아리스토텔레스의 배분적 정의, 존 롤스의 정의론 등에 대해 학습하였다. 이후 학생들은 찬반으로 입장을 나누어 논리를 구성하고, 논지를 뒷받침하기 위한 데이터를 분석하였다. 이때 국어과 수업에서 토론에 대한 개념과 입론서 작성법을 안내하였고, 논제에 대한 논지, 근거, 뒷받침 데이터를 작성할 수 있도록 입론서 양식을 제공하였다. 데이터는 파이썬을 활용하여 데이터 분석 및 시각화를 진행하였다. 학생들은 각자 찬반 입장에 따라 분석 및 시각화한 데이터를 기반으로 토론 활동을 수행하였다. 예를 들어 [그림 6-5]는 보편지원 측의 학생들이 자신들의 논리를 설득하기 위해 사용한 그래프이다.

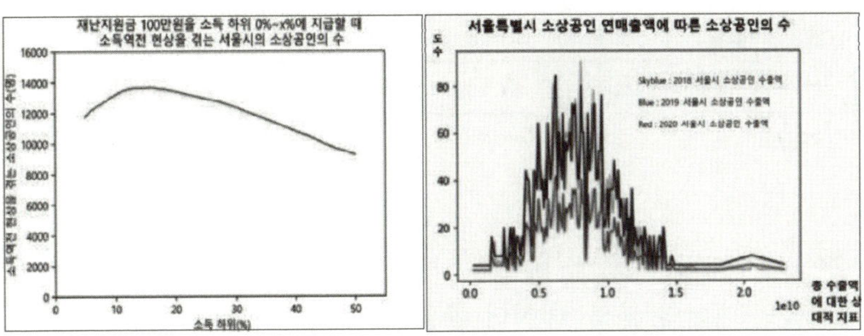

[그림 6-5] 학생들이 만든 입론 시 사용된 그래프(송유경 외, 2021)

수업 이후 학생들을 대상으로 수업 만족도 조사를 실시한 결과는 다음 〈표 6-6〉과 같이 전반적으로 수업에 만족하였음을 확인하였다.

〈표 6-6〉 만족도 조사 결과(N=28)(송유경 외, 2021)

문항	평균	표준편차
나는 데이터 기반 토론 수업 활동 전체의 과정에 적극적으로 참여하였다.	4.54	0.62
나는 이번 데이터 기반 토론 수업에 전반적으로 만족한다.	4.38	0.72

또한 데이터 리터러시의 사전, 사후 검사를 비교한 결과, 통계적 영역과 데이터 활용 의사소통 영역에서 사전 검사에 비해 사후 검사의 평균 점수가 통계적으로 유의하게 상승하였음을 확인하였다.

〈표 6-7〉 데이터 리터러시 사전, 사후 평가 결과(송유경 외, 2021)

문항		평균	표준편차	t	자유도
통계적 분석 영역	사전	3.52	0.72	11.9***	136
	사후	4.41	0.62		
데이터 활용 의사소통 영역	사전	3.72	0.67	12.1***	136
	사후	4.44	0.50		

*** $p<.001$

송유경과 동료들(2021)은 이 수업을 통해 데이터 기반 토론 수업이 학생들의 데이터 분석, 데이터 활용 의사소통과 같은 데이터 리터러시를 향상시키고 토론과 사회 현상에 대해 다방면으로 학습하며 융합적 지식 구성이 촉진되었음을 확인하였다. 이는 데이터를 중심으로 한 융합 수업이 데이터 리터러시를 효과적으로 향상시킬 수 있음을 확인한 또 하나의 사례이다.

2.3. 초등교육에서의 AI 융합 교육 사례: 데이터 리터러시 기반 SW 융합교육이 초등학생의 컴퓨팅 사고력에 미치는 효과(문현우, 이영준, 2024)

문현우와 이영준(2024)은 데이터 리터러시를 기반으로 교과를 융합하여 SW 융합교육 프로그램을 개발하였다. 교육 프로그램은 초등학교 성취기준 분석, 2015, 2022 개정 교육과정 분석 결과를 바탕으로 국어, 수학, 사회, 실과 교과와 연계하여 설계되었다.

〈표 6-8〉 교과별 연계 단원 및 내용(문현우, 이영준, 2024)

교과	연계 단원 및 내용
국어	'4. 효과적으로 발표해요' 단원 중 여러 가지 매체 자료 살펴보기
수학	'5. 여러 가지 그래프' 단원 중 통계 활용 포스터 만들기
사회	'2. 통일 한국의 미래와 지구촌의 평화' 단원에서 지구촌의 환경 문제 알아보기, 세계시민으로서 할 수 있는 일 실천하기

구체적인 프로그램의 차시별 내용을 살펴보면 다음 〈표 6-9〉와 같다. 먼저 1차시에는 음식물 쓰레기 문제를 제기하고, 이를 해결하기 위한 방안을 학생들에게 생각해 보도록 하였다. 먼저 학교에서 발생하는 음식물 쓰레기인 급식 잔반을 줄여야 할 필요성을 강조하고, 잔반이 발생하는 원인을 확인하고자 하였다. 이를 위해 데이터 수집, 분석 및 표현의 방법을 이해하고 급식을 남기는 이유가 무엇인지를 조사하게 하였다.

2~3차시에는 잔반이 생기는 이유에 대한 조사한 결과를 표나 그래프 형태로 나타내어 원인을 파악하고, 잔반을 줄이기 위한 식단이 필

요하다는 것을 도출하였다. 이를 위해 학생들이 어떤 메뉴를 선호하는지 조사하고 열량을 분석하여 잔반 없는 날을 위한 한 끼 식단을 함께 만들었다.

4~5차시에는 한 끼 식단의 적정한 열량을 유추하기 위해 학교의 기존 식단표를 분석하여 한 끼 식단의 적정한 열량 패턴을 찾아보도록 하였다. 그리고 이를 함께 만든 잔반 없는 날 식단과 비교하여 열량이 적절한지 판단하고, 열량이 초과하는 경우 메뉴 변경이 필요함을 파악할 수 있도록 하였다. 이 활동에서 학생들이 열량 계산의 번거로움을 줄이고 각 식단이 적절한지를 자동으로 판단하는 프로그램이 필요함을 느낄 수 있도록 하였다. 종합해 보면, 1~5차시에는 데이터에 대한 이해를 바탕으로 각 교과를 융합하여 데이터 수집, 분석, 표현 활동을 직접 해보며 데이터에 기반한 해결 방안을 모색해 보도록 하였다.

6~8차시는 프로그래밍이 처음인 학생들을 위해 블록코딩 프로그램인 엔트리(https://playentry.org/)의 기본 기능을 학습하도록 하였다. 9~10차시에는 열량 계산 프로그램에 필요한 기능 및 장면이 무엇인지를 토의하고, 프로그램에 포함할 핵심 요소를 결정하였다. 11차시에는 결정한 요소를 프로그램의 작동 절차로 간단히 표현해 보았고, 12-13차시에는 엔트리를 활용해 직접 프로그래밍을 해보았다. 마지막 14차시에는 만든 결과물을 발표 및 공유하고, 잔반 없는 날의 최종 식단을 완성하도록 하였다.

〈표 6-9〉 데이터 리터러시 기반 국어, 수학, 사회, 실과 교과 간 SW 융합교육 내용(문현우, 이영준, 2024, 재구성)

차시	내용 요소	교수학습목표
1	음식물 쓰레기 문제 알기	• 음식물 쓰레기 문제 확인하기 • 식사를 남기는 이유 알아보기
2~3	남은 음식이 없는 하루 식단 계획 세우기	• 좋아하는 학교 급식 메뉴와 칼로리 조사하기 • 남은 음식이 없는 하루 식단 계획 세우기
4~5	칼로리 계산 프로그램의 필요성 알기	• 기존 식단표 분석하기 • 프로그램 필요성 알기
6~8	처음으로 소프트웨어 접하기	• Entry의 기본 기능 배우기
9~10	식단을 계산하는 프로그램 계획 세우기	• 프로그램의 특징과 장면 논의하기 • 프로그램에 포함될 요소 논의하기
11	구상한 프로그램 절차 표현하기	• 구상한 프로그램 절차 표현하기
12~13	프로그래밍	• 프로그래밍
14	아이디어 공유하기	• 아이디어 공유하기 • 식단 계획 완성하기

프로그램 실행 결과, 해당 프로그램을 수강한 학생들의 컴퓨팅 사고력이 유의미하게 향상하였음을 확인하였고 특히 알고리즘, 프로그래밍, 데이터 관련 영역의 사고력 향상에도 긍정적인 효과가 있음을 확인하였다.

본 프로그램은 초등학교 교과와 성취기준을 기반으로 설계되어, 실제 교육 현장에서 적용 가능성이 높고, 학생들이 흥미를 느끼며 학습에 적극적으로 참여할 수 있도록 구성되었다는 점에서 의의를 가진다. 또한 데이터 리터러시를 기반으로 한 교과 융합형 SW 교육 프로그램이 학생들의 컴퓨팅 사고력 향상에 효과적임을 증명하였다는 점에서 의의가 있다. 앞으로 이러한 데이터 기반 SW 융합교육 프로그램이 보다 다양한 교과와 연계되어 확장 적용될 수 있기를 기대하며, 이를 통해 학생들이 미래 사회에서 요구되는 디지털 리터러시와 문제해결 능력을 갖추는 데 중요한 역할을 할 것으로 전망된다.

3. 미래교육을 위한 고려사항: AI 융합 교육의 가능성과 활성화 방안

AI 융합 교육은 AI에 대한 원리, 기술, 도구의 이해를 기반으로 다양한 교과의 내용과 문제들을 새로운 관점으로 바라보고 창의적인 문제 해결책을 도출하기 위한 교수학습 방법을 의미한다(최숙영, 2023). 현재 여러 교과에서 다양한 방식의 융합 수업이 시도되고 있으나, 기존 수업 사례들은 미래 역량으로 불리우는 데이터 리터러시를 향상시키는 데는 한계가 있음이 지적되어 왔다(박인기, 2017). AI 융합 교육이 학습자들의 데이터 리터러시 향상에 긍정적인 영향을 미칠 수 있다는 다양한 사례들이 보고되고 있으며, 데이터 리터러시뿐 아니라 컴퓨팅 사고력 의사소통 역량, 문제해결 역량, 창의적 사고 역량에도 효과가 있음을 증명하는 다양한 연구들이 출판되고 있어 학교 현장에서도 AI 융합 교육에 대한 고민과 도입이 요구된다.

학교 현장에의 AI 융합 교육의 도입을 위해 위해 이미 다양한 사업 및 과제가 시행되고 있다. 2020년부터는 전국 38개의 교대 및 사범대를 통해 AI 융합 교육 전공을 신설하여 AI 융합 교육에 전문성을 갖춘 현직 교원을 양성하고 있다. 2022년 교육부는 '인공지능 시대 교육정책 방향과 핵심과제'를 발표하여 초, 중등학교에서 AI 융합 교육을 확대하기 위한 방안 추진을 강조하고 있다. 또한 디지털 역량을 갖춘 예비 및 현직 교원 양성을 위해 AIEDAP(AI Education Alliance & Policy Lab) 사업단을 구축하여 AI 융합 교육을 위한 다양한 연구 및 연수를 실시하고 있다.

앞으로 AI 융합 교육이 더욱 확산되기 위해서는 AI 융합 교육에 대한 교사의 이해를 돕기 위한 교육과 연수가 더욱 활성화되어야 한다. 임은선과 동료들(2025)이 초등학교 교사 125명을 내상으로 설문조사를 실시한 결과, 응답자 중 과반수 이상이 AI 이해 교육, AI 활용 교육, AI 융합 교육의 용어에 대해 정확한 이해를 하지 못하고 있는 것으로 확인되었다. 또한 AI 융합 교육에 대한 교육 요구도 조사에서도 AI 융합 교육에 대한 이해에 대한 요구도가 가장 높게 나타났다. 따라서 AI 융합 교육이 무엇인지에 대한 용어의 확산에서부터 다양한 AI 융합 교육 사례에 대한 공유와 확산을 통해 AI 융합 교육에 대한 교사의 이해도를 높일 필요가 있다.

참고문헌

김수현, 김동호(2024). 실생활 데이터 기반 AI 초등과학 융합프로그램 개발 및 적용. 창의정보문화연구, 10(2), 115-127.

문현우, 이영준(2024). 데이터 리터러시 기반 SW융합교육이 초등학생의 컴퓨팅 사고력에 미치는 효과. 컴퓨터교육학회 논문지, 27(4), 247-259.

문현우, 손정명, 이시훈, 이영준(2024). 2022 개정 초등 교육과정 성취기준에 반영된 데이터 리터러시 지식의 깊이(Depth of Knowledge) 분석. 컴퓨터교육학회 논문지, 27(5), 89-100.

박인기(2017). 인공지능 시대와 국어교육의 방향: 학습생태의 변화와 현 단계 국어교육의 도전. 2017년 국어교육학회, 한국독서학회 연합 학술대회자료집.

배화순(2019). 데이터 리터러시의 사회과 교육적 함의. 시민교육연구, 1(1), 95-120.

송유경, 송석리, 김예지, 임철일(2021). 데이터 리터러시 향상을 위한 데이터 기반 토론 수업 모형 및 교수전략 개발 연구. 교육공학연구, 37(4), 943-982.

신원섭(2020). 초등 생물분류 학습에서 인공지능 융합교육의 적용 사례 연구. 초등과학교육, 39(2), 284-295.

임다미, 강신천, 이은상, 남희영, 김소연, 조서연, 김각미, 송고은, 조효준(2022). 초·중등 인공지능(AI) 교육 학교 적용 방안 연구. 한국과학창의재단.

임은선, 임민희, 전민선, 임철일(2024). 데이터 리터러시 향상을 위한 교과 간 AI 융합 수업 설계 모형 개발. 교육정보미디어연구, 30(1), 155-179.

임은선, 홍수민, 임철일(2025). AI 융합 교육에 대한 초등교사의 인식 및 교육 요구도 분석. 컴퓨터교육학회논문지, 28(2), 49-60.

전인성, 김수환, 송기상(2021). 국내 인공지능 교육 정책 동향 및 기관별 운영 현황 분석. 한국컴퓨터 교육학회 학술발표대회논문집, 25(1(A)), 99-103.

조예진, 김철(2023). 인공지능 융합 프로젝트 수업이 초등학생의 데이터 리터러시 향상에 미치는 효과. 정보교육학회논문지, 27(3), 375-383.

최숙영(2023). AI 융합교육의 이해와 해결 과제에 대한 고찰. 산업융합연구, 21(1), 147-157.

ACTUA. (2020). *ACTUA's Artificial Intelligence(AI) Education Handbook*. ACTUA.

Ridsdale, C., Rothwell, J., Smit, M., Ali-Hassan, H., Bliemel, M., Irvine, D., Kelley, D., Matwin, S., & Wuetherick, B. (2015). *Strategies and best practices for data literacy education: Knowledge synthesis report*.

OECD Publishing. (2018). *The future of education and skills: Education 2030*. OECD Education Working Papers.

Vuorikari, R., Kluzer, S., & Punie, Y. (2022). *DigComp 2.2, The Digital Competence framework for citizens: With new examples of knowledge, skills and attitudes*. Publications Office of the European Union.

CHAPTER

07

인공지능 윤리를 고려한 인공지능 통합 교육(A!thics)

조정원(제주대학교), **배진아**(제주대학교)

1. 시작하며

오늘날 인공지능(AI)은 4차 산업혁명의 핵심 동력으로 자리 잡으며, 우리의 일상과 사회 전반을 급속도로 변화시키고 있다. 빅데이터와 사물인터넷(IoT), 클라우드 등 각종 첨단 컴퓨팅 기술의 발전이 맞물리면서, AI가 수행할 수 있는 역할과 범위도 날로 확대되고 있다. 이제는 의료, 교육, 교통, 금융뿐 아니라 개인의 삶 전반에 걸쳐 의사결정 과정에 AI가 직·간접적으로 관여하고 있으며, 이는 인간의 생활 방식을 혁신적으로 변화시키고 있다.

그러나 이러한 변화의 물결 속에서 인공지능을 단순히 기술적 성취로만 바라보는 것은 한계가 있다. 컴퓨팅에 기반하여 새로운 문제를 창의적이면서도 체계적으로 해결하는 '컴퓨팅 사고력(Computational Thinking, CT)'이 주목받고 있는 이유가 바로 여기에 있다. 인간이 해결해야 할 문제 상황을 절차적이고 논리적으로 분석하여 효율적인 알고리즘과 모델을 설계하는 능력은, AI 시대에 필요한 핵심 역량 중

하나이다. 이를 통해 우리는 단순한 컴퓨팅 기술의 기능 습득 정도의 수준을 넘어, 기술이 제공하는 수많은 정보를 제대로 이해하고 활용할 수 있는 역량을 키울 수 있을 것이다.

아울러 인공지능 윤리에 대한 논의 역시 시급하고 중요하다. 알고리즘 편향, 개인정보 보호, 기술적 독점화 등 다양한 문제는 이미 우리 사회 곳곳에서 나타나고 있으며, AI 활용에 따른 새로운 갈등과 불평 등에 대한 문제도 부상하고 있다. 따라서 인공지능 개발과 적용 과정에서 투명성과 공정성을 확보하고, 인간의 존엄성과 자율성을 훼손하지 않도록 제도적·문화적 기반을 마련하는 것은 필수적이다. 기술의 혁신이 가져올 미래를 긍정적으로 맞이하기 위해서는, 사회가 지닌 가치와 윤리적 책임을 인공지능에 어떻게 접목할 것인지에 대한 진지한 고민이 수반되어야 한다.

이러한 맥락에서 컴퓨팅 사고력은 기술적 성취에만 초점을 맞추는 것이 아니라, 사회적·윤리적 맥락 속에서 문제를 근본적으로 파악하고 해결하는 능력으로 확장되어야 한다. 단순히 효율적인 알고리즘을 설계하거나 대용량 데이터를 활용하는 방법을 익히는 것을 넘어, 인공지능 기술이 적용되는 현장에서 발생할 수 있는 윤리적 쟁점을 함께 고려하는 것이 중요하다. 예컨대 편향된 데이터를 사용하는 과정에서 특정 집단에게만 불이익이 돌아가지는 않는지, 개인정보를 무분별하게 수집·활용함으로써 개인의 권리가 침해되지는 않는지 등을 분석하는 것도 컴퓨팅 사고력이 지닌 역할 중 하나라 할 수 있다. 따라서 인공지능 개발과 활용의 전 과정에서 투명성과 공정성, 그리고 사람 중심의 가치를 염두에 두는 방식으로 문제를 바라보는 태도가 필수적이며, 이는 곧 우리 사회가 인공지능을 책임감 있게 받아들이고 올바른 방향으로 발전시킬 수 있는 기반이 된다.

이 장에서는 컴퓨팅 사고력과 인공지능 윤리가 어떻게 상호 연계되어 있는지를 중점적으로 살펴보고 이를 반영한 인공지능 통합교육 모델을 소개하고자 한다. 먼저 인공지능의 발전과 컴퓨팅 사고력의 개념 및 필요성에 대해 전반적으로 조망한 뒤, 인공지능 윤리가 왜 중요한가를 구체적인 예시와 함께 검토할 것이다. 또한 이 두 영역이 실제 교육 현장과 산업 분야에 적용될 때 발생할 수 있는 이슈들을 다각도로 분석함으로써, 컴퓨팅 사고력과 인공지능 윤리의 유기적 결합이 어떤 의미와 가치를 가지는지에 대해 종합적인 이해를 높이고자 한다. 마지막으로, 인공지능 기술과 윤리를 융합한 교육 모델인 'A!thics'를 중심으로, 인공지능 통합 교육의 전반적인 흐름과 적용 사례를 살펴보고자 한다.

2. 생성형 AI 시대의 인공지능 교육

2.1 인공지능 시대 어디까지 왔나?

1) 엘런 튜링과 튜링 테스트

[그림 7-1] 엘런 튜링
(ChatGPT로 그림 생성)

인공지능을 논하기 위해서는 먼저 컴퓨터 과학의 선구자이자 영국의 암호학자인 엘런 튜링(Alan Turing)을 알아야 한다. 그는 제2차 세계대전 당시 독일군의 암호 체계를 해독함으로써 전쟁의 판도를 바꿨을 뿐 아니라, 현대 컴퓨터 과학의 기초를 닦는 데도 큰 공헌을 했다. 특히 1950년에 발표한 논문 「Computing Machinery and Intelligence」에서 "기계가 인간처럼 사고할 수 있는가?"라는 근본적인 질문을 던졌는데, 이때 제안된 것이 바로 튜링 테스트(Turing Test)이다.

튜링 테스트의 핵심 개념은 다음과 같다.

① 문자 기반 대화: 테스트를 진행하는 실험자는 두 명(또는 두 존재)과 문자로만 대화를 나눈다. 한쪽은 기계(A)이고 다른 한쪽은 인간(B)이지만, 이들은 텍스트 채팅 형태로만 소통하기 때문에 목소리나 표정을 통해 상대를 구분할 수 없다.

② 구분 불가 여부: 실험자는 제한된 시간 안에 누가 인간이고 누가 기계인지 판단하려 한다. 그러나 만약 실험자가 충분한 대화 끝에도 A와 B 중 누가 기계인지 확신할 수 없다면, 곧 기계(A)가 인간 수준의 지능을 갖춘 것으로 간주할 수 있다.

③ 결과 해석: 기계가 대화를 통해 인간을 속일 만큼 자연스러운 응답을 제시한다면, 최소한 해당 기계가 인간과 '구별하기 어려운' 지능적 특성을 보여줬다고 판단한다.

튜링 테스트는 그 자체로 완벽한 지능 측정 방법이라고 단정 짓기는 어렵지만, "인공지능이 어느 정도로 인간과 유사하게 사고하고 행동할 수 있는가"를 가장 직관적으로 체험해 볼 수 있는 대표적 기준으로 여겨진다. 실제로 역사적으로도 많은 연구팀이 자신들의 인공지능 프로그램이 이 테스트를 통과했음을 홍보해 왔으며, 대중의 관심을 불러일으키는 지표로 종종 활용된다.

튜링 테스트를 통과했다고 알려진 프로그램 중 유명한 사례가 바로 '유진 구스트만'이다. 이는 13세 우크라이나 소년이라는 설정으로 개발된 챗봇으로, 약 5분간 진행된 대화에서 33% 이상의 실험 참가자가 유진을 실제 사람으로 착각했다고 전해진다. 당시 "30% 이상의 참가자를 속이면 테스트를 통과한 것으로 본다"라는 일종의 합의 기준을 충족했기 때문에, 대중 매체에서 크게 주목받았다. 최근에는 GPT-4가 튜링 테스트를 통과했다고 소개되기도 하였다. 실험 참가자의 56%가 인간이라고 응답했다고 한다. 이는 GPT-4가 인간과 구분하기 어려울 정도로 자연스러운 대화를 할 수 있음을 보여준다. 하지만 ChatGPT가 사람보다 탁월한 답을 내놓아서 오히려 튜링 테스트를 통과하기 어렵다는 흥미로운 뉴스가 나오기도 하였다. 이는 GPT-4가 때때로 너무 정교하고 완벽한 답변을 내놓아 오히려 인간보다는 인공지능처럼 느껴지는 역설적인 상황을 지적하기도 한다.

[그림 7-2] 튜링 테스트(ChatGPT로 그림 생성)

2) 인공지능의 주요 변곡점

우리는 대중적·사회적으로 인공지능이 '큰 파장'을 일으킨 순간을 크게 두 번 경험했다고 볼 수 있다. 첫 번째는 **알파고(AlphaGo)**의 등장이고, 두 번째는 ChatGPT와 같은 생성형 AI가 세상에 모습을 드러낸 사건이다. 이 두 사건은 인공지능이 인간의 영역으로 여겨졌던 분야에서 연달아 성과를 거둠으로써, 인공지능에 대한 인식과 기술 활용에 결정적인 변화를 가져왔다.

3) 알파고와 알파고 제로

2016년, 구글 딥마인드(Google DeepMind)가 개발한 알파고(AlphaGo)가 세계 바둑 챔피언인 이세돌 9단과의 5번의 대국에서 4:1로 승리하면서, 인공지능이 인간의 고도의 전략적 사고 영역이라 여겨졌던 바둑에서도 우위를 점할 수 있음을 입증했다. 바둑은 체스·장기보다 경우의 수가 훨씬 많아, 인공지능이 정복하기 어려운 분야로 손꼽혀 왔기 때문에 이 사건이 주는 충격은 더욱 컸다.

알파고는 48개의 CPU와 8개의 GPU를 활용한 강력한 컴퓨팅 자원과, 13개의 신경망 레이어(layer)로 구성된 딥러닝 모델을 통해 하루에 3만 번씩 바둑을 스스로 두면서 4주 동안 약 100만 대국을 학습했다. 이는 인간이 바둑을 두며 축적해 온 '수백 년' 또는 '수천 년'의 경험치를 대규모 연산으로 압축해 낸 셈이다.

또한 알파고의 전략에는 정책망(Policy Network)과 가치망(Value Network)이 결합되어 있었고, 불확실성을 관리하기 위해 몬테카를로 트리 탐색(Monte Carlo Tree Search, MCTS) 기법 등을 사용했다. 이러한 알고리즘과 풍부한 데이터가 결합되어, 바둑과 같은 복잡한 영역에서도 인공지능이 인간 최고수를 제압할 수 있게 된 것이다.

이후 알파고는 더 진화한 버전인 알파고 마스터(Alphago Master), 알파고 제로(AlphaGo Zero) 등을 통해 끊임없이 성능을 높여갔다. 특히 알파고 제로는 기존의 기보 데이터 없이 오직 자가 대국(Self-Play)만을 통해 스스로 기력을 향상하는 방식을 선보였는데, 이는 강화학습(Reinforcement Learning)의 강력함을 여실히 보여주는 사례가 되었다.

이로 인해 알파고의 Elo 점수는 2016년 기준 약 3,739점에서 2017년에는 5,185점으로 급상승했다. 이 거대한 점수 차는 알파고가 불과 1년 만에 스스로를 뛰어넘어, 이전 버전조차 일방적으로 압도해 버릴 정도의 비약적 발전을 이루었음을 시사한다.

[그림 7-3] 알파고의 진화[1]

이세돌은 알파고와의 경기 이후 "인공지능에게 패배한 뒤 내 세계 전체가 무너졌다. 내가 겪은 인공지능 문제는 다른 이들에게도 일어날 것"이라고 경고하기도 했다. 또한 "인공지능이 모든 곳에 존재하기까지는 시간문제일 뿐이다. 자신처럼 준비되지 않은 채 인공지능에게 잡히지 말고, 지금 당장 기술에 익숙해지라"고 조언하기도 했다. 이는 인공지능 기술을 적극적으로 배우고 활용하는 자세가 중요함을 의미한다. 이세돌의 패배는 단순한 바둑 경기 이상의 의미를 지니며, 인공

1) 중앙뉴스. https://www.ejanews.co.kr/news/articleView.html?idxno=123009

지능이 인간의 창의적 영역까지 침범할 수 있음을 상징하기도 한다. 이러한 사건은 인공지능과 인간의 관계, 그리고 미래 사회에서 인간의 역할에 대한 고민을 불러일으켰다.

4) ChatGPT의 등장과 거대 언어 모델(LLM)의 시대

ChatGPT는 2022년 말, 미국의 오픈AI(OpenAI)에서 선보인 대규모 언어 모델(Large Language Model, LLM) 기반 챗봇이다. 정식 출시 후 단 5일 만에 사용자 수 100만 명을 돌파하는 등 전 세계적으로 폭발적인 반응을 일으켰다. 사람들은 ChatGPT를 이용해 작문, 번역, 코딩, 요약, 질의응답 등 기존에는 인간의 작업이라 여겨졌던 다양한 분야를 손쉽게 처리할 수 있음을 체감하게 되었다.

ChatGPT가 처음 공개되었을 때 사용된 모델은 GPT-3.5 버전이었으나, 이후 공개된 GPT-4 버전은 더욱 방대한 파라미터 수와 정교한 구조를 도입하여 한층 높은 언어 이해와 생성 능력을 선보였다. GPT-4는 글쓰기나 질의응답에서 보다 정확하고 문맥에 충실한 답변을 제공하고, 텍스트 이외의 입력(이미지, 음성 등 멀티모달 입력) 처리까지 가능해지면서 활용 범위를 크게 확장했다.

GPT-4는 인간 피드백 기반 학습(Reinforcement Learning from Human Feedback, RLHF) 기법을 적극적으로 도입하여, 이전 모델에서 문제가 되었던 부적절한 콘텐츠 생성이나 편향, 유해 표현 등을 줄이는 데 주력했다. 또한 사용자의 요청 내용을 분석해, 잠재적으로 위험하거나 불법적인 행위에 해당하는 경우 경고 메시지를 반환하거나 정보를 제한적으로 제공하는 등 윤리적 가이드라인 준수를 강화했다.

ChatGPT와 같은 거대 언어 모델들이 주목받으면서, 인공지능은 더 이상 특수한 연구실이나 제한된 산업 영역에만 머무르지 않고, 일상생활과 교육, 비즈니스 전반에 스며들고 있다. AI 기술이 단순 반복 업무를 자동화하는 것을 넘어, 복잡하고 창의적인 문제 해결이나 지식의 재구성 영역에도 뛰어들면서, 인공지능이 제공하는 가치와 영향력이 급속도로 확장되는 중이다.

예컨대 기업에서는 ChatGPT를 활용해 고객 상담을 자동화하거나, 전문가들은 전문 분야 자료를 요약·분석하는 데 활용하기도 한다. 교육 현장에서는 에세이 작성, 언어 학습, 프로젝트 아이디어 발굴 등 다양한 학습 활동에 AI를 이용하기 시작했다. 이러한 변화는 인공지능이 우리의 삶과 사고방식을 어떻게 바꾸어놓을 것인가라는 질문을 본격적으로 던지고 있으며, 앞으로도 다양한 기회와 도전을 동시에 가져올 것으로 보인다.

2.2 컴퓨팅 사고력 함양을 위한 인공지능 교육, 왜 중요한가?

우리는 튜링 테스트, 알파고, 그리고 ChatGPT를 통해 인공지능이 어떤 방식으로 발전해 왔고, 현재 어느 수준에 이르렀는지 간접적으로나마 체감할 수 있었다. 알파고가 보여준 것처럼, 인간이 '절대로 기계가 뛰어넘을 수 없을 것'이라 여겼던 분야에서조차 인공지능이 놀라운 능력을 발휘하고 있다는 사실은 사회적으로 큰 충격을 주었다. 최근에는 거대 언어 모델(LLM)을 기반으로 한 ChatGPT를 비롯해, 이미지를 분석하고 음성을 이해하는 다양한 멀티모달 인공지능이 연이어 등장하면서, "인공지능이 어떻게 우리 일상을 재편할 것인가?"라는 질문이 더는 먼 미래의 이야기가 아닌 현실적 고민으로 다가오고 있다.

이렇듯 인공지능의 발전 속도가 워낙 빠르다 보니, 교육·의료·금융·물류 등 거의 모든 산업 분야가 변화를 맞이하고 있다. 그중에서도 가장 자주 언급되는 우려는 "일자리" 문제이다. 실제로 "인공지능 자동화로 수백만 명의 일자리가 위험하다"거나 "AI의 급속한 발전이 중산층에 특히 치명적인 타격을 입힐 것이다"와 같은 기사들이 쏟아지면서, 많은 사람이 "내가 하는 일을 인공지능이 대체해 버리면 어떡하나"라는 막연한 불안감을 느끼게 되었다.

[그림 7-4] 모라백의 역설(ChatGPT로 그림 생성)

하지만 인공지능과 인간이 반드시 대척점 관계에 놓여 있는 것은 아니다. 인공지능이 잘할 수 있는 영역과 그렇지 못한 영역을 제대로 이해하고, 인간이 그 빈틈을 어떻게 메우느냐에 따라 오히려 새로운 기회가 열릴 수 있다. 이 지점에서 모라백의 역설을 떠올릴 필요가 있다. 모라백의 역설은 “사람에게 쉬운 것은 기계에게 어렵고, 사람에게 어려운 것은 기계에게 쉽다”라는 명제를 통해 인공지능과 인간의 능력 차이를 상징적으로 설명해 준다. 즉 방대한 연산과 정확한 계산이 필요한 문제는 인공지능이 훨씬 효율적으로 처리하지만, 인간이 누군가의 표정만으로 그 사람이 기쁜지 슬픈지 직관적으로 파악하는 것처럼, 인간에게는 쉬운 일이 인공지능에게는 의외로 매우 까다로운 과제가 된다.

이 역설의 관점에서 바라본다면, 인공지능에 의해 일자리 구조가 재편되는 것을 무조건 ‘위협’으로만 볼 필요는 없게 된다. 오히려 인공지능이 특화된 영역은 기계에게 맡기고, 인간이 잘하는 감각적 · 창의적 · 사회적 역량을 더욱 강화하는 전략을 세울 수 있다는 뜻이기 때문이다. 예를 들어 대규모 데이터를 통해 해결할 수 있는 문제나 단순 반복의 업무는 인공지능이 상당 부분 대체할 수 있겠지만, 현장에서 사람들을 직접 만나고 소통해야 하는 업무나 즉각적인 공감이 필요한 일, 혹은 창의적인 발상을 통해 새로운 가치를 만들어내야 하는 직무는 여전히 인간이 뛰어들 여지가 크다. 따라서 “인공지능이 모든 직업을 없앤다”는 식의 극단적인 시나리오보다는, “인공지능이 재편할 사회 환경 속에서 인간이 잘하는 역량을 어떻게 살릴 것인가”를 고민하는 쪽이 더욱 건설적인 접근이라 할 수 있다.

이런 관점에서 컴퓨팅 사고력은 앞으로의 시대를 준비하는 핵심 역량이 된다. 인공지능이 다양한 분야에 적용되면서, 우리는 기술을 단순히 ‘사용’하는 차원을 넘어, 기술의 작동 원리를 이해하고 비판적으로 검토할 수 있는 능력을 요구받게 되었다. 이때 핵심이 되는 것이 바로 컴퓨팅 사고력이다. 단순히 코딩 문법을 배우는 차원을 넘어, 복잡한 문제를 체계적으로 분석하고, 가장 효과적이고 효율적인 해결 방안을 찾아내는 이 사고 과정은, 인간이 AI와 협력하여 새로운 가치를 창출하는 데에 핵심적인 역할을 한다. 컴퓨팅 사고력을 기르면, 인공지능이 활용되는 시스템의 구조와 알고리즘을 어느 정도 이해하게 되고, 그 시스템이 산출하는 결과물을 올바르게 해석하거나 비판적으로 검토할 수 있는 힘이 생긴다. 결국 사용자가 단순히 '인공지능에 지시만 내리는' 수동적 태도를 넘어, '인공지능을 어떻게 설계·평가·개선할 것인지' 능동적으로 관여할 수 있게 되는 것이다.

실제로 2024년 엔비디아 CEO 젠슨 황은 한 기술 컨퍼런스 기조연설에서 "앞으로 전통적인 프로그래밍 언어에 능숙한 것보다, 인공지능에게 정확한 지시를 내리고 결과물을 생산적으로 활용할 수 있는 능력이 더 중요해질 것"이라고 강조했다.[2)] 그 맥락을 살펴보면, 이제까지는 인간이 기계에게 명령을 내리려면 특정 언어(프로그래밍 언어)로 코드를 작성해 명확하게 전달해야 했으나, 앞으로는 인공지능의 역량이 고도화됨에 따라, 인간이 문제 상황을 '어떤 방식으로 정의하고 설명하느냐'가 더 큰 변수가 된다는 의미다. 2018년 OECD 교육국장 슐라이허가 "코딩 교육은 필요 없다"[3)]는 다소 과감한 발언을 했을 때도 사실상 같은 뜻을 내포하고 있다. 사람들은 '코딩을 배울 필요가 없다'고 오해할 수 있지만, 그의 발언의 요지는 결국 "단순한 코딩 실력을 키우기보다는 컴퓨팅을 문제 해결에 효과적으로 사용할

---

2) 젠슨 황. https://news.kbs.co.kr/news/pc/view/view.do?ncd=7894699
3) 안드레아서 슐라이허. https://www.yna.co.kr/view/AKR20190222129700009

수 있도록 컴퓨팅 사고력을 함양하는 것이 더 중요하다"는 메시지에 가깝다.

[그림 7-5] 엔비디아 CEO 젠슨 황

[그림 7-6] OECD 교육국장 슐라이허

2.3 생성형 인공지능 시대에 필요한 교육

인공지능 기술이 비약적으로 발전하면서, 새로운 형태의 콘텐츠를 자동으로 만들어내는 생성형 인공지능이 주목받고 있다. 이는 텍스트, 이미지, 음악 등 다양한 분야에서 창의적인 결과물을 산출함으로써, 기존에는 인간 고유의 영역이라 여겨졌던 작업에도 영향력을 행사한다.

그러나 생성형 인공지능이 가져다주는 편의성은 가짜 뉴스나 허위 정보, 개인정보 침해, 저작권 문제 등 심각한 윤리적 과제를 동반한다. 실제로 인공지능 개발 속도가 너무 빠른 탓에, 일각에서는 인공지능 기술의 개발을 한시적으로 중단하거나 규제해야 한다는 의견까지 제기될 정도다. 이는 인공지능 기술이 사회 전반에 가져올 위험 요소에 대한 우려가 적지 않음을 방증하는 사례다. 이러한 윤리적 문제점을 최소화하기 위해서는, 인공지능에게 수행할 작업을 명확하고 구체적으로 지시하고, 그 결과물의 신뢰성을 끊임없이 점검할 수 있는 능력이 필요하다. 특히 인공지능을 어떻게 활용해야 할지 분명하게 정의하고, 산출된 결과물에서 오류나 편향이 없는지 살펴본 뒤, 더 나은 결과를 얻기 위해 어떤 절차가 필요한지 제대로 이해하는 자세가 중요하다.

윤리적 고려를 통한 문제 해결은 컴퓨팅 사고력 관점에서도 매우 중요하다. 2020년 12월에 출시된 인공지능 챗봇 '이루다' 사례를 살펴보면, 카카오톡 대화를 기반으로 사용자와 자연스럽게 대화하도록 설계된 이 챗봇이 출시 직후 성희롱 발언 유도, 개인정보 유출 등의 문제를 일으켜 3개월 만에 서비스를 종료한 바 있다. 이후 윤리적 문제를 개선해 재출시했으나, 이 과정에서 막대한 비용과 갈등이 발생해 사회적 논란으로 이어졌다. 이는 인공지능을 적용해 문제를 해결하는 전체 단계에서 윤리적 고려를 충분히 하지 않은 결과이다.

이러한 사례는 윤리적 고려가 단순한 '추가 요소'가 아니라, 문제 해결 과정 전반에서 필수적으로 통합되어야 함을 잘 보여준다. 인공지능을 적용해 문제를 해결하는 모든 단계-문제 정의와 기획, 알고리즘 및 데이터 설계, 개발·테스트, 최종 서비스 제공-에서 잠재적으로 발생할 수 있는 위험 요소를 미리 분해하고, 핵심 쟁점을 추상화하며, 각각에 대한 해결책을 미리 준비하지 않으면, 뒤늦게 발생한 문제를 수습하기 위해 훨씬 많은 비용과 노력이 투입될 수밖에 없다. 이는 컴퓨팅 사고력이 지향하는 '효율적이고 효과적인 문제 해결'이라는 관점에서도 심각한 비효율성을 초래한다.

예를 들어 이루다 프로젝트에서 문제가 되었던 개인정보 보호나 편향성, 사용자 안전 등은 기획 단계에서부터 충분히 고려될 수 있었다. 그러나 이를 간과한 채 서비스를 서둘러 출시함으로써, 결국 3개월 만에 전면 중단과 재개발을 거쳤고, 그 과정에서 기업과 사용자 모두에게 큰 사회적 비용과 갈등을 야기했다. 만약 초기 설계 과정에서 알고리즘의 편향이나 데이터 수집·처리 절차의 투명성 등을 '윤리적 요구사항'으로 명확히 정의하고, 문제가 발생할 여지를 사전에 점검했다면, 재개발 비용과 사회적 비판이 훨씬 줄어들었을 것이다.

따라서 윤리적 고려는 컴퓨팅 사고력의 핵심인 문제 분해, 추상화, 알고리즘 설계, 평가·개선 각 단계에 걸쳐 필수적으로 포함되어야 한다. 윤리를 충분히 반영한 문제 해결 전략을 세우면, 장기적으로는 개발 비용과 시간, 그리고 사용자 신뢰 확보 측면에서 유리하다. 이는 궁극적으로 조직과 사회 전체의 효율성을 높이고, 예기치 못한 부작용으로 인한 추가 비용을 크게 줄여준다. 즉 윤리에 대한 투자와 고민이 '비용 증가'가 아니라, 오히려 '비용 절감'과 '서비스 안정성 강화'로 이어질 수 있다는 점을 이루다 사례는 여실히 보여주는 것이다.

결국 생성형 인공지능과 같은 기술이 사회 변화를 주도하고 있는 시대에는, 인공지능의 발전과 더불어 사회적 책임 및 윤리적 기준을 함께 다루는 교육이 필요하다. 이는 기술 학습에만 집중해서는 해결될 수 없으며, 윤리·사회·철학·언론·정보 등 여러 학문 분야가 유기적으로 협력해야 가능하다. 이러한 배경에서 본 장은 인공지능 교육과 인공지능 윤리 교육을 결합한 인공지능 통합 교육 모델을 제안하고자 한다. 학생들이 올바른 방식으로 인공지능을 사용하고, 문제 해결 과정에서 윤리적 판단을 자연스럽게 내릴 수 있도록 구체적인 프로그램과 사례를 살펴봄으로써, 미래 세대가 마주할 새로운 도전에 능동적으로 대응할 수 있도록 돕는 것이 본 장에서 서술할 인공지능 통합 교육 모델의 주된 목표다.

2.4 인공지능 통합 교육 모델: A!thics

A!thics는 인공지능과 윤리를 통합한 새로운 교육 모델이다. 인공지능 기술이 발전함에 따라 기술적 역량뿐 아니라 윤리적 사고력을 함께 교육하는 것이 중요해지고 있다. 인공지능이 사회 각 분야에 깊숙이 침투하면서, 인공지능의 결정이 인간의 삶에 중대한 영향을 미칠 수 있음을 인식해야 한다. 이를 위해 인공지능 개발자와 사용자 모두 윤리적 기준과 가이드라인을 준수할 필요가 있다. 따라서, 인공지능 통합 교육은 인공지능 기술과 윤리의 균형을 맞춘 교육을 통해 인공지능을 책임감 있게 활용하고 사회적 문제를 예방할 수 있는 인재를 양성하기 위한 교육이다. 학생들이 인공지능을 이용하여 문제를 해결하는 과정에서 발생할 수 있는 윤리적 문제를 사전에 인식하고, 이를 최소화하기 위한 방법을 학습하고 실천할 수 있도록 돕는다.

1) 인공지능 윤리 문제

최근 서울특별시교육청의 '생성형 인공지능에 대한 인식조사'에 따르면 대부분의 교사가 학교에서 생성형 인공지능을 활용하고 있는 것을 알 수 있다. 70% 이상이 ChatGPT를 사용한 경험이 있고, 그중 90%가 교사의 역할에 도움이 된다고 하였다(서울시교육청, 2023). 교사들은 인공지능을 이용해서 행정업무 및 학생평가까지 다양한 교육 활동에 적극적으로 활용하고 있으며, 특히 인공지능이 교사의 역량강화 및 업무 경감에 도움이 될 것으로 기대하고 있다.

교사 5,217명 대상 인식조사 결과 발표(서울특별시교육청, 2023b)

▷ ChatGPT에 관심 있다 : **88.9%**
▷ 실제로 ChatGPT를 사용한 경험이 있다 : **70.1%**
▷ ChatGPT가 교사의 역할에 도움이 된다 : **90.5%**
▷ 생성형 AI를 교육에 활용하기 원하는 분야 : 행정업무처리(82.2%) → 교수학습활동(80.3%) → 학생평가(43.9%) 순 (중복응답 포함)

[그림 7-7] 2023 생성형 인공지능에 대한 인식 조사

실제로 생성형 인공지능은 창의적인 콘텐츠 제작, 업무 생산성 극대화, 사용자 맞춤형 경험 제공, 비용 절감과 자원 최적화 등 많은 장점을 가지고 있다. 편리성을 기반으로 적극적으로 사용하고 있지만 생성형 인공지능의 보급 및 확산에 따른 문제점들에 대해서도 인식하고 있음을 알 수 있다.

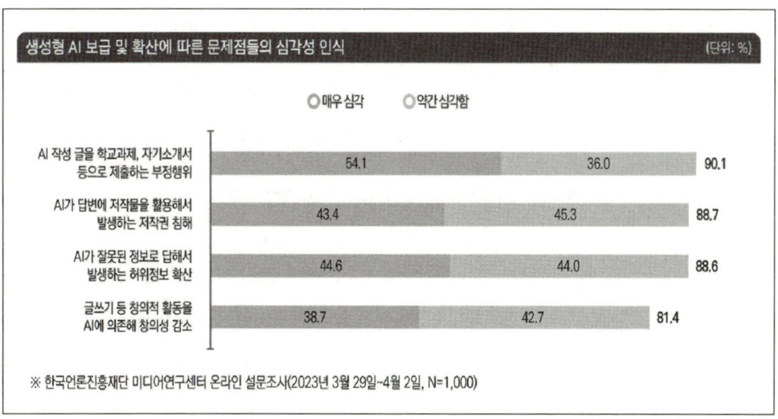

[그림 7-8] 생성형 AI 사용에 따른 문제점 인식 조사

한국언론진흥재단 미디어연구센터의 온라인 설문조사에 따르면 생성형 인공지능 사용 시 부정행위, 저작권 침해, 허위정보 확산, 의존성 증대에 따른 창의성 감소와 같은 부분에 있어서 문제점들이 심각하다고 인식하고 있다(한국언론진흥재단, 2023).

개인적 오남용뿐 아니라, 국가 차원에서도 인공지능을 이용해 학생들의 행동을 감시하거나 인권을 침해하는 사례로 발생하고 있다. 초등학생들이 뇌파 탐지 헤어밴드를 착용하고 수업을 듣는 모습이 공개되었는데, 이는 집중 상태를 탐지해 학습 효율을 높이는 기술이지만 인권침해 및 프라이버시 침해의 우려가 있다. 또한 청소년 사이에서 딥페이크를 단순한 놀이문화로 생각하며 그로 인해 발생하는 윤리적인 문제에 대한 인식조차 하지 못하고 있다. 인공지능 챗봇과의 대화 후 극단적 선택을 한 경우도 인공지능에 대한 무한 신뢰에서 비롯되었다. 인공지능이 공감을 표현하지만 실제 인간의 감정 및 상황을 완벽하게 이해하지 못하는 한계가 있으며, 중대한 결정은 인공지능이 아니라 인간이 해야 한다는 기본적인 인식이 부재했다.

이런 여러 사례에서 알 수 있듯이 인공지능 기술의 편리함의 이면에는 다양한 역기능이 존재하고 이를 최소화하기 위한 노력으로 법률, 규제, 가이드라인들이 소개되고 있다.[4)5)]

4) EU의 인공지능 법안. https://artificialintelligenceact.eu/ai-act-explorer/
5) 유네스코 인공지능 윤리원칙.
https://www.unesco.org/en/articles/recommendation-ethics-artificial-intelligence

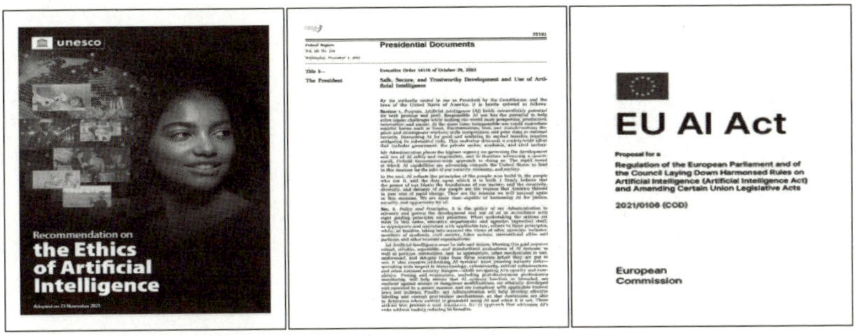

[그림 7-9] 유네스코 인공지능 윤리 원칙과 EU의 인공지능 법안

유네스코에서는 2021년 "Recommendation on the Ethics of Artificial Intelligence" 보고서를 발표하고 인공지능의 개발 및 활용에서 인간의 존엄성, 인권 보호, 공정성 등의 가치와 원칙을 강조하고 있다. 미국도 2023년 "안전하고 신뢰할 수 있는 인공지능 개발 및 사용"에 관한 행정 명령을 발효하였다. 이는 인공지능의 잠재적 위험을 최소화하고 투명성 및 책임성 확보를 위해 노력하고 있다. 최근에는 EU에서 인공지능 법안을 통과시키며 세계 최초로 인공지능에 대한 법적 규제 프레임워크를 구축했다.

이처럼 인공지능 기술이 빠르게 발전하면서, 각국 및 국제기구는 인공지능의 윤리적 사용과 잠재적 위험을 관리하기 위한 법적 장치를 마련하고 있다. 인공지능 관련 법률 및 규제는 기술 개발자뿐만 아니라 교육자, 정책입안자, 일반 사용자 모두가 이해하고 따라야 할 중요한 지침이다.

다음에 소개하는 배진아 외(2024)의 A!thics 모델은 인공지능의 잠재적 개발자이며 사용자인 초중등 학생을 대상으로 인공지능 기술과 인공지능 윤리를 통합해서 학습할 수 있도록 설계되었으며, 인공지능 기술 및 윤리 역량 함양을 목표로 하고 있다.

2) A!thics 모델

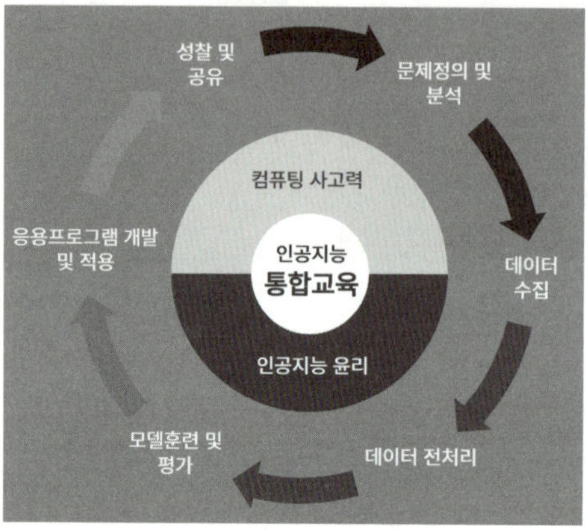

[그림 7-10] A!thics 모델

A!thics 모델은 인공지능 교육과 윤리 교육이 통합된 방식으로, 인공지능 문제 해결 과정에서 윤리적 요소의 통합을 단계적으로 안내하고 있다. 인공지능 통합 교육은 컴퓨팅 사고력 향상과 인공지능 윤리의 실천력 강화를 목표로 한다. 순환 과정은 인공지능을 이용한 문제 해결 과정을 6단계로 구분하고 있다. 문제를 명확히 이해하고 분석하는 '① 문제 정의 및 분석', 인공지능 모델 학습 및 분석을 위한 데이터 수집과정인 '② 데이터 수집', 수집한 데이터를 인공지능 학습에 적합하도록 가공하고 정제하는 '③ 데이터 전처리', 인공지능 모델을 학습시키고 결과를 평가 및 피드백하는 과정인 '④ 모델 훈련 및 평가', 실제 프로그램 및 프로젝트에 인공지능 모델을 적용하는 '⑤ 응용 프로그램 개발 및 적용', 결과를 성찰하고 공유하면 문제 해결 역량을 강화하는 '⑥ 성찰 및 공유' 단계로 이루어진다.

배진아와 조정원(2024)은 이 모델을 바탕으로 인공지능 통합 교육의 단계별 핵심요소를 구성하였다. 문제 해결 과정에 인공지능 교육 내용체계, 컴퓨팅 사고력 핵심요소, 인공지능 윤리 원칙을 배치하였다. 각 단계에서 가장 중요하게 다루어야 하는 요소를 중심으로 하였다.

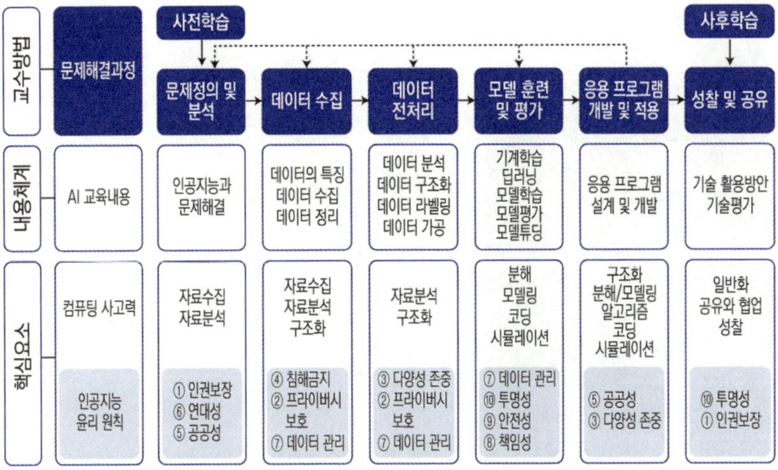

[그림 7-11] 인공지능 통합 교육의 주요 과정

3) A!thics 교육 사례

인공지능 통합 교육 사례 1.

- 초등학생 19명, 중학생 11명
- 자유 주제
- 사전 교육: 인공지능 기초 교육
- 본 교육: 인공지능을 이용한 문제 해결 프로젝트
- 인공지능 윤리의 필요성에 대한 인식은 심어줌. 사회 문제에 대한 관심 증대
- 인공지능 프로젝트와 윤리를 함께 다루기에는 시간 부족. 초등학생은 통합 교육에 대한 이해 부족

인공지능 통합 교육 사례 2.

- 가족 단위(초등 5~6학년, 중학교 1학년)
- 주제: 우리는 그린히어로
- 사전 교육(온라인): 인공지능 기초 교육, 인공지능 윤리 교육
- 본 교육: 인공지능을 이용한 문제 해결 프로젝트
- 가족 단위로 대학생 멘토 지정
- 멘토의 관찰 평가로 컴퓨팅 사고력 역량 및 인공지능 윤리 역량 체크
- 멘토의 역량에 따라 평가 결과 상이

인공지능 통합 교육 사례 3.

- 여자 고등학생
- 주제: 자유 주제
- 사전 교육: 고등학교에서 정보 또는 인공지능 기초 과목을 이수한 학생
- 본 교육: 인공지능을 이용한 문제 해결 프로젝트
- 여학생들은 상대적으로 인공지능 기술에 대한 거부감이나 두려움이 있음. 윤리를 강조한 교육으로 진입 장벽을 낮추려고 하였음

- 인공지능을 배우고 어떻게 실생활에 활용할 수 있는지에 대한

자신감 증대. 인공지능 교육에 대한 장벽이 낮아짐

인공지능 통합 교육 사례 4.

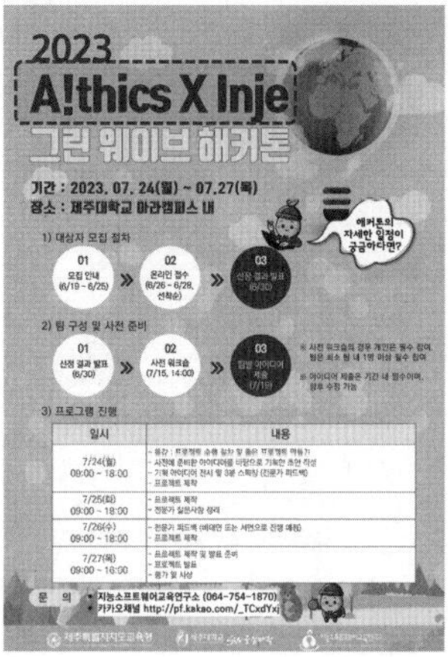

- 컴퓨터 관련 진로에 관심이 있는 고등학생
- 주제: 그린 웨이브
- 사전 교육: 컴퓨터 비전, 자연어 처리
- 본 교육: 인공지능을 이용한 문제 해결 프로젝트
- 기술에 대한 이해도는 높지만, 실제로 구현함에 있어 인공지능 윤리를 접목하는 데는 한계가 있음
- 인공지능 윤리를 고려한 기획과 그렇지 않은 기획에 대한 차이점 인식

인공지능 통합 교육 사례 5.

- 컴퓨터 관련 특성화고등학교 학생
- 주제: 자유 주제
- 본 교육: 인공지능을 이용한 문제 해결 프로젝트
- 직업계고 학생의 경우, 바로 취업과 연계될 경우 인공지능 윤리에 대한 이해와 교육을 접할 기회가 부족
- 데이터 수집, 데이터 전처리 과정에

서 윤리를 고려하여 작업하는 경험 제공

인공지능 통합 교육 사례 6.

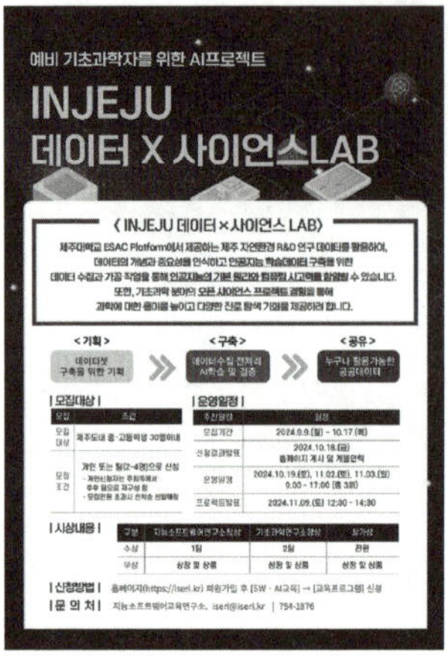

- 예비 기초과학자 중고등학생
- 과제: 데이터셋 구축
- 일반적으로 인공지능 관련 프로젝트를 할 경우 학생들은 이미 가공된 데이터셋을 활용하여 모델 학습 단계로 바로 진입
- 인터넷에서 제공하는 데이터가 아닌, 데이터 수집 단계부터 직접 수집하고 전처리를 하는 경험 제공함으로써 데이터 수집의 어려움과 그에 따른 해결 방법 경험
- 데이터 리터러시 향상

4) 인공지능 통합 교육 평가

앞에서 소개한 인공지능 통합 교육의 사례와 같이 다양한 교육적 접근을 시도하였으나 학생들의 인공지능 역량 및 인공지능 윤리 역량을 측정하는 데에는 많은 한계가 있었다. 윤리나 도덕성을 평가하는 것에 대한 부담감과 "윤리적이어야 한다"는 강박으로 인해, 자기보고식 설문에서는 실제 활동과 다르게 응답하는 경우도 발생하였다. 이를 보완하기 위해 멘토 평가와 관찰 평가를 추가했으나, 평가자의 역량에 따라 평가의 일관성과 신뢰성을 보장하기 어려운 문제가 있었다.

또한, 인공지능 통합 교육에서는 인공지능 교육과 인공지능 윤리 교육을 함께 진행하면서 교육 시간이 절대적으로 부족한 문제도 발생하였다. 인공지능의 원리와 기술적 내용을 다루기에도 시간이 충분하지 않은 상황에서, 인공지능 윤리 교육에 할애할 시간이 상대적으로 더욱 줄어드는 문제가 나타났다.

인공지능 통합 교육을 통해 인공지능 역량과 인공지능 윤리 역량을 평가할 수 있는 방안은 배진아 외(2022)의 연구에서 제시되었고, 핵심적인 'A!thics 평가 모델'에 대해 소개한다.

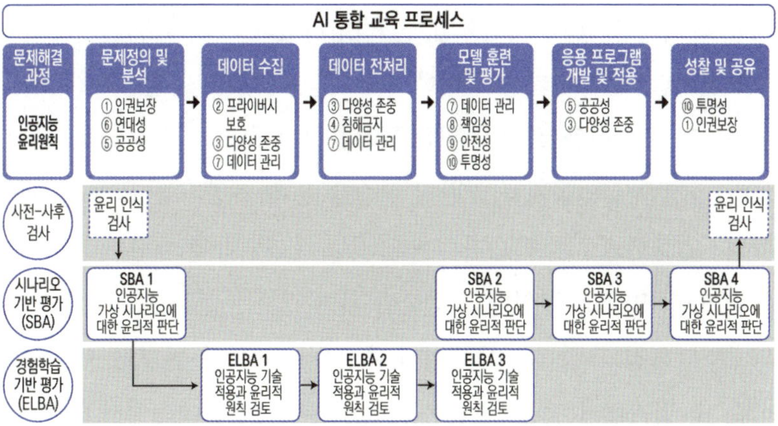

[그림 7-12] A!thics 평가 모델

인공지능 윤리 역량에 대한 평가 방안은 크게 사전·사후 검사, 시나리오 기반 평가, 경험학습 기반 평가로 나뉜다.

사전·사후 검사는 자기 보고식 설문으로 프로젝트의 전과 후에 실시하며 26문항으로 구성되어 있다. 설문의 목적은 현재 상태에서의 본인의 윤리 인식 정도를 파악하고, 프로젝트 경험을 통해 변화된 윤리 인식을 확인할 수 있도록 하였다. 또한 윤리에 대한 중요도에 대한 인식과 실제로 프로젝트에 반영한 실천 정도에 대한 확인도 가능하도록 구성하였다.

시나리오 기반 평가는 문제 해결 과정 각 단계별로 시나리오에 대한 응답형식(도덕적 발달 측면, 역량기반, 입서티브)을 달리하여 학습자의 인공지능 윤리역량에 대한 인식과 실천 정도를 평가한다. 인공지능 통합 교육의 문제 해결 과정 중 ① 문제정의 및 분석, ④ 모델 훈련 및 평가, ⑤ 응용 프로그램 개발 및 적용, ⑥ 성찰 및 공유에서 적용하고 각 단계마다 해당 내용에 적합한 과기정통부(2020)의 〈인공지능 윤리기준 10대 핵심요건〉을 반영하였다.

경험학습 기반 평가는 공정한 인공지능을 개발 및 활용하기 위해 인공지능의 편향을 줄이기 위한 활동을 중심으로 구성하였다. 문제 해결 과정에서 인공지능 기반의 실습을 통해 인공지능 윤리 문제를 확인·검토함으로써 학습자의 인공지능 윤리역량에 대한 인식과 실천 정도를 평가할 수 있다. 경험학습 기반 평가는 인공지능 통합 교육의 문제 해결 과정 중 ② 데이터 수집, ③ 데이터 전처리, ④ 모델 학습 및 평가에서 적용되며, 인공지능의 추론이나 예측에서 발생 가능한 편향을 중심으로 실습 및 평가를 진행하였다.

3. 미래를 위한 지속 가능한 인공지능 교육

인공지능은 이제 더 이상 미래 기술이 아니라, 우리 삶과 사회 구조 전반에 큰 변화를 가져오는 현실적인 동력이 되었다. 의료, 교육, 금융, 교통 등 다양한 영역에서 인공지능이 이미 주요 의사결정 과정에 참여하고 있으며, 생성형 인공지능을 비롯한 새로운 기술들은 인간의 창의적·감각적 영역마저 가속적으로 넘보고 있다. 이러한 시대적 흐름에서 우리는 단순히 인공지능 활용 능력만을 키우는 데 그치는 것이 아니라, 컴퓨팅 사고력과 인공지능 윤리를 결합한 종합적인 문제 해결 역량을 갖춰야 한다는 점을 분명히 인식해야 한다.

컴퓨팅 사고력은 복잡한 문제를 분해하고, 핵심 요소를 추상화하며, 해결 방안을 알고리즘화하고 평가·개선하는 과정을 통합하는 능력이다. 인공지능 기술이 아무리 발전해도, 문제의 본질을 파악하고 다양한 관점에서 해결책을 탐색하는 과정은 여전히 인간의 창의성과 책임감이 발휘되어야 할 영역이다. 특히 인공지능으로 인한 편향과 개인정보 유출, 그리고 불합리한 의사결정이 가져올 위험성을 최소화하려면, 기획 단계에서부터 윤리적 관점을 필수적으로 접목하는 것이 무엇보다 중요하다. 우리나라의 이루다 사례에서 볼 수 있듯, 윤리적 측면의 고려가 충분치 않을 경우 결국 더 많은 비용과 사회적 갈등이 발생하고, 또한 사용자 신뢰가 심각하게 손상될 수 있다.

이 같은 배경에서 제안된 인공지능 통합교육을 위한 A!thics 모델은 인공지능 교육과 윤리 교육을 하나로 통합하여, 학생들이 실질적인 문제 해결 과정에서 인공지능 기술을 책임감 있고 윤리적으로 활용하는 데 초점을 맞추고 있다. 앞에서 제시한 여러 교육 사례는, 학습자들이 문제 정의와 데이터 수집·전처리, 모델 훈련·평가, 결과의 적용·성찰 등 전 과정을 직접 경험하면서 인공지능을 실제 삶에 적극적으로 활용할 수 있게 함과 동시에, 윤리 역량을 자연스럽게 내면화하도록 돕는다는 점에서 의의가 크다.

컴퓨팅 사고력과 윤리 역량을 아우르는 통합 교육이 미래 사회에 필요한 핵심 역량을 기르는 가장 효과적인 방법이라는 점은 점차 분명해지고 있다. 앞으로는 인공지능이 여러 사회적 갈등을 야기하는 '불안 요소'가 아니라, 인간의 가치와 창의성을 더욱 빛나게 하는 '협력 파트너'가 되도록 이끄는 것은 앞으로 우리들이 가져가야 할 과제이다. 이를 위해서는 학생·교사·개발자·정책입안자 등 다양한 이해관계자가 인공지능을 올바로 이해하고 윤리 의식을 함께 공유할 수 있는 교육 생태계를 구축해야 할 것이다.

인공지능의 급속한 발전으로 교육 패러다임의 변화가 필요한 시점에서 컴퓨팅 사고력과 인공지능 윤리 역량 함양을 강조한 인공지능 교육이 곧, '지속 가능한 인공지능' 교육이 될 수 있을 것이다.

4. 질의응답

Question	윤리 관련 프로그램에서 평가를 중요하게 생각했다고 하셨는데요. 윤리라는 것은 결과에 대해 평가하고 끝나는 게 아니라 하나의 생각 후에 더 고민하고 발전시키고 하는 관점이 필요한 게 아닌가요?
Answer	네, 좋은 지적입니다. 평가를 중요하게 생각한다고 말씀드린 이유는 평가 요소가 곧 교육의 목표이기도 하기 때문입니다. 인공지능 윤리 역량을 평가하는 것은 지식적인 측면의 역량을 평가하기보다는 윤리적 고려가 필요한 상황에서 얼마나 적용하고 실천할 수 있는지를 평가하는 것이 더 중요할 것입니다. 또한 윤리적 평가 요소를 세분화하여 학습적 요소의 성취가 부족한 부분을 찾고 보완하기 위한 효과적인 평가 피드백 방안에 대한 연구도 향후 계속되어야 할 것입니다. 말씀하신 것처럼 교육의 마지막 단계에서는 앞에서 배우고 적용했던 윤리적 요소들에 대해 스스로 성찰하고 동료 학습자와 생각을 공유하는 단계를 거치며 윤리적 고려와 실천의 깊이를 더할 수 있도록 하는 것이 교육적으로는 매우 중요하며 이를 위한 연구도 계속 진행하고 있습니다.

참고문헌

과학기술정보통신부(2020). 인간 중심 인공지능(AI) 윤리 기준.

배진아, 조정원(2024). 블렌디드 러닝 기반의 인공지능 통합 교육 프로그램 개발. 지능정보융합과 미래교육, 3(3), 43-54.

배진아, 최정아, 조정원(2024). 인공지능 통합 교육에서의 인공지능 윤리 역량 평가 방법 제안. 한국정보과학회 학술발표논문집, 947-949.

배진아, 이정훈, 홍미선, 조정원(2022). 중등학생 대상 인공지능 윤리역량 평가척도 개발. 컴퓨터교육학회 논문지, 25(6), 103-118.

서울시교육청(2023). '챗GPT 시대, 현장교사에게 묻다.' 서울교육포럼. 2023년 4월 6일. 보도자료.

한국언론진흥재단(2023). 챗GPT 이용 경험 인식조사. Media Issue, 9(3).

PART 3

인간-AI 협업을 위한 미래 교육 모델 개발

CHAPTER 08

인간-비인간 상호작용: 인간-AI 협업을 향하여

송동길(Texas A&M University)

1. 서론

'미래교육'이라는 단어를 들으면 첨단 테크놀로지로 무장된 눈부신 교육환경이 떠오른다. 가상현실(VR: Virtual Reality)에 화려한 3D 그래픽과 애니메이션이 역동적으로 돌아가고, 선생님 역할을 하는 휴머노이드(Humanoid) 로봇이 학생들을 가르쳐 주는 장면들이 떠오른다. 이러한 첨단 테크놀로지를 어떻게 개발하고 활용하면 인간의 학습[1]에 효과가 좋을지를 연구하는 학문분야가 있다. 테크놀로지의 적절한 개발과 교육적 활용, 혹은 효과적인 학습 방법 등에 대한 연구를 하는 분야인데, 보통 '교육공학(Educational Technology)'이라고 불린다. 비슷하지만 살짝 다른 '학습과학(Learning Sciences)'이라는 분야도 있고, '학습분석학(Learning Analytics)'이라는 분야도 어느 정도 테크놀로지의 교육적 활용 연구를 포괄한다(Song et al., 2022). 이 분야

1) '인간의 학습' 혹은 '우리의 학습'이라는 말이 부자연스럽지만, 인공지능분야에서 기계학습(Machine Learning)이라는 용어가 빈번하게 사용되기 때문에 이를 구분하기 위해 사용하였다.

의 연구자들은 교육전문가, 교사, 학습자들과 협력하여 보다 나은 미래교육을 만들기 위해 노력한다. 특히, 학습효과를 극대화하기 위하여 학습자와 테크놀로지의 상호작용(interaction)을 중점적으로 연구한다. 인공지능을 테크놀로지의 한 종류로 바라볼 수 있기 때문에, 교육공학 관련 학문 분야에서 인공지능을 활용한 교육적 연구를 진행한다. 연구자들은 의미 있는 연구결과를 통해 미래교육의 방향을 제시한다. 이번 장에서는 테크놀로지를 사용하여 프로그램을 개발하고 활용하는 분야의 연구자 입장에서 미래교육을 위한 "인간과 인공지능의 협업(Human-AI Collaboration)"을 이야기해 보고자 한다.

2. 미래 학습을 위한 준비

2.1. 미래학습을 위한 준비(PFL: Preparation for Future Learning)

테크놀로지의 교육적 활용을 연구하는 사람들이 전통적으로 혹은 기본적으로 사용하는 연구방법이 있다. 교육실험연구라고 불리는 이 방법은 보통 통계기법을 활용하여 학습자의 학습 효과를 측정한다. 특정 테크놀로지를 사용한 학습자들이 그 테크놀로지를 사용하지 않은 학습자들보다 학습성과가 높은지, 학습 동기부여가 더 되었는지 등을 확인하는 연구 방식이다.

동영상 강의를 일종의 학습 테크놀로지로 보았을 때, 이의 효과성을 측정하는 연구로 예를 들어보자. 우선, 학습자들을 실험집단과 통제집단으로 나눈다. 실험집단은 동영상 강의로 학습하는 그룹이고,

통제집단은 동영상 강의 없이 기존의 교과서로 공부하는 그룹이다. 예를 들어, 고등학생 100명을 대상으로 연구를 진행한다고 생각해 보자. 무작위로 50명, 50명으로 나누어 한 그룹은 "실험집단", 다른 그룹은 "통제집단"이라고 부르자. 연구자의 목표는 "과연 동영상 강의가 교과서를 통한 학습보다 효과가 있는가?"를 살펴보는 것이다.

실험집단 50명은 연구자가 준비한 동영상 강의로 한 달 동안 학습을 한다. 예를 들어, 동영상 강의를 통하여 수학의 고차방정식을 학습한다고 가정하자. 반면에 통제집단 50명은 같은 한 달 동안 기존의 교과서로 고차방정식을 학습한다. 이 한 달 동안 학습과정 전후로 모든 100명의 학습자는 고차방정식에 대한 동일한 시험을 치른다. 보통 사후 시험 성적이 사전 시험 성적보다 좋으면 학습이 일어난 것으로 본다(사전-사후 비교 결과 성적이 오히려 나빠졌다면 학습이나 실험에 무엇인가 문제가 있을 듯하다).

동영상으로 학습한 실험집단의 성적향상 폭이 통제집단보다 컸다면, "동영상 강의가 교과서보다 학습에 더욱 도움이 되는 것"이라고 결론 내린다. 물론 통계적으로 혹은 기술적으로 조금 더 복잡한 부분이 있지만, 설명을 쉽게 하기 위해 자세한 부분은 생략하였다. 하지만, 본질적으로 연구 형식은 위에서 설명한 바와 같다. 이렇듯이, 특정 테크놀로지를 활용한 집단의 학습성과가 우수하면, 그 테크놀로지가 학습에 전반적으로 도움이 된다고 일반화하려는 것이 연구의 목표이다.

위와 같은 연구에 다양한 비판이 있을 수 있다. 예를 들어, 실험에 참가한 100명의 학생들은 특수고등학교를 다니는 우수한 학생들이었다면, 위의 실험 결과가 전반적인 고등학생들에게 해당된다고 보기 어렵다. 이번 챕터에서 다루고 싶은 비판은 다음과 같다. 위의 학습실험이 아주 신뢰할 수 있는 결과라고 가정해 보자. 이 실험을 진행한 연구자의 제안에 따라, 많은 고등학생들이 동영상 강의에 큰 도움을 받았다. 동영상 강의에 힘입어 좋은 대학교에 들어갔다고 가정해 보자. 교육공학자들이 동영상 강의의 우수성을 입증하였고, 이 학생들은 그들의 연구 제안을 잘 따랐다. 여기까지는 교육 연구가 사회에 긍정적으로 기여하는 좋은 예가 된다.

그런데, 그 다음은 어떻게 될까? 이들 중 대다수 학생들은 대학교에 가서 갑자기 성적하락을 경험하게 된다. 이 학생들은 고등학교 시절 동영상 강의로 열심히 공부를 하여 성적을 향상시켰던 학생들이다. 대학교 과목 중에 교과서로만 공부를 해야 하는 수업이 많을 것이다. 동영상 강의 없이 학습을 진행하자 성적이 떨어진 것이다. "특정한 테크놀로지(동영상 강의)를 활용하여 고교시절 학습을 잘했는데, 학습 효과가 그저 그때뿐이었다. 학원에서 제공하는 인강이나 동영상 강의가 없는 대학교 수업에서는 어쩌란 말이냐!"라는 비판이 있을 수 있다. 극단적인 예를 들었지만, 교육연구에서 기본적으로 받는 비판 중에 하나다. 특정 테크놀로지가 학습에 큰 도움을 주지만, 이후에 해당 테크놀로지가 없는 학습환경에서는 학습을 어떻게 하라는 말인가?

이러한 비판을 극복할 수 있는 연구방법 혹은 연구기조가 있다. 저명한 교육연구자들이 제창한 "미래학습을 위한 준비(PFL: Preparation for Future Learning)" (Bransford & Schwartz, 1999; Schwartz & Martin, 2004)가 그것이다. PFL을 고려하면 위에서 지적한 테크놀로지 활용 학습의 제한점을 넘어서는 연구를 진행할 수 있다.

PFL을 중심에 놓고, 앞서 소개한 연구를 다른 방식으로 진행해 보

자. 이때는 보통 연구가 두 단계로 진행된다. 기존방식의 연구가 첫 번째 단계이고, 추가적으로 두 번째 단계를 진행한다.

첫 번째 단계의 실험은 앞서 소개한 방식 그대로 진행한다. 이번에는 디지털교과서라는 테크놀로지로 예를 들어보자. 총 100명의 고등학생들을 무작위로 50명, 50명으로 나눈다. 실험집단 50명은 디지털교과서 그룹, 통제집단 50명은 일반교과서(책) 그룹으로 나누어 미분법에 대한 학습을 진행한다. 사전, 사후 시험을 바탕으로 해당 테크놀로지의 효과를 측정한다. 여기까지는 똑같은 연구 방식이다. 실험집단의 향상 폭이 통제 집단보다 크면 다음 단계의 연구를 진행한다.

두 번째 단계를 통하여 연구를 한 번 더 진행하는 것이 PFL의 핵심이다. 전 단계에서 나누었던 실험집단 50명과 통제집단 50명 모두 똑같이 책교과서로 한 달 동안 학습을 한다. 예를 들어, 이번엔 적분법을 책교과서로 학습한다. 적분법에 대한 사전, 사후 시험을 통하여 두 집단의 성적 향상 폭을 측정한다. 물론 두 집단은 이번엔 동일하게 책교과서로 학습하였다. 디지털교과서를 활용하여 미분법에서 우수한 성적을 거두었던 실험집단이(1단계 실험), 과연 책교과서로 공부한 적분법에서도 통제집단보다 성적이 좋을 수 있을 것인가(2단계 실험)? 이것이 PFL에서 관심을 갖는 질문이다.

2단계의 연구결과도 긍정적으로 나왔다면 아주 바람직한 연구가 된다. 디지털교과서로 공부를 했던 학습자들은 나중에 책교과서로 공부를 하더라도 좋은 학습성과를 보여준다는 뜻이다. 이 테크놀로지(디지털교과서)는 미래학습(책교과서로 학습)을 위한 준비를 충실히 시켜준 셈이다. 다시 말해 디지털교과서라는 테크놀로지는 PFL에 아주 충실한 것이다. 교육공학연구를 이런 방식으로 진행하면 위에서

받은 비판을 극복할 수 있다. 시간이 지난 후에 테크놀로지가 없어진 새로운 환경에서도 학습을 잘 할 수 있게 학습자를 "준비"시켜 주었기 때문이다.

이론적으로 혹은 원론적으로, PFL을 염두에 둔 교육연구 방식은 훌륭하다. 그러나 현실적으로 이러한 테크놀로지를 개발하거나 찾기는 여간 힘든 일이 아니다. PFL을 고려한 실험은 극도로 어렵다. 1단계 실험을 진행했던 학습자들과 상당한 시간 동안 함께하며 2단계 실험을 진행해야 하기 때문이다.

현실적인 문제를 차치하면, PFL은 개념적으로 훌륭하고, 특히 미래 교육에 많은 시사점을 던져준다. 변화무쌍한 학습환경을 대비해 미래의 학습을 준비하는 것의 중요성은 아무리 강조해도 지나침이 없다.

2.2. 적합성(Fit)

개인적으로 "미래교육"하면 PFL과 더불어 적합성(fit)이라는 단어가 떠오른다. 그 이유는 최근 인공지능의 광풍과 더불어 교육계의 다양한 반응들 때문이다. 한국, 미국 할 것 없이 다양한 교육관련 기관과 학교에서 "인공지능을 활용한 교육"이라는 주제로 책, 가이드, 홍보자료 등을 온/오프라인에 배포하고 있다. 언론에서도 같은 주제로 다양한 내용들을 소개하고 있다.

교육공학뿐만 아니라, 다양한 학문분야에서 "인공지능을 활용한 교육"을 주제로 다채로운 연구가 나오고 있다. 모두 다 양질의 자료라고 보기는 어렵지만, 훌륭한 책, 가이드, 연구들이 나오고 있어서 대중들에게 큰 도움을 주고 있다.

이러한 자료들을 살펴보는 중에, 조금 의아한 것들을 접할 때가 있다. 딱히 틀린 내용은 아닌데, 어색함이 느껴진다. 예를 들어, 미국 모 명문대의 교수혁신센터(Center for Teaching Innovation)에서 발행하는 자료집 중에 생성형 인공지능(generative AI)에 관한 내용을 보았을 때 그런 이상한 느낌이 들었다. 물론 개인적인 느낌이다.

그 자료집에 있는 내용을 몇 가지 짚어 보겠다. 생성형 인공지능은 "수업 및 학습 자료를 공부하는 데 효율적으로 도와준다", "강사들이 수업을 위한 계획을 짜는 데 도움을 준다", 혹은 "특정한 주제에 대하여 심화된 설명을 해준다" 등이 소개되어 있다. 고개를 끄덕일 수 있고, 실제로도 옳은 말이기도 하다. 개인적으로 조금 의아한 느낌이 들었던 이유는 특별하지 않았기 때문이다. 딱히 생성형 인공지능이 아닌 다른 테크놀로지를 주어로 넣어도 이상하지 않다는 것이다. 예를 들어, "구글 검색'이 "특정한 주제에 대하여 심화된 설명을 해준다" 라는 말로 바꾸어도 하나도 이상하지 않다. 이러한 느낌의 연구들도 심심치 않게 찾아볼 수 있다. 다시 말하지만, 이러한 자료들과 연구들은 절대로 틀린 것이 아니다. 짚어보고 싶은 것은 다소 적합성(fit)이 떨어진다는 것이다.

생성형 인공지능이 아닌 기존의 테크놀로지가 할 수 있고, 충분히 잘하고 있는 부분을 마치 "생성형 인공지능이라서" 학습을 도와준다고 말하는 것은 fit이 맞지 않다. 물론 틀린 말은 아니지만, 적합성이 조금 떨어지는 느낌이다.

강조하고 싶은 것은, 인공지능의 특별함에 더욱 초점을 맞출 때가 되었다는 것이다. 연구자들뿐만 아니라 교육자들과 교육정책담당자들은 인공지능에 fit이 맞는 교육자료를 만들고 결과를 도출해 내야 한다. 먼저, 기존의 테크놀로지와 최근의 인공지능 관련 기술의 차이는 무엇인지 알아보는 것이 미래교육을 위해 필수적이다. 인공지능이 기존의 테크놀로지가 못 하던 것을 해줄 때, 이를 찾아내고, 왜 그런지 분석하고, 더 잘 해줄 수 있도록 도와주는(facilitate) 일이 미래교육을 위해 필요하다. 한마디로 "fit"이 맞는 연구를 진행하고 "fit"이 맞는 프로그램과 자료들을 만들어야 미래교육에 인공지능을 잘 활용할 수 있을 것이다.

2.3. PFL과 FIT

서론이 길었지만, 하고 싶은 이야기가 거의 준비되었다. "인공지능을 활용한 미래교육에서는 (1) PFL이 딱히 중요하지 않을 수 있다, 그리고 (2) fit을 맞춘 연구와 활동을 해야 한다"가 이 장의 핵심이다. 그 이유는 다음과 같다.

첫째, 특정 테크놀로지를 활용한 학습 환경이 변화하지 않을 수 있다. 앞에서 소개한 예를 바탕으로 생각해 보자. 대학교용 동영상 강의를 언제든지 접근할 수 있다면 고등학교에서 했던 학습처럼 그대로 진행할 수 있다. 특히, 학습환경이 바뀌어도 인공지능 테크놀로지를 꾸준히 사용할 가능성이 높다. 현재 고등학교에서 생성형 인공지능 챗봇으로 학습하던 학생들이 대학교에 가서도 계속 사용할 가능성이 높다. 현재 인공지능이 여러 분야에 광범위하게 적용되고 있기 때문에, 학습환경이 변화하여도 인공지능을 활용한 툴이나 학습방법을 그대로 적용할 가능성이 높다고 본다. 인공지능을 활용하여 대학교 학습에 도움을 받았던 학생들이 회사에 들어가서도 똑같은 방식으로 생성형 인공지능을 활용하여 학습 및 직무 트레이닝을 이어 나갈 수 있다.

둘째, 현재 인공지능 관련 기술의 특성을 잘 살린 학습 연구가 진행되어야 한다. 물론 인공지능 기술이 적용된 학습 보조 도구들도 기존 테크놀로지 사용하듯이 활용해도 문제가 되지는 않는다. 생성형 인공지능을 구글처럼 기존의 검색엔진 사용하듯이 활용해도 문제 될 것은 없다. 예를 들어, "조건부 확률"이 궁금하여 구글에 검색하여 나온 자료들을 바탕으로 학습하듯이, ChatGPT에 물어봐서 학습할 수 있다. 그러나 조금 더 발전적인 미래교육을 위해서라면 한 단계 더 나아가야 한다. 교육학자들은 인공지능을 더욱 잘 활용할 수 있는 방법들을, 즉 fit이 맞는 연구를 해 나가야 한다. 예컨대, 전화 걸고 문자 주고받는 용도로 스마트폰을 사용해도 전혀 문제가 될 것이 없다. 그러나 과거에 전화기가 없었던 것에 초점을 맞추어 스마트폰만이 할 수 있는 기능들을 살려서 활용해 보자는 이야기이다.

3. 미래교육을 위한 고려사항: Human-AI Collaboration

PFL과 fit의 관점에서 생각했을 때 미래교육에서 고려해야 할 사항 중에 하나로 인간과 인공지능의 협력(Human-AI Collaboration)을 꼽을 수 있다. 전제 조건은 (1) 인공지능이 학습자의 곁에서 떨어질 일이 거의 없고(PFL이 중요하지 않다는 관점), (2) 인공지능의 특성을 살리는(fit) 학습이 중요하다는 것이다.

(2024년 7월을 기준으로) 테슬라의 자율주행(FSD: Full Self-Driving)

의 기능을 활용하여 주행을 할 때, 다른 종류의 두 가지 경험을 할 때가 있다. 첫 번째로 인공지능이 좀 답답할 때가 있다. 조금 후 500미터 전방에서 좌회전을 해야 하는 차선에 차량이 많을 때가 있다. 앞서 가는 차들은 서서히 좌회전 차선으로 미리 이동을 하는데, 테슬라의 자율주행은 아랑곳하지 않고 중간차선으로 계속 진행한다. 거의 좌회전 신호가 임박한 50미터 지점에서 좌회전 차선에 끼어들려고 하지만, 이미 많은 차들이 빽빽하게 줄을 서 있다. 양보해 주는 차량이 있을 경우에는 다행이지만, 그렇지 못한 경우가 훨씬 많다. 이런 경험을 몇 번 하고 나면, 다음부터는 이러한 상황이 오기 전에 자율주행 기능을 끄고, 운전자가 미리 좌회전 차선으로 변경하게 된다. 인공지능이 잘 못하는 부분은 당연하게도 우리가 직접 하게 된다.

두 번째로 테슬라의 자율주행 인공지능에 감탄을 할 때가 있다. 고속도로를 주행하다 보면, 일반도로에서 혹은 휴게소 출구 같은 곳에서 고속도로의 오른쪽 차선에 합류하는 지점들이 있다. 고속도로에서 운전할 때, 경력이 많은 운전자라고 하더라도 오른쪽에서 차량이 합류하면 상당히 신경이 쓰인다. 오른쪽에서 합류하는 차량이 어느 정도로 빠르게 오는지를 가늠하기 어렵기 때문이다. 물리적으로 생각해 보면, 합류하는 차량의 속도가 아니라 가속도를 계산해야 한다. 내가 조금 더 속도를 내어 합류하는 차를 앞서가야 하는지, 아니면 속도를 조금 줄여서 양보를 해야 하는지 등의 판단이 쉽지 않다. 경험상, 이러한 경우에 테슬라의 자율주행은 상당히 부드럽다. 합류되어 오는 차의 가속도를 빠르게 계산할 수 있기 때문에, 속도를 더 내어 앞서 가거나 혹은 속도를 줄여서 양보를 하는 결정이 빠르고 상당히 자연스럽다. 인공지능이 탁월한 분야에는 그저 몸을 맡기면 된다.

단순화된 예를 들었지만, 이것이 "인간과 인공지능 협력"의 핵심이라고 생각된다. 인공지능을 활용할 때, 학습자는 인공지능이 잘하는 부분과 그렇지 못한 부분을 빠르게 판단해서 학습을 진행하면 된다. 인간이 잘하는 부분은 직접하고, 인공지능이 잘하는 분야는 신뢰를 하면 된다.

중요한 것은, 학습자에게 이러한 내용들을 직접 가르치는 것은 좋은 방법이 아니라는 점이다. 현재 교육 일각에서 진행되고 있는 "생성형 인공지능 활용법" 같은 교육이 그 예다. "이런 경우는 생성형 인공지능이 잘 못하니까 여러분이 하세요~" 혹은 "이럴 때는 생성형 인공지능을 이렇게 활용하세요~" 같은 교육은 여전히 fit이 맞지 않다.

앞에서 말한 테슬라 자율주행의 단점(차들이 많을 경우 좌회전 차선에 미리 합류하지 않는 것)은 2024년 8월 버전 업데이트 이후로 많이 사라졌다. 이 글을 쓰고 있는 2025년 1월을 기준으로 테슬라의 자율주행은 좌회전 차선 합류를 미리미리 한다. 만약에 교육부에서 "좌회전 차선에 차량이 많을 것으로 예상될 때 자율주행을 끄세요~"라고 가르치는 교육자료를 교사들에게 배포하기 위해 만들고 있다고 생각해 보라. 교사들이 이러한 자료를 바탕으로 학생들을 가르칠 때에는 이미 높은 확률로 인공지능이 달라져 있을 것이다.

결론적으로, 미래교육은 학습자들이 스스로 인공지능의 강점과 단점을 빠르게 파악할 수 있는 역량을 기르는 데 초점을 맞추어야 한다.

이번 장에서는 교육공학연구와 PFL을 소개하고, 현재 일각에서 나타나고 있는 fit이 맞지 않는 현상을 살펴보았다. PFL과 fit의 관점에서 인간과 인공지능의 협력을 생각해 보았다. 인간이 완전히 맡겨도 되는 부분과 아직은 그렇지 못한 부분을 갖는 것이 인공지능의 특징이라고 생각한다. 학습자들은 이러한 두 부분을 빠르게 파악하여 인공지능을 효과적으로 활용하기를 바란다.

4. Q&A

Question	모든 분야에서 인공지능 기술이 광범위하게 활용되고 있다. 인공지능을 적절히 활용하기 위해 연구자 혹은 개발자로서 갖추어야 할 최소한의 도메인 지식의 범위를 어떻게 설정해야 하는가?
Answer	만족스러운 답변이 아니겠지만, 개별사안마다 다를 것이다. 다양한 교육, 학습 분야에서 인공지능이 더욱 광범위하게 활용될 것이라는 가정을 한다면, 교육/학습 상황에 따라 다채로운 개발방법 및 활용이 예상되기 때문이다. 개별사안마다 효과적인 프로젝트를 위하여 연구가 혹은 개발자가 갖추어야 할 도메인 지식의 범위는 다르겠지만, 굳이 도메인 지식에 연연할 필요는 없다고 본다. 인공지능을 활용한 교육용 프로그램을 개발할 때, 다양한 전문가의 협업이 필수적이다. 연구자 혹은 개발자가 굳이 도메인 지식을 얻기 위해 노력할 필요는 없다. 예를 들어, 제가 운영하고 있는 아인브레인 연구소(Einbrain Lab)에서 개발한 MedChat이라는 앱이 있다. 이는 의과대학 학생들을 위하여 환자와의 의사소통 능력을 길러주는 인공지능 기반 프로그램이다. 개발하는 동안 연구 및 개발 팀원들은 의과대학 교수들과 긴밀히 협업하였다. 프로젝트를 시작하기 전에 굳이 연구자 및 개발자들이 의학적 의사소통이라는 "도메인 지식"을 갖출 필요가 없었다. 도메인 지식 전문가들과 함께 프로젝트를 진행하면 되기 때문이다.
Question	공학과 교육학이 적절하게 융합된 인공지능기반 학습자료 및 툴을 개발하기 위해서는 어떤 상호작용이 필요한가? 또한, 이를 위해 학습과학이 해결해야 할 과제는 무엇인가?
Answer	교육학에는 다양한 상호작용이 있는 것으로 알고 있다. 예를 들어, 학습자－학습자, 학습자－교수자, 학습자－학습자료 등의 상호작용이 있다. 이번 장에서 결론적으로 이야기하는 핵심은 "학습자와 인

공지능의 협력"이라는 상호작용이다. 이는 학습자-학습자료 상호작용의 일종이라고 생각할 수 있지만, 전통적인 의미와 약간의 차이가 있다. 학습자-학습자료 상호작용은 기본적으로 학습자의 흥미, 몰입, 동기부여에 초점을 맞춘다. 영어로는 보통 engagement라고 불린다.

"학습자와 인공지능의 협력"이라는 상호작용은 이를 넘어서서 학습자-학습자 상호작용까지도 포괄하려고 한다. 학습자료로 여겨졌던 테크놀로지가 지능적인 협력의 대상이 되어 협업의 단계까지 간다고 했을 때, 이를 단순히 학습자-학습자료 상호작용이라고 볼 수가 없다.

이를 위해서는 당연하게도 학습과학 및 교육공학에서 다양한 연구가 진행되어야 하겠다. 우선적으로, 학습자가 인공지능의 강점과 약점을 빠르게 파악하는 능력을 기르는 방법에 초점을 맞춘 연구가 필수적이다. 단순히 특정 인공지능 툴이나 프로그램이 "이러한 강점을 가지고 있고, 이러한 약점을 가지고 있다"라는 교육은 아무 의미가 없다. 인공지능 관련 기술과 툴들이 빠르게 업데이트되고 있기 때문이다.

그 다음으로는 학습자들이 쉽게 활용할 수 있는 인공지능 기반 학습용 프로그램들을 다양하게 개발하는 것에 초점을 맞추어야 한다. 생성형 인공지능 툴은 많은 사람들이 다양한 상황에서 범용으로 사용하는 것을 목표로 한다. 이러한 툴들을 교육에서 그대로 활용하는 것도 나쁘지 않지만, 특정한 학습에 특화되고 체계화된 프로그램이 있다면 학습효과가 더욱 클 것으로 기대된다.

참고문헌

Bransford, J. D., & Schwartz, D. L. (1999). Rethinking transfer: A simple proposal with multiple implications. In A. Iran-Nejad & P. D. Pearson (Eds.), *Review of research in education, 24*, 61–101. American Educational Research Association.

Song, D., Shin, Y., & Hong, H. (2022). Learning analytics as an integrated approach in mixed methods research. In J. Hitchcock & A. Onwuegbuzie (Eds.), *The Routledge handbook for advancing integration in mixed methods research* (pp. 288–300). Routledge.

Schwartz, D. L., & Martin, T. (2004). Inventing to prepare for future learning: The hidden efficiency of encouraging original student production in statistics instruction. *Cognition and instruction, 22*(2), 129-184.

CHAPTER 09

수업 설계 지원 시스템을 활용한 교사와 AI의 협력: 인공지능 융합 수업 설계를 중심으로[1]

이다연(서울대학교)

1. 시작하며

학생들에게 의미 있는 한 차시의 수업을 선물하기 위해서 교사는 많은 시간을 고민하며 수업을 설계한다. 수업 설계는 단순히 학습 내용을 정리하거나 전달 순서를 정하는 일이 아니다. 이는 학생들의 학습 여정을 구체적으로 계획하고, 그 여정 속에서 지식의 습득뿐만 아니라 깨달음과 성장을 경험할 수 있도록 치밀하게 구성하는 정교한 작업이다. 교사는 “이 수업을 통해 학생들이 무엇을 배우고, 어떻게 변화할 것인가?”라는 질문에 답하기 위해 학습 목표를 설정하고, 학습자들의 수준과 요구를 분석하며, 그에 맞는 자료와 활동을 준비한다. 체계적으로 설계된 수업은 단순히 지식을 전달하는 것을 넘어 학생의 잠재력을 발견하고, 호기심과 배움의 즐거움을 일깨운다.

수업 설계는 광의의 수업 설계와 협의의 수업 설계로 구분된다(임철

1) 이 글은 저자의 박사학위논문 ‘창의적 문제해결을 위한 인공지능 융합 수업 설계 지원 시스템 개발 모형 연구’의 내용을 중심으로 작성하였다.

일, 연은경, 2015). 광의의 수업 설계는 분석(Analysis), 설계(Design), 개발(Development), 실행(Implementation), 평가(Evaluation)와 같은 절차를 포함한 체계적 과정으로 이해된다(Gustafson & Branch, 2007). 이는 교수체제 설계(Instructional Systems Design)로 간주될 수 있다(정재삼, 1996). 반면, 협의의 수업 설계는 수업이나 프로그램 내에서 교수학습 활동과 절차를 조직하는 것을 의미하며(이혜정, 최명숙, 2010; Merill, 1998), 광의의 수업 설계에서 제시하는 설계 단계에 초점을 둔다. 일반적으로 수업 설계는 협의의 수업 설계 혹은 교수설계(Instructional Design)를 의미하며, 학습 목표를 효과적으로 달성하기 위해 교수학습 활동과 자료를 체계적으로 계획하고 조직하는 과정으로 이해될 수 있다. 수업 설계는 수업의 질을 결정짓는 중요한 요소로, 효과적인 교육을 위해 반드시 필요하다. 체계적으로 설계된 수업은 학습 목표와 활동 간의 일관성을 보장하며, 학생들이 학습 내용을 명확히 이해하고 적용할 수 있도록 돕는다. 또한, 수업 설계는 학생들의 다양한 학습 스타일과 요구를 반영하여 개별화된 학습 기회를 제공하는 데 기여한다. 이는 학생들이 학습에 몰입하고 성취감을 느낄 수 있는 환경을 조성함으로써 학습 동기를 유발하고 학습 효과를 극대화한다.

교사는 수업 설계의 전문가다. 이들은 교원양성 기관에서 수업 설계에 필요한 체계적인 지식을 습득하고 전문적인 훈련을 받았을 뿐만 아니라 교육 실습을 통해 실무 경험을 쌓았다. 임용 시험에 합격하여 교원으로 임명된 이후에는 실제 수업을 설계하고 운영함으로써 수업 설계자 혹은 교수설계자로서의 전문성을 더욱 심화시킨다. 그러나 최근에는 교과목 중심의 수업을 넘어서는 복합적이고 고차적인 수업 설계에 대한 요구가 확대되고 있다. 예를 들어 STEAM 융합 수업, 에듀테크 기반 수업, 인공지능 융합 수업, AI 디지털교과서 기반 수업 등에 대한 설계 역량이 요구되고 있다. 이러한 요구는 수업 설계에 대한 새로운 접근을 요구한다. 그러나 에듀테크, 인공지능 기술, AI 디지털교과서와 같은 새로운 매체에 익숙하지 않은 교사들에게는 큰 도전으로 다가올 수밖에 없다.

인공지능을 이해하고 활용하는 역량이 주요한 미래 역량으로 여겨지면서 인공지능 융합 수업의 필요성이 특히 강조되고 있다. 인공지능 융합 수업은 '인공지능 소양 및 여러 교과의 지식을 종합적으로 활용하여 자신의 삶과 공동체를 둘러싼 중요한 이슈나 문제를 해결하는 수업'을 의미한다(이다연, 2024). 인공지능 융합 수업은 여러 교육적 효과를 갖는다. 무엇보다 AI를 활용하여 문제를 해결하는 과정에서 AI 리터러시와 문제해결력이 향상된다(이영호, 2021; Hsu et al., 2021). AI 리터러시는 인공지능의 개념을 이해하고 이를 활용하여 문제를 해결하는 역량을 의미하는데(최숙영, 2022), AI를 활용하여 문제를 해결하는 과정에서 자연스럽게 이러한 역량을 함양하게 된다. 또한 인공지능 융합 수업은 협력적인 문제 해결을 전제로 하기 때문에 협업 능력 역시 발전시킬 수 있다. 복잡하고 정형화되지 않은 문제를 풀기 위해서는 동료와 긴밀한 소통이 중요하기 때문이다(문샛별 외, 2022). 뿐만 아니라 문제를 발견하고 해결하는 과정 전반을 학생들 스스로 계획하고 진행하면서 자기 주도적 학습 능력과 메타인지 역시 높아지게 된다(김은진, 2018). 마지막으로 AI의 도움을 통해 기존에 할 수 없었던 보다 창의적이고 새로운 사고를 할 수 있다. 이러한 창의적 사고는 다양한 관점에서 문제를 바라보고 독창적인 해결 방안을 모색하는 데 기여하며, 학생들의 융합적 사고력을 증진시킨다.

인공지능 융합 수업이 갖는 이러한 교육적 효과에 대한 기대가 높아지면서 교사의 실천 역량에 관한 관심 역시 확대되었다. 인공지능 융합 수업이 학교 현장에서 적극 이루어지기 위해서는 교사의 수업 설계 및 실천 역량이 전제되어야 하기 때문이다. 이를 위해 다양한 정부 주도 사업과 교육기관의 노력이 이루어지고 있다. 대표적인 예로 AIEDAP(AI Education Alliance and Policy Lab) 사업을 들 수 있다. AIEDAP 사업은 교사들의 AI 및 디지털 역량 강화를 목적으로, 예비 교사뿐만 아니라 현직 교사를 대상으로 한 체계적인 연수 프로그램을 제공하고 있다. 특히, 인공지능 융합 수업 설계를 위한 구체적인 사례와 실습을 통해 교사들이 인공지능 융합 수업을 실제 현장에서 적용할 수 있는 실질적인 역량의 함양을 추진하고 있다.

그러나 이러한 국가적 노력에도 불구하고, 교사들이 인공지능을 융합한 수업을 설계하는 일은 여전히 쉽지 않은 과제로 남아 있다. 그 이유를 살펴보면 다음과 같다. 첫째, 관련 수업을 위한 충분한 역량을 갖춘 교사가 부족하다. 인공지능 융합 수업을 설계하려면 교사는 AI 리터러시와 활용 능력, 학습자 이해, 과제 분석 역량이 필요하며, 교과 간 지식 연결과 교육과정 재구성 능력도 필수적이다. 또한, 컴퓨터과학과 데이터 과학 지식을 바탕으로 AI 기술과 도구를 활용할 수 있어야 한다. 하지만 이러한 다양한 역량을 모두 갖춘 교사는 많지 않다. 둘째, 수업 실천에 필요한 자료와 지식이 충분하지 않다. (예비)교사의 인공지능 융합 수업 설계 역량을 높이기 위한 연수(혹은 교육 프로그램) 및 자료가 부족하며, 시중의 인공지능 교육 도서는 융합 수업의 설계가 아닌 인공지능 기술적 자체에 치우쳐 있다(변순용 외, 2022).

이에 따라 많은 교사들이 인공지능 융합 수업의 개념과 방법을 제대로 이해하지 못하여 실천으로 이어지지 못하고 있다(최도연, 전용주, 2023). 셋째, (예비)교사들이 인공지능 융합 수업에 대해 심리적 부담감을 느끼고 있다. 다수의 (예비)교사는 인공지능 융합 수업을 복잡하고 고차원적인 형태의 수업으로 여기며, 이를 어려운 것으로 인식하고 있다(최도연, 전용주, 2023). 뿐만 아니라 새로운 기술인 인공지능을 수업에 적용하는 데 거부감을 가지는 경우도 많으며(McCrickerd, 2012), 인공지능 자체를 어렵게 느끼는 경우도 있다(박하은, 임규연, 2024). 요컨대 이러한 심리적 요인이 인공지능 융합 수업의 확산을 가로막고 있는 것이다(송연옥, 변호승, 2013). 이를 해결하려면 충분한 교육과 체계적인 지원이 필요하다. 넷째, 인공지능 융합 수업 설계에 대한 직접적인 지원 방안이 부족하다. 수업을 설계하는 데 참고할 수 있도록 여러 수업 설계 모형들이 개발되었으나(구단희 외, 2022), 수업 설계를 위해 이러한 모형을 참고하는 경우는 드물다. 이는 설계 원리나 모형을 바탕으로 체계적인 인공지능 융합 수업을 구성하기에는 제한점이 많기 때문이다(Ertmer & Stepich, 2005).

인공지능 융합 수업과 같은 고차원적인 수업 설계를 효과적으로 지원하기 위해 AI 기반의 수업 설계 지원 시스템을 활용할 수 있다. 수업 설계 지원이란 수업의 목적과 목표를 설정하고, 내용과 방법을 계획하며, 수업 과정안을 작성하는 전반적인 과정을 보조하는 것을 의미한다(권민영, 정현미, 2022). 수업 설계 지원 시스템은 설계 단계를 제시하고, 각 단계별 설명과 수행 지시문, 선택 가능한 활동, 예시, 양식 등을 포함하여 교사를 돕는다(권민영, 정현미, 2022). 특히 AI 기술을 활용한 시스템은 이러한 시스템의 활동을 자동화하며 교사의 수업 설계를 더욱 효과적으로 지원할 수 있다. 따라서 시스템은 인공지능 융합 수업 설계를 체계적이고 종합적으로 지원함으로써 기존의 한계를 극복하는 데 기여할 수 있다.

2. 수업 설계 지원 시스템을 활용한 교사와 AI의 협력

2.1. 수업 설계 지원 시스템

수업 설계를 지원하는 시스템은 1990년도부터 여러 형태로 개발되었다. Spector와 동료들(1992)은 Gagne의 9가지 수업 사태를 기반으로 GAIDA(Guided Approach for an Instructional Design Advisor)를 개발하였으며, Jonassen과 Wilson(1990)은 광범위한 수업 설계 측면에서 IDD Advisor를 개발하여 학습 목표 설정, 과제 분석, 교수 전략, 매체 선정, 평가 문항 작성 등을 지원하였다. Macaleese와 Ching(1993)은 Gagne와 Dick의 수업 설계 모형을 참고해 ISAAC(Instructional Strategies-Analysis Advice Companion)을 개발하고 수업 설계에 대한 조언 기능을 제공하였다. 국내에서도 웹 기반 수업 설계 시스템이 발전했으며, 지현성과 한현구(2005)는 교사가 수업안을 작성할 수 있는 시스템을 도입하였으며, 이혜정과 최명숙(2010)은 WIDSS(Web-based Instructional Design Support System)를 개발하여 중등 교사들에게 수업 설계 모형과 검색 기능 등을 제공하였다. 단순히 수업 설계를 지원하는 형태에서 나아가 자동화된 수업 설계 시스템을 개발하려는 시도도 있었다. Merrill(1998)의 ID Expert는 교수 교류 이론을 기반으로 자동화된 설계 방식을 도입했으며, 강신천과 허희옥(2023)은 생성형 인공지능을 기반으로 교수설계 지원 플랫폼을 개발하였다. 이 플랫폼은 교사의 수업 설계를 지원하며, 성취 기준 선정, 학습 목표 작성, 수업 내용 구성, 과제 및 평가 문항 설계 등을 보조한다.

2.2. AI 기반 수업 설계 지원 시스템의 활용

AI 기술의 발전으로 자동화된 수업 설계의 가능성이 한층 더 주목받고 있다. 본 장에서는 AI 기반 수업 설계 시스템 'AiT(에잇)'을 소개하고자 한다. AiT은 교사의 인공지능 융합 수업 설계를 지원하는 자동화된 시스템으로서, 교사는 세 가지 설계 유형 중 희망하는 한 가지를 선택하여 수업을 설계할 수 있다. 첫 번째 유형인 'AiTy(에이티)와 함께 설계'는 AiT 시스템의 AI 챗봇인 'AiTy(에이티)'의 도움을 받아 AI 챗봇과 교사가 함께 수업을 설계하는 것으로, 인공지능 융합 수업을 처음 시도하는 (예비)교사를 위해 높은 수준이 지원이 제공된다. 두 번째 유형인 '가이드에 따라 설계'는 수업 설계의 각 단계에 대한 안내와 설명을 상세히 제공한다. 교사는 시스템의 안내를 따라서 단계별로 수업을 설계할 수 있다. 세 번째 유형인 '자유롭게 설계'는 인공지능 융합 수업의 과정안을 작성할 수 있는 기본적인 양식을 제공한다. 이는 인공지능 융합 수업에 대한 경험이 풍부한 교사를 대상으로 하며 보다 빠르고 효과적으로 수업을 설계하는 데 초점을 둔다.

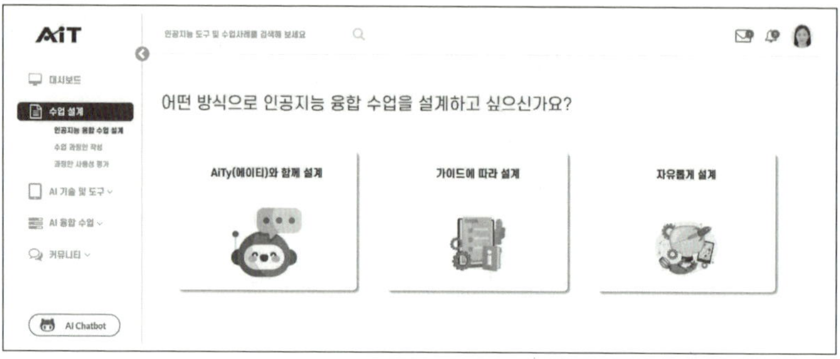

[그림 9-1] 인공지능 융합 수업 설계 유형 선택 화면

교사가 'Aity(에이티)와 함께 설계'를 선택하면 인공지능 챗봇인 AiTy(에이티)의 도움을 받아 수업을 설계한다. 설계하고자 하는 수업의 학년, 수준, 차시, 과목, 주제, 난이도, 환경, 도구 등에 관한 정보를 선택하거나 입력하면, 해당 정보에 따라 맞춤형으로 수업이 추천된다. 추천된 수업의 내용을 확인한 후 하나의 수업을 선택하면, 구체적인 수업 활동을 설계할 수 있다. 수업 활동 설계가 마무리된 이후에는 과정안 작성 단계로 넘어가 차시별 과정안을 작성할 수 있다.

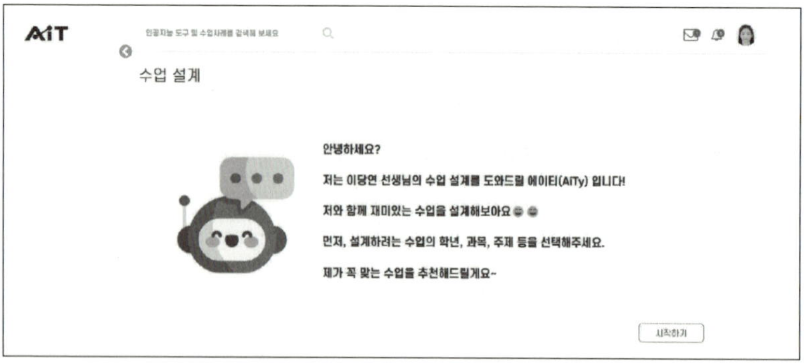

[그림 9-2] 'AiTy(에이티)와 함께 설계' 안내 화면

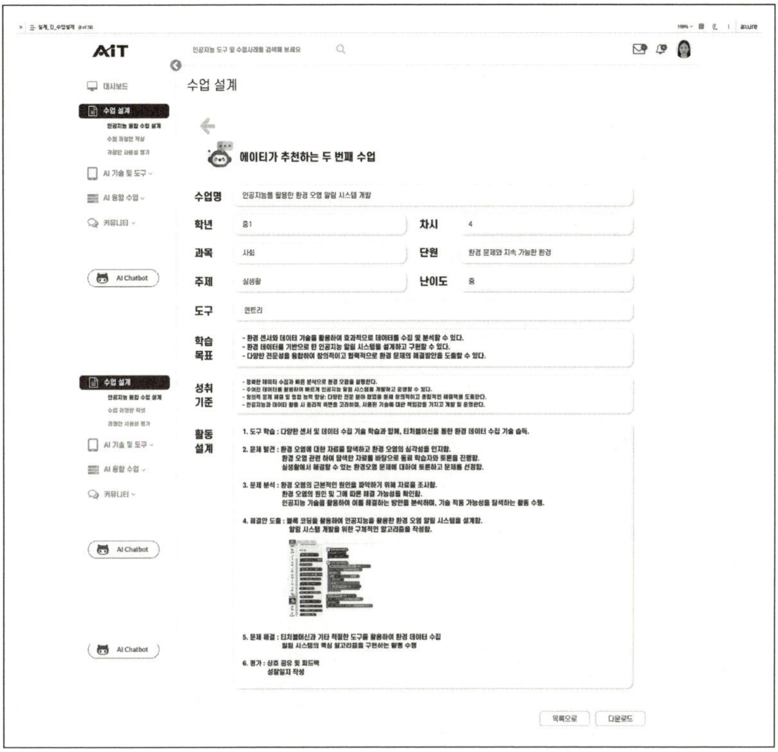

[그림 9-3] 'AiTy(에이티)와 함께 설계' 수업 설계 결과 화면

교사가 '가이드에 따라 설계'를 선택하면 수업 설계를 위해 필요한 기본 정보를 작성하도록 안내가 제공되며, 작성을 위한 상세한 지침과 사례가 제시된다.

[그림 9-4] '가이드에 따라 설계' 수업 기본 정보 입력 화면

교사는 기본 정보 작성을 완료한 다음, 구체적인 수업 활동을 설계할 수 있다. 수업 활동은 인공지능 융합 수업의 일반적인 단계인 도구 학습, 문제 발견, 문제 분석, 해결안 도출, 문제해결, 평가 단계에 따라 설계된다. 또한 교사는 각 단계의 수업 활동에 대한 안내와 참고 자료 및 예시를 제공받는다. 이때 교사는 단계를 앞뒤로 오가며 수업을 설계할 수 있다.

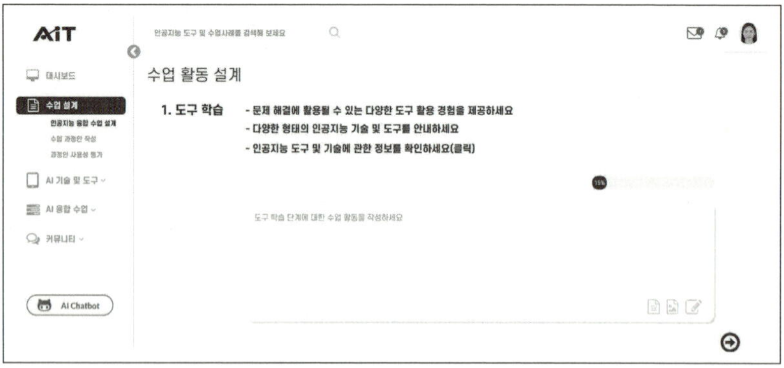

[그림 9-5] '가이드에 따라 설계' 수업 활동 설계 화면

'자유롭게 설계'를 선택한 교사는 수업명, 학년, 차시, 과목, 단원, 주제, 난이도, 도구, 학습 목표, 성취 기준에 해당하는 수업의 기본 정보를 작성할 수 있는 양식을 제공받는다. 기본 정보를 작성하면 인공지능 융합 수업의 각 단계별 활동에 관한 설명이 제공되고, 교사는 설명을 읽은 후 수업 활동을 자유롭게 설계할 수 있다.

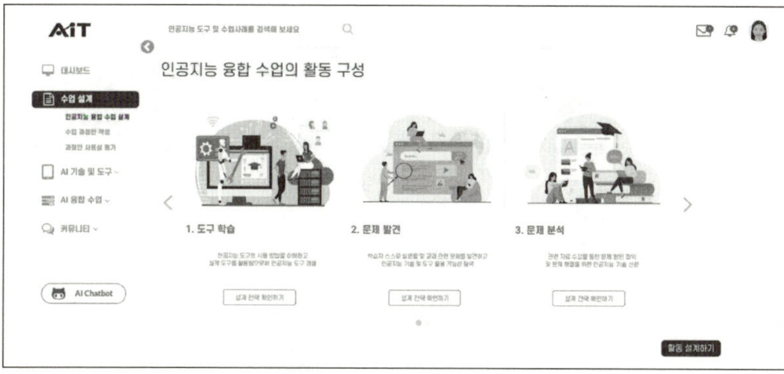

[그림 9-6] '자유롭게 설계' 수업 활동 안내 화면

인공지능 기술 및 도구 메뉴에는 인공지능 기술 및 도구에 관한 소개와 검색 기능이 포함된다. 교사는 인공지능 기술 및 도구 소개 화면에서는 학년별, 과목별, 수업 유형별로 많이 활용된 도구의 목록과 시각화된 자료를 확인할 수 있다.

[그림 9-7] 인공지능 기술 및 도구 소개 화면

또한 교사의 수업 설계 현황을 자동으로 분석하여 수업에 활용할 수 있는 AI 기술 및 도구가 맞춤형으로 추천된다.

[그림 9-8] 맞춤형 인공지능 기술 및 도구 추천 화면

인공지능 기술 및 도구 검색 메뉴에서는 도구 유형, 난이도, 과목, 수업 주제 등을 기준으로 검색이 이루어진다.

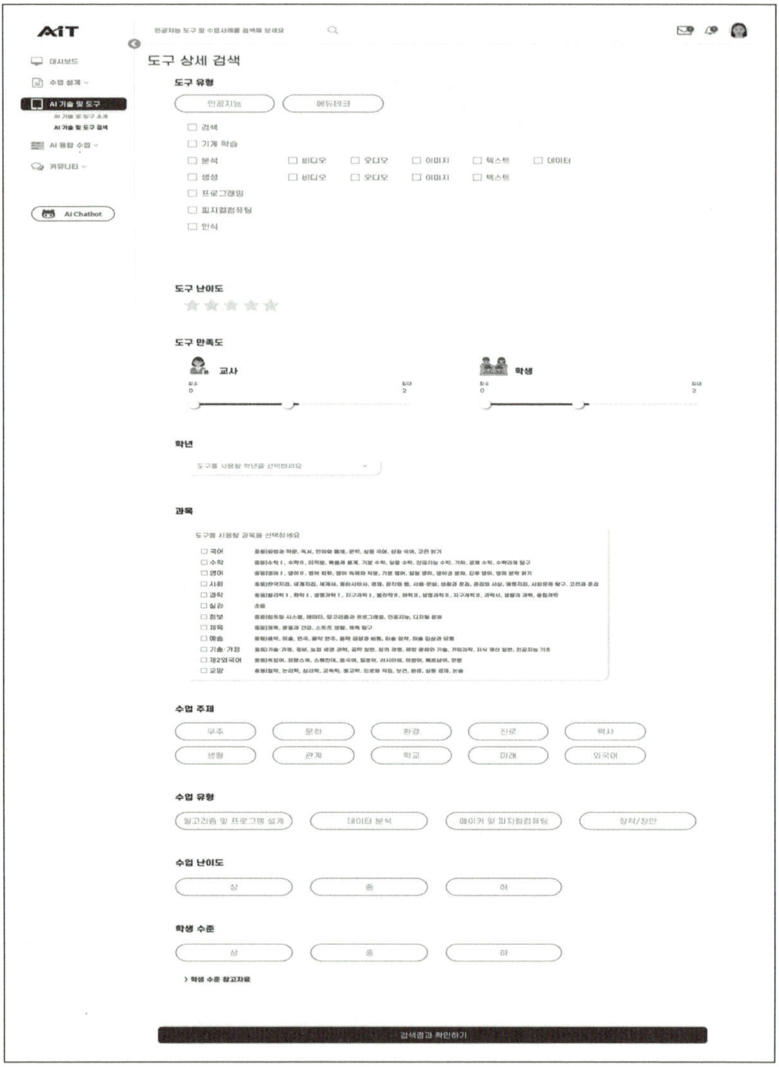

[그림 9-9] 인공지능 기술 및 도구 검색 화면

교사는 도구에 대한 검색 결과로 도구 소개, 교육적 활용 방안, 난이도, 만족도 및 도구 활용 현황을 확인할 수 있다. 뿐만 아니라 도구 활용 수업 사례와 도구에 대한 한줄평을 확인할 수 있으며, 비슷한 기능의 도구를 추천받을 수 있다.

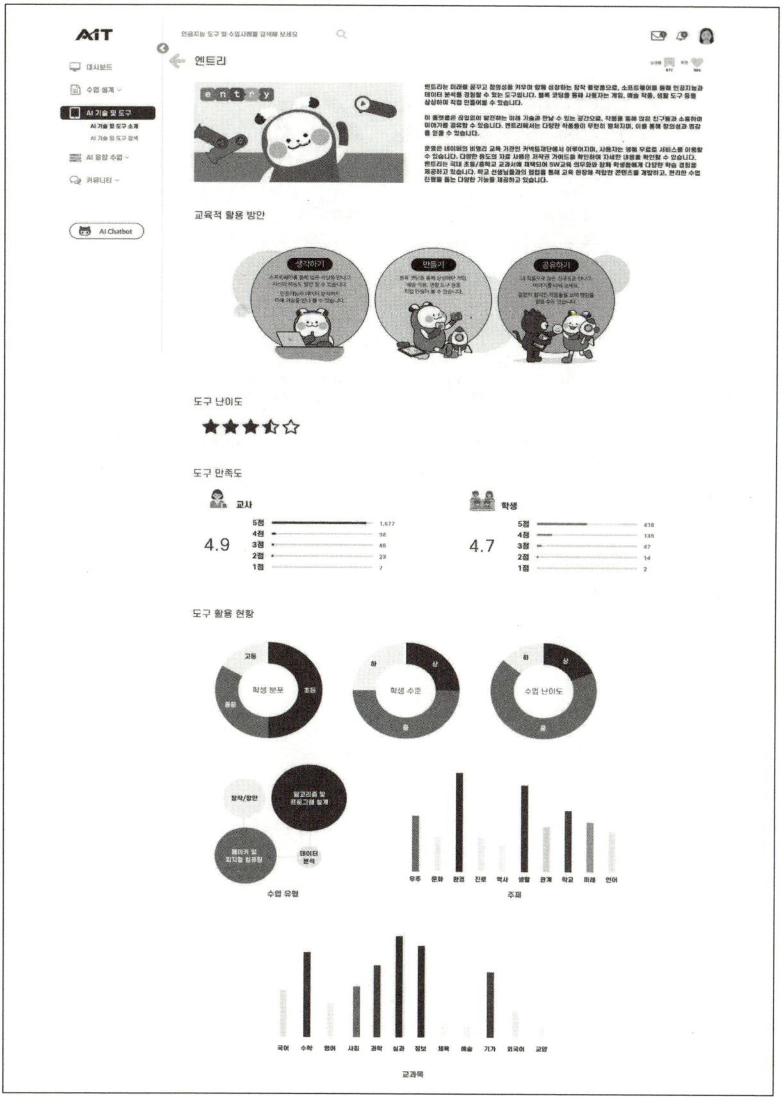

[그림 9-10] 인공지능 기술 및 도구 검색 결과 화면(활용 현황)

[그림 9-11] 인공지능 기술 및 도구 검색 결과 화면(유사도구 추천)

인공지능 융합 수업 메뉴에는 인공지능 융합 수업 개념, 인공지능 융합 수업 사례 소개와 검색 기능이 포함된다. 교사는 인공지능 융합 수업의 개념, 필요성, 주제, 학습 목표, 성취 기준, 평가 방법 및 참고할 수 있는 자료를 확인할 수 있다. 또한 다양한 기준으로 분류된 우수 수업 사례를 확인할 수 있다.

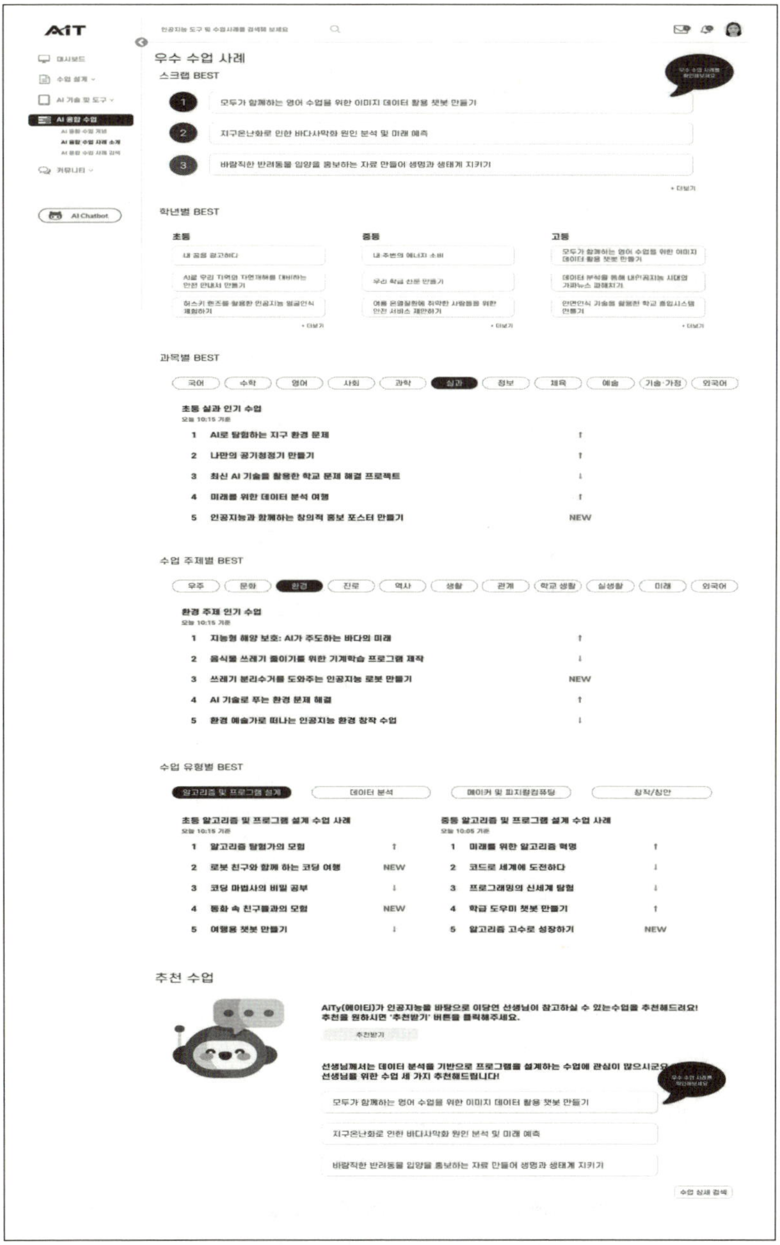

[그림 9-12] 인공지능 융합 수업 사례 소개 화면

교사는 인공지능 융합 수업 사례 검색 메뉴에서 학년, 차시, 학생 수준, 과목, 수업 주제 등을 기준으로 수업 사례를 검색할 수 있다.

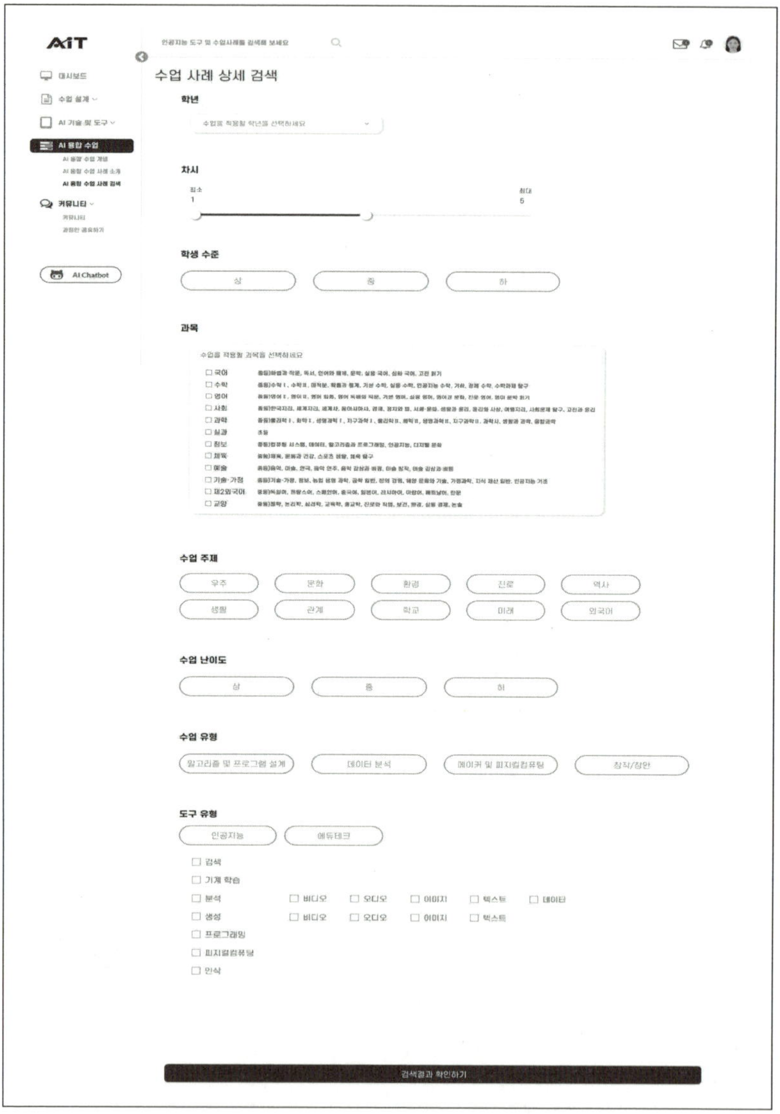

[그림 9-13] 인공지능 융합 수업 사례 검색 화면

수업 사례에 대한 검색 결과로는 수업 과정안이 제시된다. 과정안에는 수업명, 과목, 수업 주제, 수업 유형, 수업에 활용된 인공지능 기술 및 도구, 차시별 학습활동 등에 관한 정보가 포함되어 있다. 또한 교사는 수업에 대한 교사와 학생의 만족도, 한줄평을 확인할 수 있으며, 유사한 수업을 추천받을 수 있다.

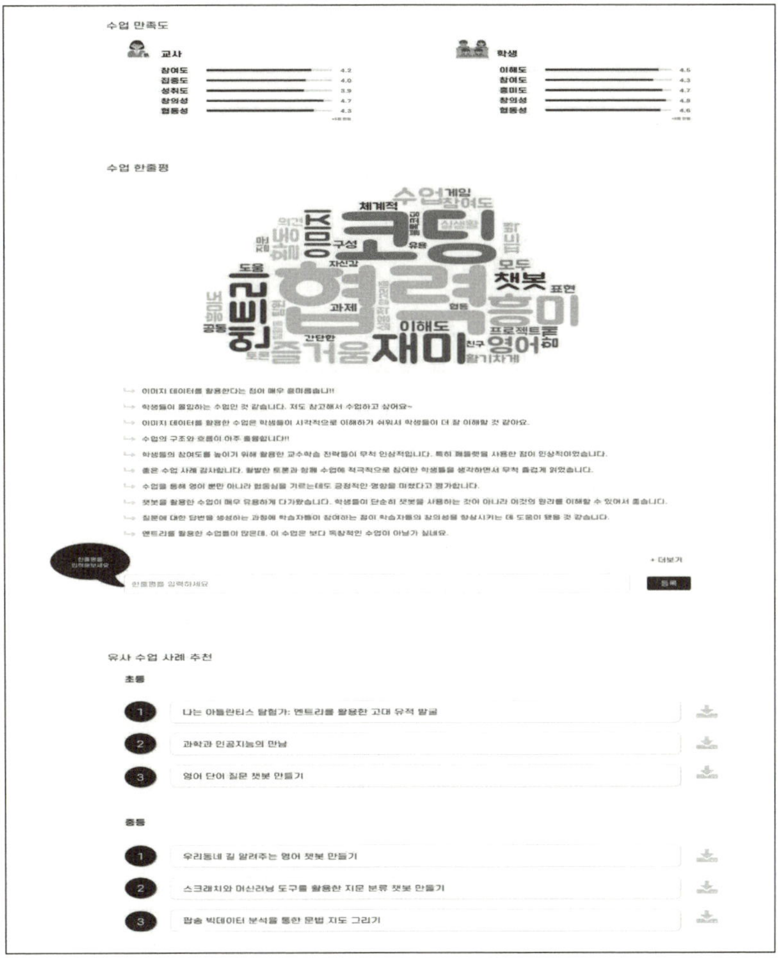

[그림 9-14] 인공지능 융합 수업 사례 검색 결과 화면

커뮤니티 메뉴에는 교사가 자유롭게 의견을 작성할 수 있는 게시판(커뮤니티)과 과정안을 공유할 수 있는 기능이 포함된다. 커뮤니티 공간에서는 수업 사례나 자료를 공유할 수 있으며, 동료 교사들의 의견을 묻는 투표를 올리거나 자신의 생각을 자유롭게 이야기할 수 있다.

교사는 시스템 사용 전반에 있어 언제든 AI 챗봇을 활용할 수 있다. 도움이 필요하거나 질문 사항이 있을 때 'AI Chatbot' 버튼을 누르면 AiT 시스템의 인공지능 챗봇인 AiTy(에이티)와의 대화가 시작된다. 인공지능 융합 수업에 관해 질문하거나 시스템 활용 전반에 대해서도 질문할 수 있다. 만약 인공지능 챗봇과의 대화가 완료되고 더 이상 질의응답이 오고 가지 않는 경우 대화 목록을 삭제할 수 있다.

[그림 9-15] 인공지능 챗봇 화면

교사는 대시보드를 통해 수업 설계, AI 도구 활용, 커뮤니티 활동, 일정 등을 종합적으로 확인하고, 시각화된 데이터를 통해 수업 설계 전반에 관한 정보를 체계적으로 제공받는다.

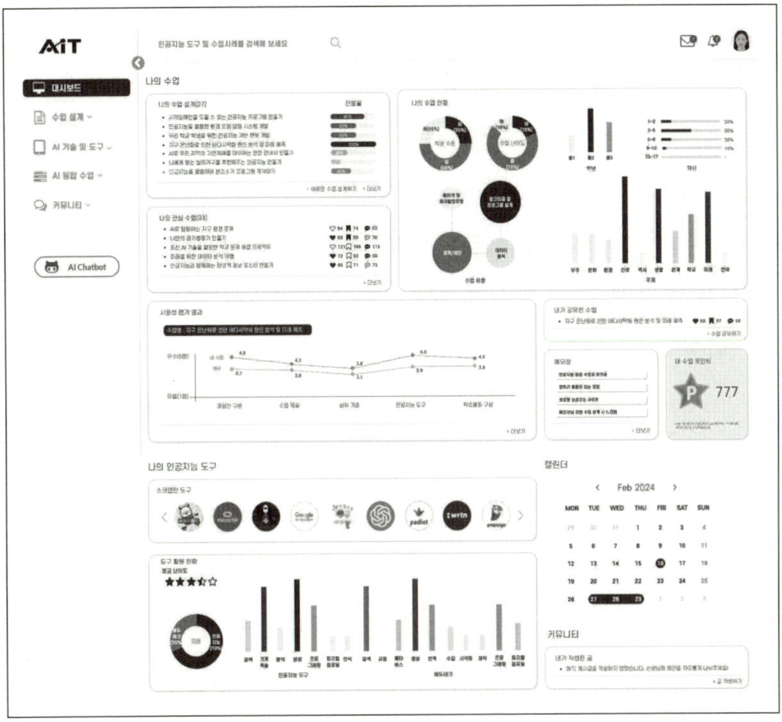

[그림 9-16] 대시보드 화면

3. 미래교육을 위한 고려사항

수업 설계 역량은 교사의 매우 주요한 역량이다. 사회가 급변하면서 교과 지식뿐만 아니라 인공지능 리터러시, 창의적 문제해결력, 협업능력 등의 향상을 목표로 하는 융합 수업 설계에 대한 요구가 확대되고 있다. 교사는 이러한 요구에 따라 다양한 형태의 융합 수업을 설계할 수 있는 역량을 갖추어야 한다. AI 기반의 수업 설계 지원 시스템은 교사의 인공지능 융합 수업 설계 역량을 향상시키고 수업 설계 과정을 보조하는 주요한 도구가 될 수 있다. 교사는 AI 시스템과의 상호작용을 통해 수업을 설계할 수 있으며, 짧은 시간 내에 효과적으로 수업을 설계할 수 있다. 또한 최적화된 절차를 바탕으로 체계적인 수업을 구성할 수 있다(간진숙, 이칭찬, 2010). 수업 설계 지원 시스템의 도움을 받아 표준화된 수업을 여러 차례 설계하다 보면 수업 설계 절차에 대한 인지적 잔재(cognitive residue)가 남아 이후에는 시스템이 없더라도 교사 스스로 융합 수업을 설계할 수 있다(임철일 외, 2014). 마지막으로 수업 설계에 대한 (예비)교사의 부담감을 줄여 수업 실천을 확대할 수 있다. 요컨대 AI 기반 수업 설계 지원 시스템과의 상호작용을 통해 교사는 효과적으로 수업을 설계할 수 있을 뿐만 아니라 설계 역량 자체를 획득할 수 있으며, AI 리터러시, 창의성, AI와의 협업 능력 등 미래 교사에게 요구되는 역량을 함께 함양할 수 있다.

그러나 교사가 AI 시스템과 함께 수업을 설계한다고 해서 그 역할을 AI에게 완전히 의존해서는 안 된다. AI 기반 수업 설계 지원 시스템의 등장은 교사의 역할을 대체하기 위한 것이 아니라 교사가 더욱 효과적이고 창의적인 수업을 설계할 수 있도록 보완하는 도구로 이해해야 한다. AI와의 협력은 교사가 기존에 생각하지 못했던 혁신적이고 창의적인 아이디어를 수업에 반영할 수 있는 기회를 제공하며, 학생들에게 더 나은 학습 경험을 제공하는 데 기여할 수 있다. AI의 도움을 받으며 수업을 설계하는 교사는 학생들의 성장을 위한 양질의 수업을 실천하는 데 보다 집중할 수 있고, 이를 통해 수준 높은 교육을 제공할 수 있다. 이러한 변화는 교사가 단순히 지식을 전달하는 역할을 넘어 학생들이 미래 역량을 효과적으로 함양하도록 이끄는 조력자(facilitator)로서의 역할을 하도록 돕는다.

교사는 더 이상 수업 설계에 있어 AI와 협력하는 것에 두려움을 느끼거나 거부감을 가질 필요가 없다. 이는 교육 혁신과 변화의 흐름을 적극적으로 수용하는 것이며, 이러한 변화의 흐름에 동참하고 이를 선도하는 교사만이 새로운 시대의 교육을 이끌어가는 주역이 될 것이다. 인간 교사의 창의성과 전문성, 그리고 AI의 강점이 시너지를 이루면 학생들에게 더 나은, 더 혁신적이고 창의적인 수업을 제공할 수 있다. 이러한 변화는 교사가 학생들에게 미래 사회에 필요한 역량을 효과적으로 길러주는 동시에, 교육 현장에서 AI 활용과 디지털 혁신을 가속화하는 데 중요한 역할을 할 것이다.

AI와의 협력에 대한 교사의 수용적 태도와 더불어 AI 기반 수업 설계 지원 시스템의 발전 역시 이루어져야 한다. 앞서 제시한 AiT은 수업의 설계 중 협의의 수업 설계 혹은 교수 설계에 초점을 둔다. 분석, 설계, 개발, 실행 평가에 해당하는 광의의 수업 설계측면으로까지 확대하여 수업 전반에서의 AI 시스템과의 협력을 강화할 필요가 있다. AI 시스템이 수업의 분석, 설계, 실행, 평가 전반에 걸쳐 도입되면, AI 디지털교과서와 결합하여 데이터 기반 맞춤형 학습, 학생의 수준별 학습, 그리고 학생 중심 수업을 설계하는 데 기여할 수 있다. AI 디지털교과서가 제공하는 학생 데이터를 기반으로 AI 시스템이 자동으로 수업을 설계할 수 있으며, 인공지능 융합 수업과 같은 학생 중심 활동 수업에서도 학생 맞춤형 과제를 제시하거나 학습자 특성을 반영한 피드백을 제공하는 등 최적화된 수업 설계를 가능하게 한다.

참고문헌

간진숙, 이칭찬(2010). 대학교수자용 웹기반 수업설계 시스템. 정보과학회논문지: 소프트웨어 및 응용, 37(3), 222-232.

강신천, 허희옥(2023). 생성형 AI 기반 교수설계 지원 플랫폼 개발 및 시범 적용. 컴퓨터교육학회 논문지, 26(6), 143-153.

구단희, 김진현, 이지영, 조애영, 이원희(2022). 인공지능 리터러시 함양을 위한 인공지능 융합 사회과 문제해결 수업모형 및 교수전략 개발 연구. 인공지능연구 논문지, 3(3), 54-74.

권민영, 정현미(2022). 게이미피케이션 수업설계를 위한 지원도구 프로토타입 개발. 차세대융합기술학회논문지, 6(12), 2333-2343.

김은진(2018). 교육대학원생의 프로젝트 기반 학습을 통한 자기주도적 학습능력과 창의적 문제해결능력의 증진 효과에 관한 질적 연구. 교육정보미디어연구, 24(1), 53-78.

문샛별, 이원태, 허희옥(2022). 인공지능 융합 화학수업에 대한 고등학생의 인식과 만족도 분석. 한국컴퓨터교육학회 학술발표대회논문집, 26(1), 113-116.

박하은, 임규연(2024). 중학교 교사의 AI 활용교육 수용 및 영향 변인들 간의 관계 규명. 교육정보미디어연구, 30(3), 789-813.

변순용, 유정수, 최숙영, 김홍기, 김봉제, 신승기(2022). 미래 세대 AI소양 함양을 위한 교원의 AI교육 역량 강화 방안 연구 (D20600001) [연구보고서]. 한국과학창의재단.

송연옥, 변호승(2013). 교사들의 디지털교과서 수용 방해요인에 관한 질적 탐색. 교육공학연구, 29(1), 27-53.

이다연(2024). 창의적 문제해결을 위한 인공지능 융합 수업 설계 지원 시스템 개발 모형 연구. 서울대학교 대학원 박사학위논문.

이영호(2021). 인공지능 융합 교육 프로그램 개발 및 효과성 분석. 정보교육학회논문지, 25(1), 71-79.

이혜정, 최명숙(2010). 중등학교 교사를 위한 웹기반 수업설계지원시스템(WIDSS)의 개발 및 적용. 교육정보미디어연구, 16(2), 223-248.

임철일, 김성욱, 한형종, 서승일(2014). 국내 공학교육에서의 창의성 연구 동향과 발전 과제. 공학교육연구, 17(5), 33-40.

임철일, 연은경(2015). 기업교육 프로그램 개발과 교수체제설계. 교육과학사.

정재삼(1996). 교수설계 (ID)와 교수체제개발 (ISD)의 최근 경향과 논쟁 -21세기를 대비하는 교수공학의 지식기반 구축을 위하여-. 교육공학연구, 12(1), 195-225.

지현성, 한현구(2005). 웹 기반 지도안 작성 시스템의 설계 및 구현. 한국정보처리학회 학술대회논문집, 12(1), 117-120.

최도연, 전용주(2023). 안동시 초등교원의 2022 개정교육과정 인공지능 수업에 대한 인식 연구. 한국컴퓨터교육학회 학술발표대회논문집, 27(1), 323-326.

최숙영(2022). AI 리터러시 프레임워크에 대한 연구. 컴퓨터교육학회 논문지, 25(5), 73-84.

Ertmer, P. A., & Stepich, D. A. (2005). Instructional design expertise: How will we know it when we see it? *Educational Technology, 45*(6), 38-43.

Gustafson, K. L., & Branch, R. M. (2007). *What Is Instructional Design?* In R. A. Reiser, & J. V. Dempsey (Eds.).

Hsu, T., Abelson, H., Lao, N., & Chen, S. (2021). Is it possible for young students to learn the AI-STEAM application with experiential learning? *Sustainability, 13*(19), 11114.

Trends and Issues in Instructional Design and Technology (pp. 10-16). Pearson Education.

Jonassen, D. H., & Wilson, B. G. (1990). *Analyzing Automated Instructional Systems: Metaphors from Related Design Professions*. Proceedings of 1990 AECT conference, 309-328.

Macaleese, R., & Ching, L. (1993). *An instructional design advisor for computer-based learning: ISAAC*. Proceedings of ED-MEDIA 93, 340-358.

McCrickerd, J. (2012). Understanding and reducing faculty reluctance to improve teaching. *College Teaching, 60(*2), 56-64.

Merrill, M. D. (1998). ID Expert™: A second generation instructional development system. *Instructional Science, 26*(3), 243-262.

Spector, J. M., Gagne, R. M., Muraida, D. J., & Dimitroff, W. A. (1992). Intelligent frameworks for instructional design. *Educational Technology, 32*(10), 21-27.

CHAPTER 10

가상현실에서의 생성형 AI 통합의 가능성과 교육적 활용 방안

홍수민(서울대학교), **엄태연**(서울대학교)

1. 시작하며: VR에서의 생성형 AI 통합의 가능성

최근 가상현실(VR, Virtual Reality)은 교육 분야에서 혁신적인 가능성을 제시하고 있다. VR은 실재감 높은 환경을 제공하여 학습자에게 진정성 있는 경험을 전달하는 기술로, 학습의 효과성을 극대화하는 도구로 주목받고 있다. 이러한 발전은 교육 매체의 변화와 밀접하게 연결되어 있으며, 새로운 기술들이 교육 현장에서 어떻게 활용될 수 있는지에 대한 논의를 촉진하고 있다.

교육 매체는 기술의 발달에 따라 지속적으로 발전해 왔다. 교육매체란 학습목표가 효과적이고 효율적인 방법으로 달성되도록 교수자와 학습자, 학습자와 학습자 사이에 필요한 의사소통을 도와주는 다양한 형태의 매개 수단이다(박성익 외, 2021). 전통적인 시각 교육에서 시작하여, 시청각 교육, 컴퓨터 교육 등으로 발전했고, 현재는 실제 세계가 아닌 가상의 세계로 가능성을 확장하고 있다(박인우 외, 2019). 이러한 발전은 교육 현장에서 학습 경험을 더욱 다양화하고, 학습자의 몰입도를 높이는 데 기여하고 있다.

VR은 학습자에게 몰입감 높은 환경을 제공하여 학습을 진행하는 데 있어 중요한 역할을 한다. 기존의 교육 방식에서 벗어나 VR은 학습자가 가상의 환경에서 상호작용하며 학습을 진행할 수 있도록 한다. 가상현실(VR), 증강현실(AR, Augmented Reality), 혼합현실(MR, Mixed Reality) 등은 기존의 학습 방식을 혁신적으로 변화시키는 기술로 주목받고 있다. 이상의 기술은 학습자에게 제공되는 메시지의 차원을 완전히 변화시키며, 단순히 정보를 전달하는 데 그치지 않고, 학습자에게 진정성 있는 경험을 제공함으로써 새로운 학습 패러다임을 제시한다. 그중에서도 가장 몰입감이 높은 VR은 학습자가 가상의 환경 속에서 상호작용하며 학습을 진행할 수 있도록 해준다. 또한 VR은 학습자에게 실제와 유사한 경험을 제공하여, 현실 세계에서의 제한을 넘어서는 체험을 가능하게 한다(류지헌, 유승범, 2016; 한형종, 임철일, 2019).

이러한 VR은 소프트웨어와 하드웨어 기술을 활용하여 높은 수준의 가상 상호작용 환경을 생성하는 기술을 의미한다(Mikropoulos & Natsis, 2011). VR 환경은 현실 세계와의 감각적 접근에 따라 완전 몰입형, 반몰입형, 비몰입형으로 나눌 수 있다. 완전 몰입형 VR 환경은 사용자가 헤드 마운트 디스플레이나 VR 안경과 같은 VR 장비를 착용함으로써 가장 현실적인 시뮬레이션 경험을 제공한다. 반면, 비몰입형 VR 환경은 주로 전통적인 평면 화면에 표시되며, 물리적 환경과의 연결이 제한적이다. 반몰입형 VR은 이 두 가지 사이의 기술로, 물리적 환경과 연결되어 가상 투어를 가능하게 한다. 이러한 다양한 형태의 VR 환경은 교육 분야에서 활용도를 높이고 있으며, 특히 교사

교육에서 VR을 활용하고자 하는 시도는 지난 몇 년간 크게 증가해 왔다(Billingsley et al., 2019; Theelen et al., 2019). 아래 〈표 10-1〉은 교사 교육에서 몰입 정도에 따른 VR의 예시이다.

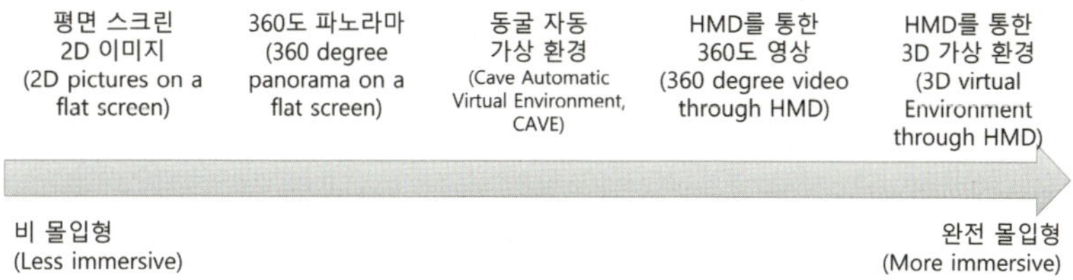

[그림 10-1] 몰입 정도에 따른 VR 유형(Liang et al., 2024)

〈표 10-1〉 교사 교육 가상현실 예시

구분	주요 내용	이미지	출처
평면 스크린 2D 이미지	교수자를 위한 가상 훈련 시뮬레이션 Murison		Dalinger et al., (2019)
360도 파노라마	수학교육을 위한 260도 비디오 영상		Ferdig & Kosko (2020)
HMD를 통한 3D 가상현실	교사 교육을 위한 가상현실 TeacherGen@I	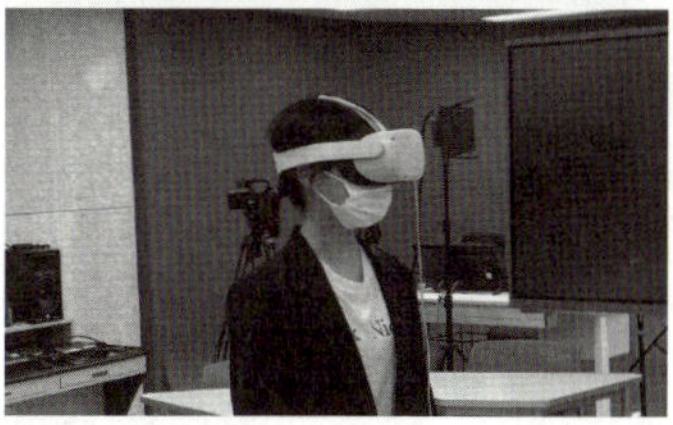	Hwang et al., 2024

VR을 활용한 교육은 학습자가 보다 능동적이고 참여적인 방식으로 학습을 경험하도록 돕는다. 이는 단순히 정보를 전달하는 것을 넘어, 학습자가 직접 경험을 통해 심화된 이해를 할 수 있는 기회를 제공한다(Scavarelli et al., 2020). 기존의 전통적인 교육 방식에서는 학습자가 정보를 습득하고, 지식을 받아들이는 것이 구분이 명확치 않아서 강의나 교재를 통하여 정보와 지식을 습득하는 방식이 일반적이다. 하지만 VR을 활용한 교육에서는 학습자가 능동적으로 문제를 해결하고, 상황에 맞는 결정을 내리며 학습을 진행할 수 있다(Ma et al., 2023). 이러한 방식은 학습자가 수동적으로 정보를 받는 것에 그치지 않고, 자신의 경험을 바탕으로 더 깊고 의미 있는 이해를 구축할 수 있게 한다. 또한, VR이 제공하는 몰입감은 학습자의 학습 흥미와 학습 참여를 유발하는 데 매우 효과적이다(Lin et al., 2024; Kim et al., 2022). 다양한 시각적, 청각적 자극을 통해 학습자는 실제처럼 느껴지는 가상 환경에 몰입하여 능동적으로 참여하게 된다. 이는 학습의 효과성을 극대화하며, 단순히 지식을 전달하는 것을 넘어, 학습자가 경험을 통해 깊이 있는 지식을 습득하는 중요한 역할을 한다. 따라서 VR은 교육 분야에서 점차 중요한 기술로 자리 잡고 있으며, 학습자의 인지적, 정서적 발달을 촉진하는 도구로서 큰 잠재력을 지닌다.

이러한 VR을 교육적 맥락에서 활용하는 것은 단순히 기술적인 요소에 그치지 않으며, 여러 교육 이론과 밀접하게 연관된다. 특히, 구성주의에 기반한 상황 학습 이론, 경험적 학습 이론, 체화된 인지 이론은 VR 환경에서의 교육적 활용을 위한 이론적 기초를 제공한다. 1) 상황 학습 이론(Situated Learning Theory)은 학습이 사회적 상호작용을 통해 이루어지는 과정으로(Lave & Wenger, 1991), VR은 이러한 이론을 실현하는 데 매우 효과적인 매체가 될 수 있다(Schott & Marshall, 2018). VR 환경은 학습자가 가상의 세계에서 실제 상황을 경험하고, 복잡한 문제를 해결하는 과정을 통해 학습할 수 있는 기회를 제공한다. 예를 들어, 교사 교육에서 VR은 학습자에게 다양한 교실 상황을 시뮬레이션하고, 학습자가 직면할 수 있는 문제들을 해결해 나가며 실시간 피드백을 받을 수 있도록 한다. 2) 경험 학습 이론(Experiential Learning Theory)은 학습자가 직접 경험을 통해 지식을 습득하는 과정을 강조하며(Kolb, 1984), VR은 학습자가 가상 환경에서 실제 문제를 해결하거나 시뮬레이션을 통해 능동적으로 학습할 수 있는 이상적인 공간을 제공한다(Marougkas et al., 2023). VR을 통한 경험적 학습은 단순히 이론을 배우는 것을 넘어서, 학습자가 직접 행동하고 반응하며 지식을 실천하는 경험을 가능하게 한다. 3) 체화된 인지 이론(Embodied Cognition)은 학습이 신체와의 상호작용을 통해 이루어짐을 강조하며(Acevedo et al., 2024), VR 환경에서의 신체적 상호작용은 학습자가 더 깊이 있는 이해를 촉진하는 데 중요한 역할을 한다(Chatain et al., 2023). VR에서의 촉각 피드백, 시각적 자극, 청각적 피드백은 학습자가 체험적으로 학습할 수 있는 기회를 제공하고, 학습자의 기억 및 이해를 강화하는 데 도움을 준다. 이러한 이론적 배경은 VR 기반 교육 및 훈련 시스템의 설계와 구현에 중요한 기초를 제공한다. VR을 교육적 환경에 적용할 때, 이러한 이론들을 적절히 결합하여 학습자가 경험을 통해 실제 상황에서 문제를 해결하는 능력을 배양할 수 있도록 돕는 것이 중요하다.

한편, 생성형 인공지능 기술의 발달에 따라서 데이터를 기반으로 텍스트, 이미지 등을 자동으로 생성할 수 있고 이러한 기술은 VR 환경에서의 학습 경험을 개인화하고 혁신적인 방식으로 지원할 수 있다. 전통적인 교육 방식은 수동적 학습에 의존하는 경향이 있었지만, VR과 생성형 AI의 결합은 학습자에게 보다 능동적이고 맞춤화된 학습 경험을 제공할 수 있다. VR은 현실 세계와 유사한 환경을 만들어 학습자들이 실제 상황을 경험하도록 돕고, 생성형 AI는 학습자의 필요에 맞춰 실시간으로 피드백을 제공하거나 개인화된 학습 경로를 생성할 수 있다. 이 두 기술의 융합은 교육의 질을 높이고, 다양한 학습 수준에 맞는 맞춤형 교육을 가능하게 한다.

본 장에서는 VR과 생성형 AI의 통합이 교육 분야에서 어떻게 활용될 수 있는지에 대한 가능성을 확인하고자 한다. 특히, 이 장에서는 두 기술이 어떻게 상호작용하며, 교육 환경에서 실제 적용 가능한 사례들을 통해 그 효과를 실질적으로 보여주고자 한다. 이를 통해, VR의 교육적 활용에 있어 중요한 통찰을 제공하고, 향후 교육 분야에서의 기술적 융합 가능성에 대한 논의를 촉진하고자 한다. 본 장은 다음과 같이 구성되어 있다.

- VR과 생성형 AI 기술의 발전에 대해서 제시하고, VR 환경에서 생성형 AI 통합 가능성에 대해 제시한다.
- 초중등, 고등교육, 교사교육에서 VR에서의 생성형 AI 통합 사례를 소개한다.
- VR에서의 생성형 AI의 교육적 활용에 관한 미래의 연구 및 실천을 위한 방향을 제시한다.

2. VR과 생성형 AI의 융합

VR은 몰입감 있고 실감 나는 학습 환경을 제공하며, 학습자에게 현실 세계와 유사한 경험을 통해 교육적 효과를 증대시키는 데 큰 잠재력을 가지고 있다. VR은 다양한 교육 분야에서 활용되는데, 예를 들어 가상 실험실, 가상 교실, 시뮬레이션 훈련 등에서 학습자에게 실제 상황을 경험하고 문제를 해결할 수 있는 기회를 제공해 왔다. 또한, 학습자는 물리적 제약 없이 다양한 환경을 탐험하고, 다양한 상황에 대응하며 실제 경험에 가까운 학습을 진행할 수 있다. 그러나 교육 현장에서 VR을 활용하기에는 몇 가지 한계점이 존재한다. 첫째, 현실적인 상호작용의 부족과 그로 인한 학습자의 몰입도 감소, 둘째, 맞춤형 학습 경로와 피드백의 제한, 셋째, 고비용과 기술적 제약 등이 그 주요한 문제점으로 지적되고 있다. 이러한 문제들은 학습자가 실제 교실에서 경험할 수 있는 다양한 학습 상황과의 간극을 좁히는 데 어려움을 겪게 만든다.

이러한 한계점을 극복하기 위한 방법으로 생성형 AI가 주목받고 있다. 생성형 AI는 데이터를 분석하여 새로운 콘텐츠를 실시간으로 생성하거나 맞춤형 피드백을 제공할 수 있다는 강점을 가지고 있다. 생성형 AI를 VR에 접목시키면, 가상 환경 내에서의 상호작용의 질을 한층 향상시킬 수 있다. 예를 들어, AI는 학습자에게 즉각적이고 동적인 피드백을 제공하여, VR에서의 학습 경험을 더 실용적이고 효과적으로 만들어 준다. 또한 생성형 AI는 학습자의 행동을 분석하고 그에 맞는 상황을 실시간으로 생성하거나, 학습자의 학습 속도와 과정에 맞추어 개인화된 피드백을 제공함으로써, 학습자가 몰입하고 효과적으로 학습할 수 있는 환경을 구축할 수 있다. 다음에서는 VR과 생성형 AI의 결합이 기존 VR의 한계점을 어떻게 극복할 수 있는지에 대해 구체적으로 다룰 것이다.

2.1. VR 기술의 발전

VR 기술은 60여 년에 걸친 발전을 거쳐 오늘날의 몰입형 학습 환경으로 발전하며 교육, 엔터테인먼트, 의료 등 다양한 분야에 적용되고 있다. 초기 VR 기술은 주로 고정된 환경에서 제한적인 시각적 경험을 제공했으나, 기술의 발전과 함께 몰입도, 상호작용, 그리고 접근성 측면에서 크게 향상되었다.

우선, VR 기술이 어떻게 발전했는지 살펴보면, 1962년 모턴 하일리그(Morton Heilig)가 소개한 뉴욕을 오토바이로 여행하는 경험을 제공하는 초기 형태의 시뮬레이션 기술인 센소라마(Sensorama)로 시작되었다(Heilig, 1962). 센소라마는 주로 시각과 청각 자극에 의존하며, 몰입감보다는 단순한 가상 환경 경험에 초점이 맞춰져 있었다. 이후, 1968년 이반 서덜랜드(Ivan Sutherland)의 '다모클레스의 검'이라 불린 고정된 형태의 헤드 마운티드 디스플레이(Head Mounted Display, HMD)가 최초로 소개되었고(Sutherland, 1968), 1990년대에는 CAVE 시스템(Cave Automatic Virtual Environment) 기술이 도입되어 몰입형 환경으로 한 단계 진화했으나 여전히 장비는 고가였고, 대규모 공간 또한 필요했다. 이외에도 크루거(Kruger)의 비디오플레이스(VIDEOPLACE), 최초로 VR 고글과 장갑을 판매한 VPL 리서치(VPL Research), 세가(SEGA)나 닌텐도(Nintendo)와 같은 게임회사, 오큘

러스(Oculus), HTC 바이브(VIVE) 등을 거쳐 VR 기술이 소형화되고, 개인이 사용할 수 있는 수준으로 점차 발전해 왔다(Basu, 2019).

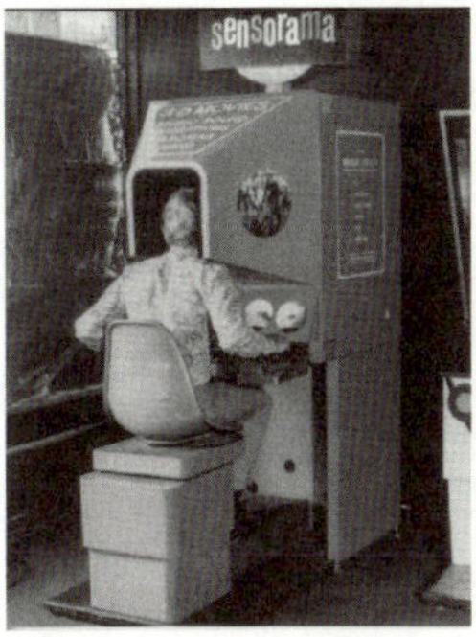

The Sensorama[1)]

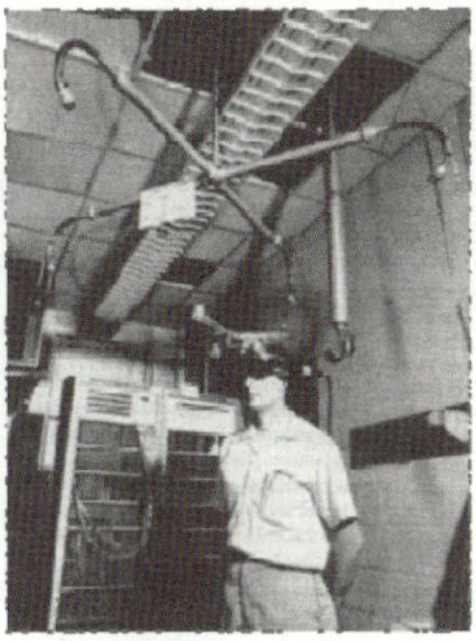
The Sword of Damocles[2)]

Cave Automatic Virtual Environment[3)]

[그림 10-2] VR의 발전 과정

현대의 VR 기술은 디스플레이 기술의 발전으로 비교적 간편한 장비로도 몰입감 있는 경험을 제공할 수 있게 되었다. 특히, VR 기술의 핵심이라 할 수 있는 HMD를 통해 4K 이상의 고해상도와 110도 이상의 넓은 시야각을 제공하여 현실감 있는 시각적 경험이 가능해졌다. 사용자는 주변 모든 방향에서 시청각적 피드백을 받으며, 실제 환경과 유사한 경험을 얻을 수 있다. 그렇기 때문에 VR을 활용한 교육 콘텐츠는 가상 공간을 현실과 유사하게, 실감나게 보여주어 학습자들이 더욱 몰입감을 느낄 수 있도록 할 수 있다.

---

1) https://www.historyofinformation.com/detail.php?id=2785
2) Sutherland, I. E. (1968). A head-mounted three dimensional display. *Proceedings of the December 9-11, 1968, Fall Joint Computer Conference, Part I on-AFIPS '68 (Fall, Part I)*. the December 9-11, 1968, fall joint computer conference, part I, San Francisco, California. https://doi.org/10.1145/1476589.1476686
3) https://en.wikipedia.org/wiki/Cave_automatic_virtual_environment

VR 환경에서의 상호작용은 단순한 시청각적 피드백에서 진화하여, 발전된 컨트롤러와 햅틱 기술을 통해 다감각적이고 직관적인 조작이 가능해졌다. 컨트롤러에 햅틱 기술(촉각 피드백)을 추가하여 단순히 시청각 상호작용뿐만 아니라 촉각을 통해 상호작용할 수 있는 환경이 구축되고 있다. 촉감 장갑이나 신체 추적 장치를 통해 사용자가 가상 환경에서 더 현실감 있는 피드백을 받을 수 있는 것이다. 또한 손동작이나 눈동자의 움직임만으로 오브젝트를 조작할 수 있도록 발전하고 있다. 교육에서도 학습자들이 직접 가상의 오브젝트를 조작하는 경험을 통해 능동적이고 체험적인 학습이 가능해졌다. 예를 들어 화학 수업에서는 분자 구조를 직접 조립하고 변형해 보며(Fombona-Pascual et al., 2022), 의학 교육에서는 인체 장기의 구조를 실제처럼 해부하고 관찰할 수 있게 되었다(Beack et al., 2024). 이러한 직접적인 조작 경험은 추상적인 개념의 이해를 돕고 실제적인 기술 습득을 가능하게 한다.

VR 기술의 접근성은 장비의 소형화와 가격 하락을 통해 개선되었다. VR 기술이 상용화가 되기 전에는, 주로 연구소나 대규모 조직에서만 사용되었지만, 최근 몇 년간 가격 하락과 소형화된 장비의 도입으로 더 많은 개인과 교육 기관에서 활용 가능해졌다. 피코(PICO)와 같은 저렴한 독립형 VR 장비는 추가 하드웨어 없이도 작동할 수 있으며, 클라우드 기반 콘텐츠의 확산은 VR 애플리케이션에 대한 접근성을 더욱 높이고 있다. 이와 함께, 웹 VR(Web VR) 기술은 어플리케이션의 다운로드 없이 인터넷 브라우저에서 직접 VR 콘텐츠를 실행할 수 있게 하여 간편한 VR 경험을 제공한다.

최근 VR 산업은 새로운 패러다임의 전환기를 맞이하고 있다. 2022년 이후 애플(Apple)의 비전 프로(Vision Pro), 메타의 퀘스트(Quest)

시리즈와 같은 고성능의 새로운 XR 기기들은 단순한 가상현실 구현을 넘어 '공간 컴퓨팅(Spatial Computing)'이라는 새로운 개념을 제시하고 있다. 고해상도 패스스루 카메라와 컨트롤러가 필요 없는 정교한 손동작 인식 기술을 통해 현실 공간에서 자연스럽게 디지털 콘텐츠와 상호작용할 수 있게 사용성을 개선하고 있다. 또한 아이트래킹 기술의 발전으로 사용자의 시선 방향을 정확히 파악하여 더욱 직관적인 인터페이스를 제공할 수 있게 되었다.

향후 VR 기술은 더욱 경량화되고 자연스러운 형태로 발전할 것으로 기대된다. 메타의 오리온(Orion), 스냅(Snap)의 스펙타클스(Spectacles)와 같이 점차 일반 안경과 비슷한 형태로 진화할 것이며, 더욱 편리하고 직관적인 제어가 가능해질 것이다. 이러한 기술적 진보는 교육 분야에서 VR의 일상적인 활용 가능성을 더욱 확장시킬 것으로 기대된다.

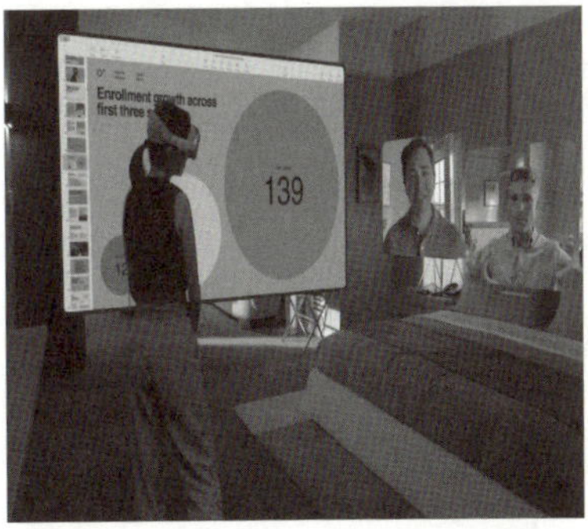

Apple Vision Pro(Apple 홈페이지)[4)]

Meta Orion(Meta 홈페이지)[5)]

[그림 10-3] VR의 발전 현황

4) https://www.apple.com/apple-vision-pro/
5) https://about.fb.com/news/2024/09/introducing-orion-our-first-true-augmented-reality-glasses/

2.2. VR과 생성형 AI의 개념

VR 기술은 교육 분야에서 많은 잠재력을 보여주고 있지만, 실제 교육 현장에서 활용될 때 몇 가지 한계점들이 드러나고 있다. 첫째, 실시간 상호작용과 피드백이 제한적이다. 현재 VR 환경에서는 학습자의 행동이나 응답에 대해 즉각적이고 적절한 피드백을 제공하는 데 한계가 있다. 특히 복잡한 질문이나 개방형 과제에 대한 평가와 피드백 제공은 설계 및 기술적 제약으로 인해 더욱 어려운 것으로 나타났다(Abadia et al., 2024). 또한 VR 환경에서는 학습자의 시선, 움직임, 상호작용 등 다양한 데이터를 수집할 수 있지만, 아직 교육적으로 의미 있게 해석하고 활용하는 데 한계가 있다. 대부분의 경우 단순한 로그 기록 수준에 그치며, 학습자의 이해도나 진척도를 심층적으로 분석하고 이를 활용하지 못하고 있다.

둘째, 사전 제작된 콘텐츠에 의존하다 보니 학습 상황에서의 유연성이 부족하다. 기존 VR 교육 콘텐츠는 미리 프로그래밍된 시나리오에 따라 진행되기 때문에, 예상치 못한 학습자의 반응이나 질문에 적절히 대응하기 어렵다. 또한 새로운 콘텐츠를 제작하거나 기존 콘텐츠를 수정하는 데 상당한 시간과 비용이 소요된다는 어려움도 존재한다. 이러한 제한은 VR 기술의 교육적 확산을 제한하는 주요 요인이라고 할 수 있다(Cook et al., 2019).

셋째, 학습자에게 충분한 맞춤형 학습 경로를 제공하기 어렵다. 현재의 VR 시스템은 모든 학습자에게 동일한 콘텐츠와 난이도를 제공하는 경우가 많아, 학습자의 수준이나 학습 스타일에 따른 차별화된 학습 경험을 제공하기 어렵다. Marougkas와 동료들(2023)에 따르면 많은 교육용 VR 콘텐츠에서 개인화된 학습 경험을 제공하고자 노력하고 있지만, 여전히 기본적인 수준에 머물렀으며, 학습자의 인지 상태, 학습 스타일, 선호도에 맞춘 적응형 학습 콘텐츠는 충분하지 않은 것으로 나타났다.

이러한 VR의 한계점들을 극복하기 위한 해결책으로 생성형 AI가 주목받고 있다. 생성형 AI는 실시간으로 학습자의 행동과 요구를 분석하여 적절한 콘텐츠를 생성하고, 상호작용의 질을 향상시키며, 몰입 경험을 강화할 수 있다는 강점을 가지고 있다. 우선, 기존 VR 콘텐츠는 사전 제작된 시나리오에 의존하기 때문에 유연성이 부족하지만, 생성형 AI는 학습자의 입력 데이터를 실시간으로 분석하여 새로운 콘텐츠를 동적으로 생성할 수 있다. Lv(2023)는 생성형 AI를 통해 비교적 간단한 설명으로 일관된 장면을 생성할 수 있다며 콘텐츠 제작의 시간과 비용 부담을 줄일 수 있음을 강조했다. 예를 들어, 역사 교육 상황에서 학습자가 특정 사건이나 인물에 대해 질문할 경우, AI는 관련 정보를 검색하고 이를 기반으로 새로운 가상 시뮬레이션을 생성하거나 해당 인물과의 대화를 생성할 수 있다. 이러한 방식은 학습자가 각자의 호기심과 학습 요구를 효율적으로 충족시킬 수 있도록 지원한다.

둘째, 생성형 AI를 활용하여 학습자와의 상호작용을 보다 자연스럽게 만들고, 즉각적이고 적절한 피드백을 제공할 수 있다. Chheang와 동료들(2024)은 생성형 AI를 활용한 VR 시뮬레이션이 학습자의 응답에 따라 적응형 피드백을 제공함으로써 학습 경험을 개선할 수 있음을 보여주었다. 가상 교사 역할을 하는 AI는 학습자의 응답을 분석하여 부족한 부분을 보완하는 힌트나 추가 학습 자료를 실시간으로 제안할 수 있다. 또한, 학습자의 행동 데이터를 기반으로 실수를 교정하거나 보다 심화된 질문을 제시함으로써 학습자의 사고를 확장시킬 수 있다. 이로써 학습자는 단순히 콘텐츠를 소비하는 데 그치지 않고, 학습 과정에서 적극적인 피드백을 받을 수 있다.

셋째, VR 환경에서 생성형 AI는 학습자의 행동과 데이터를 기반으로 가상 시나리오를 동적으로 조정하여 학습자가 몰입감을 유지할 수 있도록 돕는다. 예를 들어, 학습자가 특정 선택을 했을 때, AI는 해당 선택에 따라 스토리를 즉시 재구성하거나 학습자의 수준에 맞는 도전을 추가로 제시할 수 있다. 이러한 적응형 변화는 학습자의 흥미를 지속시키고, 학습 목표를 달성하는 과정에서 동기를 부여할 수 있다.

이와 같이 생성형 AI는 VR 환경에서 기존의 고정적이고 제한된 콘텐츠를 유연하고 개인화된 학습 플랫폼으로 전환할 수 있는 잠재력을 가지고 있다. 이를 통해 학습자는 자신의 요구와 수준에 맞는 맞춤형 학습 경험을 제공받으며, 더 나아가 몰입감과 학습 효과를 동시에 극대화할 수 있다. 생성형 AI의 역할은 단순한 기술적 통합을 넘어, VR을 활용한 교육의 본질을 혁신할 수 있는 중요한 도구로서 역할을 할 수 있을 것이다.

2.3. VR 환경에서의 생성형 AI 통합 가능성

VR과 생성형 AI의 통합은 아직 기술적으로 복잡하지만, 학습 환경에서 적응성과 상호작용성을 크게 향상시킬 수 있는 잠재력을 가지고 있으며 여러 시도가 나타나고 있다. 우선, VR 환경에서 상호작용을 더욱 자연스럽게 하고자 하는 노력이 계속되고 있다. ChatGPT 같은 언어 모델을 VR 시스템에 통합하여 자연스러운 대화를 통해 가상 캐릭터와의 상호작용을 가능케 한 것이다. 학습자는 음성이나 텍스트를 통해 가상 환경과 자연스럽게 소통할 수 있으며, 이에 따라 실시간으로 피드백을 받을 수 있다. 예를 들어, 학습자가 자연어로 자연스럽게 NPC와 대화를 할 수 있고, 생성형 AI는 추가 자료를 생성하여 시각적 콘텐츠나 텍스트로 가상 환경에 표시할 수 있다. Chheang와 동료들(2024)은 생성형 AI를 활용한 대화형 상호작용이 학습자가 학습 과정에서 더 능동적으로 참여하도록 유도한다고 강조한다.

생성형 AI를 활용하여 VR에서 수집되는 다양한 학습 데이터를 분석하고 그 결과를 활용하고자 하는 기술적 통합도 나타나고 있다. 생성형 AI는 학습자의 행동 데이터를 실시간으로 처리하고 분석하여, 이를 기반으로 콘텐츠를 동적으로 생성하는 강점을 지닌다. 예를 들어, 학습자가 VR 환경에서 특정 문제를 해결하지 못할 경우, 생성형 AI는 이를 감지하고 즉시 적합한 힌트나 수정된 콘텐츠를 제공할 수 있다. 또한 다양한 감각 모드(텍스트, 음성, 비주얼)를 통합해 실시간 상호작용과 풍부한 피드백을 제공할 수 있다. Lv(2023)의 연구에 따르면, 생성형 AI는 사용자의 행동 데이터를 기반으로 상황에 적응하여 새로운 콘텐츠를 생성하고 이를 VR 환경에 통합함으로써 학습자 맞춤형 경험을 제공할 수 있다.

더 나아가, 생성형 AI는 디지털 객체와 캐릭터를 보다 쉽게 설계하고 개발·수정할 수 있는 기술적 능력을 갖추고 있다. 현재 3D 콘텐츠 제작은 비용이 높고 시간이 많이 소요되며, 전문 기술이 필요하다. Ratican과 동료들(2023)은 이러한 기술이 학습자의 요구를 반영하는 동시에 몰입감을 높이는 데 기여한다고 언급한다. 사용자가 Unreal

Engine, Unity와 같은 게임 엔진에서 사용할 수 있는 3D 모델을 간단한 텍스트 명령어로 생성하고 활용할 수 있다. 또한 DALL-E, Stable Diffusion과 같은 도구를 활용해 2D 이미지를 생성하고 이를 3D로 변환할 수 있게 되었다. 이처럼 VR과 생성형 AI의 통합은 실시간 대화형 상호작용, 데이터 처리 그리고 동적 콘텐츠 생성을 통해 기존 학습 환경의 한계를 극복할 수 있는 기술적 통합 가능성을 제시한다.

3. VR과 생성형 AI 통합 사례

다음으로, VR과 생성형 AI를 통합한 최신 사례를 살펴보고, 이를 통해 교육적 효과를 극대화하는 방법에 대해 논의할 것이다. 이 두 기술의 결합은 교육 환경에 혁신적인 변화를 가져올 수 있는 잠재력을 가지고 있으며, 교육의 질을 향상시키고 학습자의 몰입도를 극대화하는 데 큰 역할을 할 수 있다. VR과 생성형 AI를 통합한 실제 적용 사례를 통해, 이들 기술이 어떻게 효과적으로 활용될 수 있는지 구체적으로 살펴보고자 한다.

3.1. VR과 생성형 AI 통합의 교육적 활용 동향

이와 같이 VR과 생성형 AI의 통합은 학습 환경을 개인화하고 몰입감을 강화하며, 학습 효과를 극대화할 수 있는 강력한 잠재력을 제공한다. 앞서 소개한 Chheang와 동료들(2024)의 연구는 VR과 생성형 AI의 통합이 실제 학습 환경에서 어떻게 구현될 수 있는지를 잘 보여준다. 이 연구에서는 VR 환경에서 가상 비서를 활용하여 학습자가

3D 해부학 모델과 상호작용할 수 있도록 학습 환경을 개발하였다. 대화형 가상 비서에 ChatGPT를 활용하여 학습자의 질문에 실시간으로 답변하고, 복잡한 의학적 개념을 설명할 수 있도록 하였고, 립싱크와 현실감 있는 아바타 애니메이션을 통해 사용자가 몰입감을 느끼도록 구현하였다. ChatGPT가 임베드된 아바타를 통해 학습자의 질문 유형에 따라 AI가 적절한 피드백을 제공하고 학습 목표 달성에 기여할 수 있도록 설정하였다. 이를 통해 학습자의 전반적인 작업 부담을 감소시키면서 학습 몰입도와 신뢰도를 높였고, 결과적으로 텍스트로 응답을 제공하는 비서 그룹에 비해 더 나은 성과를 보였다.

이러한 가상환경을 효과적으로 활용하기 위해서는 플랫폼이 그 목적에 맞게 체계적으로 구축되어야 한다. Song과 동료들(2024)은 생성형 AI와 VR 기술을 결합하여 몰입형 게임 기반 학습 플랫폼인 Learning-verseVR을 개발하였다. 이 플랫폼은 Unity 기반 클라이언트와 Python, Flask, MySQL로 구성된 백엔드 기술 구조를 활용하며, OpenAI GPT-3.5와 로컬 ChatGLM을 통합하여 학습자가 상호작용할 수 있는 몰입형 환경을 구축하였다. LearningverseVR의 주요 특징으로는 스크립트 없는 자연스러운 대화가 가능한 NPC, 학습 동기를 강화하는 게임화 요소, 몰입감을 높이는 LLM 생태계, 그리고 학습 데이터를 기반으로 한 개인화된 학습 경험 제공이 있다.

특히, NPC는 생성형 AI를 통해 다양한 성격과 배경을 부여받으며, 학습자와의 자연스러운 상호작용을 지원한다. RAG(Retrieval-Augmented Generation)를 활용해 NPC의 응답 정확도를 높이고, 비현실적인 답변을 방지하기 위해 트리거 메커니즘을 도입하였다. 또한 립싱크와 감정 표현, 몸짓 애니메이션 등을 통해 학습자에게 몰입감과 현실감을 제공한다. 학습자는 NPC와의 대화를 통해 자유롭게 탐구하며, 점수, 배지, 리더보드와 같은 게임화 요소를 통해 학습 동기를 강화할 수 있다. 이와 함께 LLM 생태계는 NPC뿐만 아니라 날씨, 식물, 동물, 무생물 등 가상 환경의 요소를 통합하여 더욱 현실감 있는 학습 환경을 제공한다.

LearningverseVR은 과학, 언어, 문학, 수학 등 다양한 학문 분야에 적용될 수 있으며, 학습자가 VR 환경에서 반복 실험, 실생활 시뮬레이션, 또는 복잡한 개념을 시각적으로 탐구할 수 있도록 지원한다. 멀티유저 기능을 통해 협력 학습과 경쟁 기반 학습 활동도 가능하며, 이를 통해 학습자는 몰입감을 극대화하고 학습 효과를 향상시킬 수 있다.

교육용 VR 콘텐츠를 제공하는 인게이지(Engage)에서도 VR에 생성형 AI를 접목시키고자 하는 시도를 적극적으로 하고 있다. 우선, 교사가 기존의 교육 방식을 넘어, 몰입형 가상 학습 환경에서 생성형 AI를 접목시켜 아바타를 활용한 역할극 시나리오를 신속하고 쉽게 생성할 수 있도록 지원한다. 구체화된 AI 캐릭터(embodied AI characters)는 실제 환경에서 발생할 수 있는 상호작용을 시뮬레이션하고, 학생들에게 상호작용적·교육적인 실습 경험을 제공한다. 예를 들어, 학생들이 의료 시뮬레이션에서 가상 환자와 상호작용하거나 협상 훈련에서 가상 고객과 대화하는 상황을 연출할 수 있다. 이러한 역할극 시나리오는 학생들이 실제 상황에 대비한 실제적인 기술과 문제 해결 능력을 개발하도록 돕는다.

이외에도 인게이지는 생성형 AI와 VR 기술을 결합하여 학습과 비즈니스 환경 모두에서 몰입감 있는 학습 환경을 제공한다. The School of AI와 Athena AI는 각각 교육과 실무 환경에서 새로운 가능성을 제시하는 혁신적 사례이다. The School of AI는 단순히 역사적 사실을 가르치는 것을 넘어, 역사적 공간과 역사적 인물을 구현하여 학생들에게 보다 몰입감 있는 학습 경험을 제공한다. 예를 들어, 빈센트 반 고흐(Vincent van Gogh), 니콜라 테슬라(Nikola Tesla), 율리우스 카이사르(Julius Caesar), 윌리엄 셰익스피어(William Shakespeare), 마리 퀴리(Marie Curie) 등 다양한 역사적 인물을 NPC(Non-Playable Character)로 구현하며, 생성형 AI를 통합하여 실제로 그들의 목소리를 재현하여 학습자가 역사적 인물들과 직접 대화할 수 있도록 설계되었다. 이 대화의 환경은 단순한 가상의 공간을 넘어, 마리 퀴리의 실험실, 벤저민 프랭클린의 독립 선언의 홀과 같은 역사적인 장소에서 이루어진다. 이를 통해 학생들은 역사적 사건과 인물에 대한 이해를 심화시키고, 과거와의 상호작용을 통해 역사적 맥락을 생생하게 느낄 수 있다. 예를 들어, 학생들은 마리 퀴리와의 대화를 통해 그녀의 연구 과정과 업적을 배우거나, 율리우스 카이사르와 대화하며 그의 정치적 결정과 고대 로마의 사회 구조를 이해할 수 있다. 이러한 상호작용은 단순히 책이나 다큐멘터리를 통해 배우는 것과는 다른, 직접적인 학습 경험을 제공한다.

[그림 10-4] Engage School of AI[6](반고흐와의 대화 장면)

인게이지의 Athena AI는 생성형 AI와 VR 기술의 통합이 학습 환경뿐 아니라 다양한 실무 환경에서도 어떻게 활용될 수 있는지를 보여준다. Athena AI는 대화형 인공지능 비서를 넘어, 인게이지 시스템과 통합된 멀티기능 도구이다. Athena AI는 이미지 생성, 360° 파노라마 배경 제작, 역할극 훈련 시나리오 생성 등을 실시간으로 수행하여 교육과 업무 환경 모두에서 활용된다. 예를 들어, 사용자가 음성 명령으로 특정 훈련 상황을 요청하면, Athena는 즉석에서 이를 생성하여 학습자 또는 직원이 몰입형 훈련에 참여할 수 있도록 지원한다. 이러한 기능은 K-12 교육을 넘어, 직원 온보딩, 영업 프레젠테이션, 기업 교육, 문제 해결 시뮬레이션과 같은 다양한 교육 환경에 활용될 수 있는 가능성을 보여준다.

6) https://engagevr.io/school-of-ai/

[그림 10-5] Engage Athena AI[7](음성명령으로 만든 가상 환경)

3.2. 사례 2: 예비교원의 교수 역량 향상을 위한 생성형 AI 기반의 VR 수업 시뮬레이션 개발(Hwang et al., 2024)

예비교사를 위한 현장실습은 직업에 대한 적성을 평가하고 실제적인 경험을 쌓는 중요한 과정이다(심상길, 이강섭, 2014). 그러나 예비교사들은 현장실습 중에 교수 설계, 교실 관리, 학생과의 관계, 상담, 그리고 방과 후 활동 관리와 같은 주요 과제에 직면하게 된다(허신혜, 2021). 이런 이유로 현장실습 전에 예비교사를 위한 교육은 반드시 필요하다. 그러나 기존의 교사 교육은 주로 이론 중심으로 강의가 진행되며, 이러한 교육 방식은 실제 교실 상황과의 연계가 부족해 예비교사들이 현장실습에서 겪는 실제 문제를 효과적으로 해결하기 어려운 한계가 있다(Allen & Wright, 2014). 따라서 이론과 실습을 통합

7) https://engagevr.io/ai/

한 보다 실용적인 훈련이 요구된다.

이러한 맥락에서 VR은 예비교사들이 현장실습 전에 연습할 수 있도록 하며 이를 통해 예비교사들이 겪는 문제를 해결할 수 있도록 하는 대안으로 역할을 하고 있다. 특히, VR을 활용한 몰입형 교사 시뮬레이션은 교수자들이 가상 환경에서 실제 교실과 유사한 상황을 경험하며 교수 역량을 키울 수 있는 기회를 제공한다(Dieker et al., 2014; Larson et al., 2020). 이를 통해 예비교사들은 다양한 상황을 실습하며 실제 교실에서 마주칠 수 있는 문제들을 보다 효과적으로 대비할 수 있다. 이와 함께 생성형 AI는 예비교사들에게 학습자와 자연스러운 상호작용 연습을 제공하는 지능형 에이전트 역할을 한다. 가상현실 환경 내에서 가상현실 환경 내에서 예비교사들이 교육적 문제를 해결하기 위해 학생 에이전트와 상호작용하게 함으로서 교육과정에서 다루고 있는 교수 이론을 실제 교육 현장에서 어떻게 적용할 수 있을지에 대한 간극을 더 잘 연결할 수 있도록 한다. 즉 예비교사들은 VR과 생성형 AI의 통합을 통해 실제 교실 상황에서 발생할 수 있는 다양한 상황을 보다 현실감 있게 연습하며, 이론과 실제를 통합한 교육 경험을 쌓을 수 있다.

본 글에서는 생성형 AI로 강화된 에이전트와 통합된 VR 시뮬레이션 프로그램 Hwang과 동료들의 연구(2024)에서 제시한 'TeacherGen@I'[8]를 소개하고자 한다. 이 프로그램은 예비교사들이 교수 역량을 향상시킬 수 있도록, 교육 상황을 연습하고 개선할 수 있는 능력을 개발하는 데 중점을 둔다. 해당 연구는 디자인씽킹(Design Thinking) 단계

8) https://teachergenai.github.io/

에 따른 체계적인 접근 방식을 사용하여 크게 다음과 같은 과정으로 이루어졌다. 첫째, 현장 실습을 종료한 예비교사들을 대상으로 면담을 실시하여 그들의 문제점과 요구사항을 확인하였다. 둘째, 기존의 연구들을 검토하여 VR 시뮬레이션 프로그램의 방향성을 설정하였다. 셋째, 현직 교사들과 함께 시뮬레이션 시나리오를 개발하였다. 넷째, Unity를 통해서 VR 시뮬레이션 프로토타입을 개발하였다. 다섯째, 예비교사들을 대상으로 프로토타입에 대한 사용성 평가를 진행하였다. TeacherGen@I의 아키텍처는 [그림 10-6]과 같다.

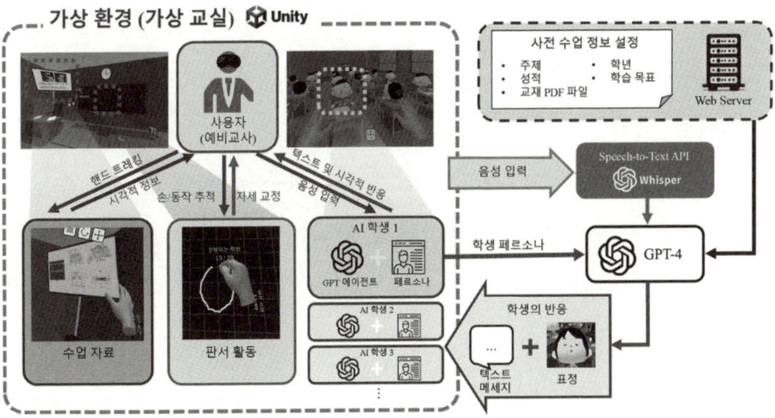

[그림 10-6] GenAI 통합 VR 시뮬레이션 구조

첫 번째 단계로, 최근 현장실습을 종료한 예비교사 5명을 대상으로 면담을 진행하였으며, 그들이 교육 현장에서 겪은 주요 문제와 도전 과제를 파악하는 요구 분석을 실시하였다. 이 과정에서 예비교사들이 경험한 문제들은 다음과 같이 확인할 수 있다. 1) 예비교사들은 수업을 진행하며 예상치 못한 상황에 대한 준비 부족으로 수업을 조절하

거나 대응하는 데 어려움을 겪고 있다. 2) 예비교사들은 자신이 잘 알지 못하는 주제를 가르칠 때, 준비가 부족하여 수업이 매끄럽지 못하거나 학생들의 이해를 돕는 데 어려움을 겪는다고 하였다. 3) 예비교사들은 학생 지도 경험이 부족한 상태에서 질문과 답변을 효과적으로 이끌어가거나 그룹 활동을 관리하는 데 자신감이 부족하다고 느꼈다. 4) 학생들과의 상담에서 학생들의 감정을 공감하고 그에 맞는 피드백을 제공하는 데 경험이 부족하다고 지적하였다. 5) 마지막으로 교실 관리가 가장 큰 우려사항으로 나타났으며, 예비교사들은 학생들의 행동을 관리하고 교실 내 질서를 유지하는 데 어려움을 겪고 있었다. 결론적으로 현장 실습 전 예비교사들이 학생들과의 상호작용을 통해 다양한 교실 상황을 경험하고, 이러한 문제들을 해결할 수 있는 실질적인 경험이 필요하다.

두 번째 단계로, 요구 분석과 함께 선행연구 및 사례 분석을 수행하였다. 현재 사용되고 있는 가상현실 시뮬레이션의 주요 목표와 이를 통해 제공되는 상황 학습의 유형을 확인하였다. 가상현실 시뮬레이션은 특정 교수법이나 교실 관리 기법을 연습하는 데 중점을 두고 있지만(Billingsley et al., 2019; Lugrin et al., 2016; Theelen et al., 2019), 대부분 규칙 기반으로 제한된 시나리오와 반응만을 제공하고 있어 예비교사들이 실제 교실에서 마주할 수 있는 다양한 상황을 충분히 경험하기에는 한계가 있다. 이러한 한계를 극복하기 위해, GPT와 같은 대형 언어 모델(LLM)을 활용하여 더욱 현실적이고 동적인 시뮬레이션 환경을 제공할 수 있다. GPT의 고급 자연어 이해 및 생성 능력을 통해, AI 에이전트와 예비교사 간의 진정한 대화와 상호작용이 가능해져, 실제 교실 환경을 더욱 실감나게 재현할 수 있게 된다(Park et al., 2023).

셋째, 시나리오는 Gagné의 아홉 가지 교수 사건에 따라 설계하였으며, 예비교사는 각 단계에 따라 학습자의 주의 획득하기, 학습 목표 제시하기, 이전 학습을 회상하는 구조로 미션을 수행해야 한다. 5명의 현직 교사에게 시나리오의 유효성을 확인하였으며, 이를 통해 예비교사들이 실제 교실에서 직면하게 되는 다양한 도전 과제를 반영하고자 하였다. 이와 함께 생성형 AI 기술을 적용한 AI 학생 에이전트의 페르소나를 구성하였다. 학생들은 각각의 성격, 학업성취도, 희망 진로 등의 페르소나로 구성되었다. GPT-4가 생성한 AI 학생들의 진정성 있는 대화와 반응은 예비교사들의 발언에 대해 현실적인 대화를 가능하게 하며, 시나리오와 현실적인 AI 학생 페르소나의 결합은 예비교사들에게 몰입감 있고 진정성 있는 학습 경험을 제공하는 것을 목표로 했다.

넷째, Unity를 사용하여 VR 시뮬레이션 프로토타입을 개발하고, GPT API를 통해 학생 에이전트를 가상 공간에 배치하였다. 예비교사 5명을 대상으로 3번의 사용성 테스트를 진행하였다. 1차 사용성 평가 결과 예비교사들은 핸드 트레킹 기술을 통합하여 사용자가 손을 컨트롤러로 사용할 수 있도록 수정하였다. 2차 사용성 평가에서는 더 많은 상호작용 요소가 필요하다는 것을 확인하였고, 이에 따라 AI 학생 에이전트에 얼굴 표정을 추가하고, 교수자의 입력에 따라 반응을 다르게 할 수 있도록 설정하였다. 또한 사용자가 사전에 수업 정보를 입력하고, 수업 자료를 VR에 통합할 수 있는 기술을 추가하였다. 3차 사용성 평가에서는 에이전트들의 반응을 개선하고 이에 따라 AI 학생 에이전트의 현실성을 크게 향상시켰다. 이상의 단계에 따라서 개발된

TeacherGen@I 시뮬레이션의 주요 특징은 다음과 같다.

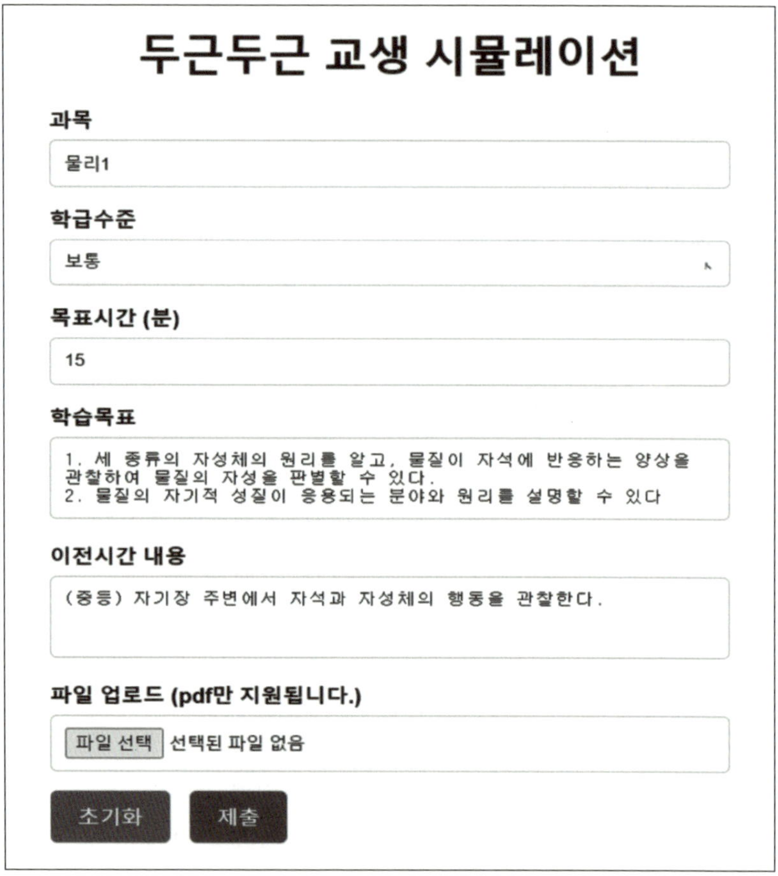

[그림 10-7] 수업 사전 정보 입력 페이지

첫째, 예비교사는 시뮬레이션을 시작하기 전에 각 수업 세션을 자신에게 맞게 설정할 수 있다. 예를 들어, [그림 10-7]과 같이 수업 내용, 학생들의 수준, 세션 시간, 그리고 학습 목표와 같은 세부 사항을 입력할 수 있다. 또한, 예비교사는 PDF 파일을 업로드하거나 지난 수업 내용을 입력하여 AI 학생들이 지난 시간에 배운 내용을 인식할 수 있다. 웹 플랫폼을 통해 쉽게 입력하고 관리할 수 있으며, 생성형 AI는 예비교사가 입력한 정보에 따라 맞춤형 시뮬레이션을 제공한다.

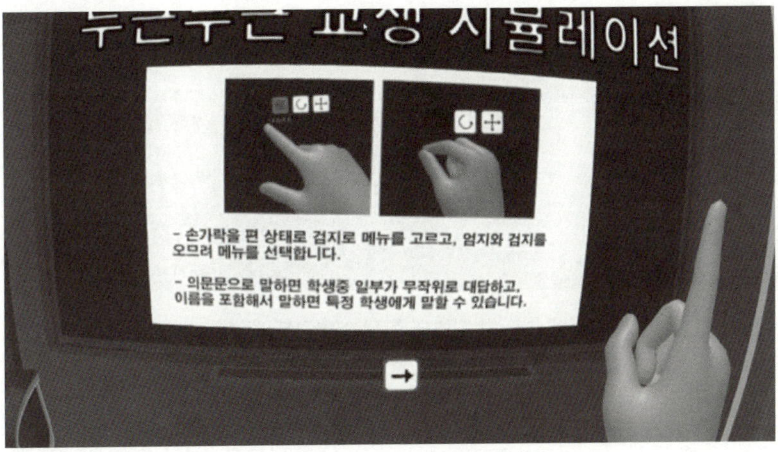

[그림 10-8] 핸드 트레킹 기술 화면

TeacherGen@I는 예비교사들이 가상 공간에서 교수 기술을 연습할 수 있도록 도와준다. 이를 위해서는 고급 VR 기술을 이용하여 몰입감 있는 경험을 제공하고자 하는데, 대표적인 것이 핸드 트레킹 기술이다. 예비교사들은 VR 환경에서 본인의 손을 사용해서 직관적이고 원활하게 상호작용할 수 있다. 예를 들어, VR에서 손가락을 사용하여 수업 자료 슬라이드 페이지를 이동할 수 있다.

[그림 10-9] GenAI 기반의 학생 에이전트 페르소나 예시

가상교실에는 GPT-4 기반의 다섯 명의 학생들로 구성되어 있다. 학생들은 각각의 페르소나를 갖고 있으며, 각 페르소나는 성별, 학업 성취도, 성격, 희망 진로 등에 따라 정의된 독특한 특성을 지닌다. 예를 들어, 학생 에이전트 중 하나인 민수는 학업 성취도가 평균적이며, 수업보다는 교사에게 더 많은 관심을 보인다. 그는 교사에게 자주 첫사랑 이야기를 들려달라고 하는 등 개인적인 질문을 한다. 민수는 부분적으로 교사의 질문에 대한 맞는 답을 할 수 있으며, 그 후 교사에게 관련된 주제에 대한 의견을 묻고, 교사와 대화를 나누고 싶어 하는 모습을 보인다. AI 학생 에이전트들은 GPT-4로 구동되며, 사실적이고 맥락에 맞는 반응을 생성하는 대형 언어 모델(LLM)을 기반으로 한다. GPT-4는 AI 학생들이 자연스러운 대화를 나누고 예비교사의 행동에

적절히 반응하도록 하여 시뮬레이션의 진정성을 강화한다. 이 기능은 사용자들이 실제 교실에서의 동적 상호작용을 다룰 수 있는 능력을 향상시키는 데 도움이 된다.

[그림 10-10] 미션 수행 활동 예시

VR 시뮬레이션은 예비교사들이 필요한 교수 기술을 개발할 수 있도록 돕는 미션 기반 방식을 사용한다. 이는 교사들이 실제 교실에서 자주 겪는 문제들을 해결하는 데 초점을 맞추어 설계하였다. 예비교사들은 교실에서 방해 요소를 관리하거나, 몰입감 있는 학습 환경을 조성하는 등의 활동을 수행한다. 이러한 미션 기반 접근은 예비교사들이 체계적이고 점진적으로 기술을 배울 수 있도록 해준다. 예를 들어, Gagné의 주의 끌기 이벤트에 대한 시나리오는 다음과 같다.

- Mission 1: 수업 시작 시 산만한 학생들을 집중시키고 수업을 시작하기
- Situation: 예비교사가 교실에 들어가면 몇몇 학생들이 잠들어 있다. 나머지 학생들은 수업이 시작되기를 기다리고 있다. 수업이 시작되면 교사는 모든 학생들의 주의를 끌고, 몰입감 있는 학습 환경을 만들어야 한다.
- Objective: 모든 학생들의 주의를 끌고, 몰입감을 조성하며, 수업에 부드럽게 전환하기

이렇게 미션을 통해 예비교사들은 교실에서 발생할 수 있는 상황에 대해 준비할 수 있다.

[그림 10-11] 예비교사와 학생의 상호작용 예시 화면

TeacherGen@I의 중요한 또 다른 기능은 음성 인식 기술이다. OpenAI의 Whisper를 활용하여, AI 학생 에이전트와의 실제 상호작

용을 가능하게 한다. 예비교사는 AI 학생들과 자연스럽게 대화를 나누며 질문을 하고 설명을 제공하며, 응답을 받는 등의 활동을 할 수 있다. 음성 인식 시스템은 예비교사의 발화를 정확하게 텍스트로 변환해 주어, 예비교사와 AI 학생들 간의 원활한 소통을 지원한다. 학생들은 교사의 발화를 인식하여 텍스트 기반으로 응답한다.

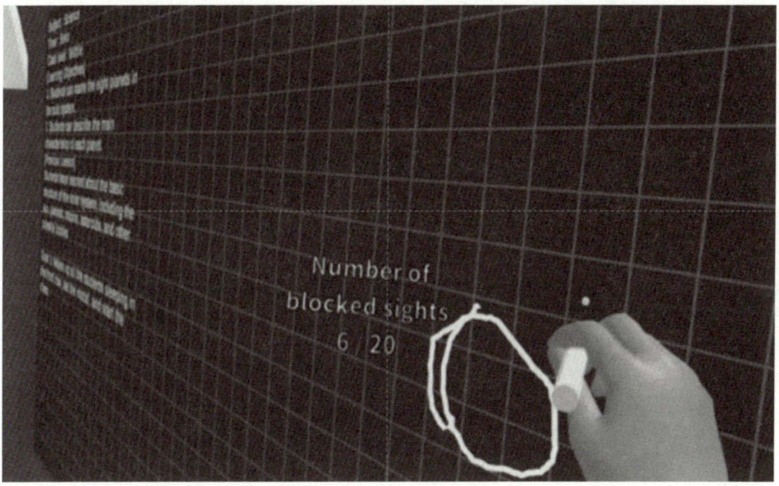

[그림 10-12] 판서 및 예비교사의 자세 추적을 통한 학생들의 시선 확인

이외의 추가 기능으로 가상 시계를 사용하여 수업 시간을 추적할 수 있는 기능이 제공된다. 이를 통해 예비교사들은 본인의 수업 시간을 관리할 수 있다. 또한 예비교사들은 가상 칠판에 분필로 판서를 할 수 있다. 이때 시뮬레이션은 예비교사의 자세를 추적하여, 학생들의 시선을 가리지 않는지에 대한 피드백을 위의 [그림 10-12]와 같이 제공한다.

현재 이 시뮬레이션은 다양한 기능을 활용하여 추가적으로 업데이트 하고 있다. 해당 연구는 VR과 생성형 AI를 결합한 시뮬레이션 프로그램이 예비교사의 교수 역량과 교실 관리 기술을 향상시키는 데 중요한 역할을 할 수 있음을 보여준다. 특히, VR 환경에서 제공되는 몰입감 있는 학습 경험은 예비교사들에게 실제 교실 상황을 체험하고, 다양한 교수 기법을 연습할 수 있는 기회를 제공한다. 또한, 생성형 AI 기반의 AI 학생들과의 상호작용을 통해 예비교사들은 학생들의 반응을 예측하고, 교실 내 다양한 상황을 다루는 능력을 키울 수 있다. TeacherGen@I와 같은 시뮬레이션은 예비교사들에게 맞춤형 학습 경로를 제공하고, 실시간 피드백을 통해 교수 기술을 점검하고 개선할 수 있는 기회를 준다. 이를 통해 예비교사들은 자신감을 얻고, 교실에서 발생할 수 있는 다양한 상황을 미리 경험하며 이론적 지식과 실천적 경험 사이의 간극을 메울 수 있다.

결론적으로, VR과 생성형 AI의 결합은 예비교사 교육에 혁신적인 변화를 가져올 수 있는 가능성을 가지고 있다. 이 시스템은 예비교사들에게 실제 교육 환경에서 직면할 수 있는 다양한 상황을 안전하게 체험할 수 있도록 도와주며, 그들의 교수 기술을 효과적으로 향상시킬 수 있는 강력한 도구로 자리 잡을 것이다. 이러한 기술의 발전은 예비교사의 교육 준비도를 높이고, 궁극적으로 학생들의 학습 환경을 개선하는 데 기여할 것이다.

4. VR에서 생성형 AI의 교육적 활용에 대한 가능성

본 장에서는 VR과 생성형 AI를 통합한 교육적 활용 방안의 가능성을 탐구하였으며, 이러한 기술들이 교육 현장에서 가져올 혁신적 변화의 잠재력을 확인하였다. VR은 몰입감 있고 상호작용적인 학습 환경을 제공하여, 학습자가 실제 세계에서 경험할 수 있는 다양한 상황을 안전하게 체험하고 연습할 수 있도록 한다. 이러한 환경에서 생성형 AI는 학습자의 행동에 맞춰 실시간으로 반응하며, 학생들과의 상호작용을 더욱 진정성 있게 만드는 등 시뮬레이션하는 데 중요한 역할을 한다.

생성형 AI는 VR 환경 내에서 학습자의 개별적인 요구와 상황에 맞춘 맞춤형 학습 경로를 제공할 수 있다. AI 에이전트는 학습자와의 대화를 통해 상황을 분석하고, 적절한 피드백을 제공하며, 학습자가 다양한 교수법이나 문제 해결 기법을 실험할 수 있도록 지원한다. 이와 같은 기술은 교사 교육뿐만 아니라 다양한 분야에서 학습자의 참여와 상호작용을 극대화하며, 학습자의 직업적 역량을 향상시킬 수 있는 효과적인 도구로 자리 잡을 것이다.

VR과 생성형 AI의 결합은 특히 학습자의 안전한 환경에서 실제 교육 상황을 시뮬레이션할 수 있게 하여, 학습자가 교실 내에서 마주칠 수 있는 다양한 문제를 실습을 통해 해결할 수 있게 해준다. 예비교사나 교육 전문가들은 이러한 환경에서 교육적 기술을 향상시키며, 이론적 지식과 실천적 경험 사이의 격차를 메울 수 있다. 더 나아가, 이러한 기술은 피드백과 자기 반성을 촉진하여, 학습자들이 자신의 학습 방식을 지속적으로 개선하고 적응할 수 있는 기회를 제공한다.

결론적으로, VR에서의 생성형 AI 통합은 교육에 큰 혁신을 일으킬 수 있는 잠재력을 지니고 있다. 이 기술들은 학습자들에게 보다 직관적이고 몰입감 있는 학습 환경을 제공하며, 그들의 교수 및 문제 해결 능력을 향상시킬 수 있는 강력한 도구로 활용될 것이다. 또한, 지속적인 기술 발전과 연구를 통해 이러한 시스템들은 점차 발전하며, 교육 분야에서 더 넓은 범위의 응용 가능성을 제시할 것이다.

참고문헌

박성익, 임철일, 이재경, 최정임, 조영환(2021). 교육공학과 수업(6판). 교육과학사.

박인우, 고유정, 한인숙, 이경숙, 고은현, 이영, 신형석, 장재홍, 백송이, 장지윤, 정영혜, 김명랑, 정종원, 장선영, 이은주, 박유진, 임진호(2019). 가상현실과 교육. 박영스토리.

류지헌, 유승범(2016). 가상현실 기반 수업 시뮬레이션의 시나리오 내용이 예비 교사의 교사효능감과 가상실재감에 미치는 효과. 교육정보미디어연구, 22(3), 633-652.

심상길, 이강섭(2015). 학교현장실습이 중등 예비수학교사들의 교사의 지식에 대한 인식 변화에 미친 영향. 한국수학교육학회, 54(4), 351-363.

한형종, 임철일(2020). 가상현실 기반 교육용 시뮬레이션 설계원리 개발. 교육공학연구, 36(2), 221-264.

허신혜(2021). 학교현장실습에서 예비 역사교사들이 겪는 어려움. 학습자중심교과교육연구, 21(23), 19-33.

Abadia, R., Fritsch, J., Abdelaal, S., & Jayawickrama, T. (2024). Opportunities overcome challenges in adopting immersive virtual reality in online learning. *Computers and Education Open, 7*, 100208.

Acevedo, P., Magana, A. J., Walsh, Y., Will, H., Benes, B., & Mousas, C. (2024). Embodied immersive virtual reality to enhance the conceptual understanding of charged particles: A qualitative study. *Computers & Education: X Reality, 5*, 100075.

Allen, J. M., & Wright, S. E. (2013). Integrating theory and practice in the pre-service teacher education practicum. *Teachers and Teaching, 20*(2), 136-151.

Baek, S. W., Yeo, T., Lee, H. J., Moon, Y. J., Kim, Y. H., Park, C., Jung, J., Huh, Y., Chin, S. O., Kim, J., & Kim, D. (2024). Systematic analysis of anatomy virtual reality (VR) apps for advanced education and further applications. *Scientific Reports, 14*(1), 31835.

Basu, A. (2019). *A brief chronology of virtual reality*. In arXiv [cs.HC].

Billingsley, G., Smith, S., Smith, S., & Meritt, J. (2019). A systematic literature review of using immersive virtual reality technology in teacher education. *Journal of Interactive Learning Research, 30*(1), 65-90.

Chatain, J., Kapur, M., & Sumner, R. W. (2023). *Three Perspectives on Embodied Learning in Virtual Reality: Opportunities for Interaction Design*. Extended Abstracts of the 2023 CHI Conference on Human Factors in Computing Systems, 281, 1-8.

Chheang, V., Sharmin, S., Marquez-Hernandez, R., Patel, M., Rajasekaran, D., Caulfield, G., Kiafar, B., Li, J., Kullu, P., & Barmaki, R. L. (2023). *Towards anatomy education with generative AI-based virtual assistants in immersive virtual reality environments.* In arXiv [cs.HC].

Cook, M., Lischer-Katz, Z., Hall, N., Hardesty, J., Johnson, J., McDonald, R., & Carlisle, T. (2019). Challenges and strategies for educational virtual reality. *Information Technology and Libraries, 38*(4), 25–48.

Dalinger, T., Tomas, K., B., Stansberry, S., & Xiu, Y. (2019). A mixed reality simulation offers strategic practice for pre-service teachers. *Computers & Education, 144*, 103696.

Dieker, L. A., Rodruiguez, J. A., Lignugaris/Kraft, B., Hynes, M. C., & Hughes, C. E. (2014). The potential of simulated environments in teacher education: current and future possibilities. *Teacher Education and Special Education, 37*(1), 21–33.

Ferdig, R. E., & Kosko, K., W. (2020). Implementing 360 Video to Increase Immersion, Perceptual Capacity, and Teacher Noticing. *TechTrends, 64*, 849–859.

Fombona-Pascual, A., Fombona, J., & Vázquez-Cano, E. (2022). VR in chemistry, a review of scientific research on advanced atomic/molecular visualization. *Chemistry Education Research and Practice, 23*(2), 300-312.

Heilig, M. L. (1962) *Sensorama Simulator*. Google Patents.

Hwang, J., Hong, S., Eom, T., & Lim, C. (2024). *Enhancing pre-service teachers' competence with a generative artificial intelligence-enhanced virtual reality simulation.* In Proceedings of the 4th International Society of the Learning Sciences (pp. 24-27), New York.

Kim, J., Kim, K., & Kim, W. (2022). Impact of Immersive Virtual Reality Content Using 360-Degree Videos in Undergraduate Education. *IEEE Transactions on Learning Technologies, 15,* 137-149.

Kolb, D. A. (1984). *Experiential learning: Experience as the source of learning and development.* Prentice-Hall.

Larson, K. E., Hirsch, S. E., McGraw, J. P., & Bradshaw, C. P. (2020). Preparing preservice teachers to manage behavior problems in the classroom: The feasibility and acceptability of using a mixed-reality simulator. *Journal of Special Education Technology, 35*(2), 63-75.

Lave, J., & Wenger, E. (1991). *Situated Learning: Legitimate Peripheral Participation.* Cambridge University Press.

Liang, L., Gobeawan, L., Lau, S. -K., Lin, E. S., & Ang, K. K. (2024). Urban Green Spaces and Mental Well-Being: A Systematic Review of Studies Comparing Virtual Reality versus Real Nature. *Future Internet, 16*(6), 182.

Lin, X., Li, B., Yao, Z., Yang, Z., & Zhang, M. (2024). The impact of virtual reality on student engagement in the classroom–a critical review of the literature. *Frontiers in Psychology, 15,* 1360574.

Lugrin, J., Latoschik, M. E., Habel, M., Roth, D., Seufert, C., & Grafe, S. (2016). Breaking Bad Behaviors: A New Tool for Learning Classroom Management Using Virtual Reality. *Frontiers in ICT, 3,* 26.

Lv, Z. (2023). Generative artificial intelligence in the metaverse era. *Cognitive Robotics, 3,* 208–217.

Ma, C., Cheng, P., Chan, Y., & Tipoe, G. (2023). Virtual reality: a technology to promote active learning of physiology for students across multiple disciplines. *Advances in physiology education, 47,* 594-603.

Marougkas, A., Troussas, C., Krpisla. A., & Sgouropoulou, C. (2023). Virtual Reality in Education: A Review of Learning Theories, Approaches and Methodologies for the Last Decade. *Electronics, 12,*

2832.

Park, J., O'Brien, J., Cai, C., Morris, M., Liang, P., & Bernstein, M. (2023). *Generative agents: Interactive simulacra of human behavior*. Proceedings of the 36th Annual ACM Symposium on User Interface Software and Technology, arXiv:2304.03442.

Ratican, J., Hutson, J., & Wright, A. (2023). A proposed meta-reality immersive development pipeline: Generative AI models and extended reality (XR) content for the metaverse. *Journal of Intelligent Learning Systems and Applications, 15*(1), 24-35.

Scavarelli, A., Arya, A., & Teather, R. J. (2020). Virtual reality and augmented reality in social learning spaces: a literature review. *Virtual Reality, 25*, 257-277.

Schott, C., & Marshall, S. (2018). Virtual reality and situated experiential education: A conceptualization and exploratory trial. *Journal of Computer Assisted Learning, 34*(6), 843-852.

Song, Y., Wu, K., & Ding, J. (2024). Developing an immersive game-based learning platform with generative artificial intelligence and virtual reality technologies – "LearningverseVR". *Computers & Education: X Reality, 4*(100069), 100069.

Sutherland, I. E. (1968). *A head-mounted three dimensional display*. Proceedings of the December 9-11, 1968, Fall Joint Computer Conference, Part I on - AFIPS '68 (Fall, Part I). the December 9-11, 1968, fall joint computer conference, part I, San Francisco, California.

Theelen, H., Beemt, A. V., & Brok, P., D. (2019). Classroom simulations in teacher education to support preservice teachers' interpersonal competence: A systematic literature review. *Computers & Education, 129*, 14-26.

찾아보기

《ㅊ》

《ㅋ》

《ㅌ》

《ㅍ》

《ㅎ》

《기타》

편집자

임철일

서울대학교 교육학과 교수, 서울대학교 학습과학연구소 미래교육혁신센터 센터장

저자약력

임철일

林哲一 / Cheolil Lim

[학력] 서울대학교 사범대학 교육학과(학사) / 서울대학교 대학원 교육학과(교육사회학전공 석사) / 미국 인디애나 대학교 대학원 교수체제공학과(교육공학전공 박사)

[경력] 교육부 제6기 자체평가위원회 위원
한국교육공학회 회장
서울대학교 교육부처장, 교수학습개발센터 소장

[현재] 서울대학교 대학연대 지역인재양성 사업단장
교육부 AIEDAP 교원 AI · 디지털 역량 강화 사업단장
서울대학교 사범대학 교육종합연구소 미래교육혁신센터장
서울대학교 교육학과 교수

권경빈

權庚彬 / Kyungbin Kwon

[학력] 서울대학교 사범대학 교육학과(학사) / 서울대학교 대학원 교육학과(교육공학전공 석사) / University of Missouri-Columbia 대학원 교육학과(교육공학전공 박사)

[경력] 인디애나대학교(Indiana University-Bloomington), 교육공학과, 조교수(2014-2020)
미주리대학교(University of Missouri-Columbia), 의과대학, 교수학습전문연구원(2010-2014)

[현재] 인디애나대학교(Indiana University-Bloomington), 교육공학과, 부교수(2020-present)

김갑수

金甲壽 / Kapsu Kim

[학력] 서울대학교 자연과학대학 계산통계(학사) / 서울대학교 자연과학대학 계산통계(컴퓨터 과학 석사) / 서울대학교 자연과학대학 계산통계(컴퓨터 과학 박사)

[경력] 삼성전자(전), 한국정보교육학회회장(전), 한국과학영재교육학회 회장(전), 한국정보과학교육연합회 감사(현), 서울교육대학교 sw영재교육원장(현)

[현재] 서울교육대학교 컴퓨터 교육과 및 대학원 인공지능과학융합전공 교수

박철규

朴鐵圭 / Chulkyu Park

[학력] 서울대학교 사범대학 화학교육과(학사) / 서울대학교 대학원 과학교육과(화학교육전공 박사)

[경력] 단국대학교 첨단교육센터 연구교수
서울대학교 학습과학연구소 선임연구원

[현재] 국립순천대학교 화학교육과 조교수

배진아

裵鎭兒 / Jinah Bae

[학력] 제주대학교 컴퓨터교육전공(교육학석사, 박사)

[경력] 한국생산성본부 제주사무소 소장
제주대학교 컴퓨터교육과 강사

[현재] 제주대학교 지능소프트웨어교육연구소 학술연구교수

송동길

宋東吉 / Donggil Song

[학력] 서울대학교 인문대학 종교학과(학사) / 서울대학교 대학원 컴퓨터공학과(석사) / Indiana University (Instructional Systems Technology, Ph.D.)

[경력] Sam Houston State University, Instructional Systems Design and Technology, 부교수 (2021 - 2022)
Sam Houston State University, Instructional Systems Design and Technology, 조교수 (2015 - 2022)

[현재] Texas A&M University, College of Engineering, Engineering Technology & Industrial Distribution, 부교수

이다연

李多挻 / Dayeon Lee

[학력] 경북대학교 사범대학 영어교육과(학사) / 서울대학교 대학원 교육학과 (교육공학전공 석사) / 서울대학교 대학원 교육학과(교육공학전공 박사)
[경력] 서울교육대학교 초빙교수
서울대학교 미래교육혁신센터 연구원
AIEDAP 사업수행기관 연구원
[현재] 서울대학교 객원 교수

임은선

任銀善 / Eunseon Lim

[학력] 중앙대학교 사범대학 영어교육과(학사) / 서울대학교 대학원 교육학과 (교육공학전공 석사) / 서울대학교 대학원 교육학과(교육공학전공 박사 수료)
[경력] 서울대학교 교육행정연수원 주임(2022)
[현재] 서울대학교 미래교육혁신센터 연구원(2021~현재)
서울대학교 평생교육원 강사(2021~현재)
서울대학교 사범대학 교육학과 강사(2025~현재)

조정원

趙正元 / Jungwon Cho

[학력] 한양대학교 전자통신전파공학과(세부전공: 인공지능, 공학박사)
[경력] 미국 퍼듀대학교 교환교수
제주대학교 사범대학 부학장
제주지방경찰청 누리캅스 회장
미국 솔즈베리대학교 교환교수
제주대학교 교육과학연구소 소장
[현재] 제주대학교 사범대학 컴퓨터교육과 교수
제주대학교 지능소프트웨어교육연구소 소장
한국컴퓨터교육학회 부회장, 논문지편집위원장
한국정보과학회 부회장, 교육위원회 위원장

조헌국

趙憲國 / Hunkoog Jho

[학력] 서울대학교 사범대학 물리교육과(학사) / 서울대학교 대학원 과학교육과(과학교육전공 박사)
[현재] 단국대학교 과학교육과 부교수, 단국대학교 AI융합교육전공 주임교수, 단국대학교 지식융합설계연구소장

홍수민

洪秀旼 / Sumin Hong

[학력] 서울여자대학교 중어중문학과(학사) / 서울대학교 대학원 교육학과(교육공학전공 석사) / 서울대학교 대학원 교육학과(교육공학전공 박사 수료)
[경력] 서울대학교 교육행정연수원 주임(2021)
[현재] 서울대학교 미래교육혁신센터 연구원(2019~현재)
서울대학교 학습과학연구소 객원연구원(2025~ 현재)
AIEDAP 수도권역 사업단 연구원(2025~ 현재)
서울대학교 사범대학 강사(2025~ 현재)

황윤정

黃允貞 / Yoonjung Hwang

[학력] 나고야대학교 교육학과(학사) / 나고야대학교 국제개발연구과(석사) / 서울대학교 대학원 글로벌교육협력전공(교육학 박사)
[경력] 한국개발전략연구소 국제교육개발팀 선임기획관
[현재] 서울대학교 학습과학연구소 선임연구원

엄태연

嚴泰蓮 / Taeyeon Eom

[학력] 건국대학교 교육공학과(학사) / 서울대학교 대학원 교육학과(교육공학전공 석사)
[경력] 서울대학교 미래교육혁신센터 연구원(2022~2024)
[현재] 서울대학교 학습과학연구소 연구원(2024~)

서울대학교 미래교육혁신센터 학술 총서 2

미래교육의 방향과 실제 II

2025년 6월 25일 1판 1쇄 인쇄
2025년 6월 30일 1판 1쇄 발행

편저자 : 임 철 일
발행인 : 한 정 주
발행처 : 교 육 과 학 사

저자와의 협의하에 인지생략

경기도 파주시 광인사길 71
전화 (031)955-6956~8 / 팩스 (031)955-6037
Home-page: www.kyoyookbook.co.kr
E-mail: kyoyookbook@daum.net
등록: 1970년 5월 18일 제2-73호

낙장 · 파본은 교환해 드립니다.
Printed in Korea.

정가 21,000원
ISBN 978-89-254-1915-2